企业经营管理

[30讲]

张光辉·著

河南人民出版社

图书在版编目(CIP)数据

企业经营管理 30 讲 / 张光辉著. —郑州：河南人民出版社，2023.6
ISBN 978-7-215-13339-6

Ⅰ.①企… Ⅱ.①张… Ⅲ.①企业经营管理 Ⅳ.①F272.3

中国国家版本馆 CIP 数据核字(2023)第 108093 号

河南人民出版社 出版发行

(地址：郑州市郑东新区祥盛街 27 号 邮政编码：450016 电话：65788059)
新华书店经销　　　　河南新华印刷集团有限公司印刷
开本　710 毫米×1000 毫米　　1/16　　印张　24.75
字数　355 千字
2023 年 6 月第 1 版　　　　2023 年 6 月第 1 次印刷

定价：75.00 元

序一 穷山距海 追光前行

光辉同志是河南省媒体界的领军人物。因我也曾有传媒领域的工作经历,对他多有耳闻。他作为"全国文化名家暨'四个一批'人才",先长期从事媒体管理和新闻宣传工作,进而担负国有文化企业管理职责。无论在哪个岗位,他总是躬身入局,行而不辍,履践致远,向光而行。尤其是近几年,在实践中对企业经营管理有了不少独到见解和深刻思考,探索中取得了不俗的成绩。近日,欣闻光辉同志所著的《企业经营管理30讲》即将付梓,可喜可贺。浏览书稿,稍有感受,不揣固陋,与大家分享。

惟其艰难,方显勇毅;惟其磨砺,始得玉成。高质量发展是全面建设社会主义现代化国家的首要任务,也是企业发展锚定方向、锻造实力的路径遵循。近年,我国经济发展面临复杂形势,企业承受了很大压力,我对此有直接的感受。如何搞好经营管理,践行高质量发展,成为企业界朋友常常探讨的话题。

世界之变、时代之变、历史之变正以前所未有的方式展开。在这样一个充满希望和机遇,同时也充满挑战和风险的时代,企业界特别是企业的经营管理者要有在危机中育新机、于变局中开新局的胆魄,要有卓越的经营管理智慧和能力,以不断创新的企业精神,扎实工作,构筑起高质量发展的强韧经济基础。

稳中求进是当前经济工作的总基调。在全球经济不确定性增加的大环境下,唯有深刻把握"稳"与"进"的辩证关系,以稳求进、以进固稳,方能在高质量发展中砥砺前进、行稳致远。实践需要理论指引,实践孕育理论创新。光辉同志基于多年来对企业管理的实践和思考,形成了比较系统的经营思路和管理经验。他提出,企业经营工作的核心在于科学平衡要素资源安全性管理和有效性管理这一矛盾统一体。书中关于正确处理主业和副业、速度和质量、存量和增量、长期和短期、开源与节流等5对关系的思考,体现了他稳中求进的全局思维。既注重在"量"上发力,又聚焦在"质"中提升,才能够有效激发企业动力和活力,为其稳健前行护航。

"致广大而尽精微"是成事之道。"致广大"方能在纷繁复杂中洞悉规律、辨明方向;"尽精微"则能在"作于细"中消除可能存在的风险隐患,确保企业经营管理各项工作取得实效。光辉同志善于思考,勤于实践,在河南日报报业集团公司内部亲自策划、组织实施了"发展数字经济、重点项目提速、资源整合、版权保护、成本控制、风险防范、清欠应收账款、企业管理争先达标"8个专项行动,强力推动精细化管理和高质量发展。比如,通过开展应收账款清欠专项行动,建立月报制度,进行针对性督导,有效化解了坏账风险,大幅增加了企业现金流量;在成本控制专项行动中,将企业降本目标与年度考核、管理质量争先达标紧密挂钩,坚持过"紧日子",实现了集团整体成本费用率的有效降低;抓好资金安排使用,结合实际,灵活调配,优化结构,勤借勤还,提升信用评级,切实降低了筹资成本……书中"资金链安全是企业经营的重中之重""千方百计提高资金使用效率""应收账款要做到应收快收、应收尽收""切实重视和改进预算管理""强大执行力是搞好企业的重要保障"等篇章,从不同角度对相关实践探索做了总结和提炼,给企业经营管理者们以十分有益的启示。

"以不息为体,以日新为道。"技术的进步总是能激发起创新者变革的想象力。当前,数字化发展趋势对企业现有的商业模式、组织结构和业务流程变革产生着深刻影响。数字经济时代下产业与信息技术的深度融合,为企业转型升级提供了新动能,在所催生的多种应用场景中,企业经营管理需要有数字化转型的重要抓手。数字化转型是我国把握新一轮科技革命和产业变革新机遇的战略选择,也是企业实现健康稳定发展、重塑核心竞争力的必修课。

时代召唤变革和进取,但作为一个复杂的系统性工程,数字化转型知易行难。"认识不清、理解不深"和"不知道怎么做",是许多企业在数字化转型中的两大困扰。书中论及的"文化类企业在融媒时代经营转型的策略与模式创新""千方百计培养新增长点、新动能、新模式""数字化转型是企业高质量发展的重要引擎"等内容,融理论与实践于一体,试图为这两个问题找到答案,推动企业数字化转型从立柱架梁迈向积厚成势新阶段。

企业在踏上以变革融合、提质增效为目标的新发展之路时,常常会有"成长的烦恼"。在当今这个竞争日益激烈、变化越来越迅速的社会中,企业经营管理新问题层出不穷。本书"切实重视企业的风险防范与化解""搞好企业管理要注重资源整合""努力构建科学的绩效考核体系""千方百计做好股权设计"等内容,可以启发企业管理者的管理智慧,以应对企业成长中的挑战和复杂问题。

本书是光辉同志以实践者和思考者的初心,探寻变革时代企业经营管理和创新发展的新思路,在写作上也颇有特色。本书所探讨的多为企业经营管理者实践中的常见话题,论述内容既有理论阐述,又有具体操作实践和应用方式。结合翔实鲜活的案例,以简易通俗的语言,讨论企业经营管理的深刻问题,发现企业经营管理的奥秘和技巧。本书可以作为经济工作者的基础读物,成为企业管理者们的谈资,给读者增加阅历。

中国社会科学院学部委员
郑州大学商学院院长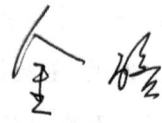

2022 年 12 月 8 日

序二

首先,向张光辉同志《企业经营管理30讲》出版面世表示祝贺!这是继个人专著《中国突发事件报道研究》和四卷本《樵夫集》之后,光辉同志的又一力作,饱含着他多年来关于企业经营管理的深刻思考,也是他为官不辍为学的明证。此前,光辉同志嘱我作序,盛情难却,谨撰数言,与广大读者分享。

因为河南省企业联合会工作的机缘,我有幸结识光辉同志。他作为一名媒体宣传和经营管理者,原来常年从事新闻宣传和管理工作,只是近期才转岗从事文化类综合企业的经营管理。近几年,他专注于企业经营管理探究,颇有建树,自成气象,其多闻博识,所著之书都浸润着他的智慧和匠心。这次拜读书稿,让我感到一则以惊,一则以喜。惊的是,光辉同志走上领导岗位之后,为官不辍为学,对企业经营管理也有如此深刻的思考和研究,涉猎面之广,令人惊奇。正如《荀子·大略》所言:学者非必为仕,而仕者必如学。这是一位中国传统学人的治学情怀,也是一位企业管理者的责任担当。喜的是,光辉同志关于企业经营管理的30讲,其中很多观点与我不谋而合,令人有惺惺相惜之感;更多的是通过拜读此书,我的很多认识得到了新提升,并从中学到了许多解决问题的新方法,受益匪浅。孔子曰:学而时习之,不亦说乎?这是一种获得知识的快乐,相信读者也一定会在阅读中受到启迪,获得教益。

光辉同志关于企业经营管理的30讲,给了我几个强烈的感受。一是研究深入系统。总体看来,从

"正确处理主业与副业的关系"到"完善现代国有企业制度",从"改进预算管理"到"千方百计做好股权设计",从"加强知识产权工作,增强企业核心竞争力"到"准确把握企业经营'稳'和'保'的着力点",从"构建科学的绩效考核体系"到"克己奉公是搞好企业的关键",等等,这30讲内容几乎涵盖了当前企业经营管理的方方面面,特别是作者在深入研究国内外企业管理案例基础上,深刻探究企业经营管理变革的动因,几乎在每一讲中都对我国企业经营管理现状进行了实事求是的展现,并对目前部分企业经营管理中存在的症状进行了扫描剖析,全面阐述了新时代提升企业经营管理的必要性、紧迫性和现实意义。二是案例丰富翔实。纵观这30讲内容,作者援引的丰富翔实的案例资料,是本书的一大亮点。其中既有当前的政策解读,也有国内外企业管理经验的借鉴分析,比如从不同侧面分析了我国华为、福耀集团、阿里巴巴、娃哈哈等企业的经营之道,也研究了国外如苹果、亚马逊、IBM、微软等知名企业的成功管理经验,对于企业经营管理者具有很强的借鉴和指导意义。三是观点独到精辟。该书深入分析了当前企业经营管理方面存在的问题,比如"切实重视企业的风险防范与化解""资金链安全是企业经营的重中之重""既要重视体制机制创新,又要注重方式方法改进"等章节,就是针对企业经营管理中存在的某些症结问题而发。又比如,在第26讲"要重视改革,更要重视管理"中,作者针对改革和管理的关系问题,提出了管理切忌脱离实际,既不能以改革代替管理,又不能以管理代替改革,进一步厘清了改革和管理之间的关系,为企业制订科学有效的解决措施提供了有力帮助。四是措施实用可行。基于科学的深入分析研究,在每一讲中作者都提出了解决经营管理问题的对策举措,比如前5讲的5个"正确处理",以及"应收账款应收尽收""生意是'谈'出来的,不是'评'出来的""构建科学的绩效激励机制""抓住6个关键环节有效控制企业成本"等观点,基本上都是针对某一具体问题,拿出的较为有效的"药方",措施具有较强实用性和可行性。

以上是我的一些读后感,可能挂一漏万,不乏遗珠之憾。作为抛砖引玉之用,不敢为序。

河南省企业联合会
河南省企业家协会会长
河南能源集团有限公司董事长

2022 年 9 月 8 日

序三

"八音与政通,而文章与时高下。"欣闻张光辉同志的《企业经营管理30讲》即将出版面世,作为相识、相熟、相知30多年的校友、同事、朋友,我由衷地为他高兴,也真诚地向他祝贺。光辉同志先后在河南人民广播电台、省委宣传部新闻出版处、河南日报报业集团等单位工作,岗位、职务和角色一直在变,但是他勤于实践、善于思考、笔耕不辍的习惯始终未变。现将通读这部著作的一些感悟与读者共享,以志感佩和祝贺。

《礼记·中庸》中有一句脍炙人口的格言:"博学之,审问之,慎思之,明辨之,笃行之。"它充分说明学思结合、学以致用的重要性。如果学问不通达、见识不广博、思考不深入,就无法树立明确的志向;如果志向不确立、价值观不明朗,就无法真正达到实践的效果。光辉兄的《企业经营管理30讲》一书,正是对博学、审问、慎思、明辨、笃行这一系列经典认知过程的生动践行。

一是宽广的学术视野。博学是科学实践的理论基础,也是一种积极的人生态度。早在1993年7月,光辉兄执笔撰写的长篇调研报告《优秀的民族精神和改革开放意识的结合》荣获中宣部"五个一工程奖"和"全国县处级以上领导干部优秀调查报告奖"。新世纪以来,他先后出版有《为之则易》(红旗出版社2002年版)、《和谐与冲突——中国突发事件报道研究》(郑州大学出版社2012年版)、《为之不易》(大象出版社2014年版)、《樵夫集》(河南大学出版社2020年版)等多部个人文集及研究专著,用一串串鲜活的文字勾勒出自己在不同时期工作实践的思想轨迹。《企业经营管理30讲》中,既有对宏观经济政策和企业长远发展规划的深度思考,又有对如何增强企业核心竞争力的微观分析,还有对股份制企业要千方百计做好股权设计、文化类企业在融媒时代经营转型的策略与模式创新等领域产业经济发展的中观考量,处处体现出作者渊博的学识和宽广的学术视野。如第10讲在谈到现代财务如何为经营赋能时,作者以"从'账房先生'到'价值创造者'"为题,从"账房先生:财务管理的源头""管理会计:财务管理的新境界""价值创造:财务管理的本质"三个层面分析了传统财务向现代企业价值创造者转变的历史演进脉络,并结合现代企业管理的要求和具体案例,提出了改进企业财务工作的思路和建议,进而实现"一子落而满盘活"的财务管理目标,读来让人耳目一新。

二是鲜明的问题意识。爱因斯坦曾经说过:提出一个问题往往比解决一个问题更重要。因为解决一个问题,也许仅需要一个科学上的实验技能而已;而提出新的问题、新的可能性,以及从新的角度看旧的问题,却需要有创造性的想象力,而且标志着科学的真正进步。好的问题一定是开放式的、发人深省的、在实践中能引起人们进一步探究的、随着时间的推移可能会重复出现的主题或现象。该书前5讲延续了作者一以贯之的治学态度,连续提出5个问题,即"主业优先?副业优先?""质量重要?速度重要?""先做增量?先做存量?""先吃饭?先发展?""重在开源?重在节流?"对如何正确处理主业和副业的关系、速度和质量的关系、存量和增量的关系、短期和长期的关系、开源和节流的关系等事关所有企业发展的共性问题进行了全面而深入的探讨,指出:不管是国有企业,还是民营企业,发展战略至关重要;速度和质量,是驱动企业发展的两个轮子,必须处理好两者之间的关系,既要坚持质量第一,又要保持合理的发展速度,只有这样,企业才能成为行业标杆;企业在发展过程中需要处理多方面关系,存量和增量是其中重要的一对关系,是企业提升发展实力的重要因素;正确处理短期与长期的关系是实现企业可持续发展的必要条件;开源与节流是一个问题的两个方面,是辩证的统一体;只有将二者结合起来,才能真正提高企业的投入产出比,实现企业经营效率的最大化。抓住主要问题开展专题研究,表现出作者严谨的治学态度和鲜明的问题意识。

三是敏锐的学术洞察力。2019年9月3日,习近平总书记在中央党校(国家行政学院)中青年干部培训班开班式上的讲话中指出:领导干部要有草摇叶响知鹿过、松风一起知虎来、一叶易色而知天下秋的见微知著能力,对潜在的风险有科学预判,知道风险在哪里,表现形式是什么,发展趋势会怎样,该斗争的就要斗争。任何一个人、一个团队或一项事业的成功,都应该建立在科学预见的基础上,建立在工作中能够有效防范风险、正视风险、化解风险的行动上,建立在能够果断找准问题之源、应对之道、解决之策上。光辉兄有着非常敏锐的学术洞察力,善于从理论与实践的结合中寻求解决问题的重点、难点和创新点。如"资金链安全是企业经营的重中之重""切实重视企业风险防范与化解""抓住6个关键环节有效控制企业成本""努力构建科学的绩效考核体系""加强知识产权保护,增强企业核心竞争力""有进有退是企业成败的关键""数字化转型是企业高质量发展的重要引擎"等,都是作者在时代的大潮中摸爬滚打、深思熟虑之后总结出来的宝贵经验,对于相关行业的发展具有重要的参考价值和实践意义。

四是辩证的思维方式。光辉兄具有深厚的文字功底和辩证的思维方式,即使是从字面上看让人感觉有些枯燥的企业管理类著作,其字里行间也处处闪耀着逻辑思辨之光。如在谈到如何正确处理主业与副业的关系问题时,作者提出立足主业、当好"领头雁"的观点,分析了"近

20年来，房地产的火爆，'引无数英雄竞折腰'""不少企业因为盲目扩张，导致经营多年的基业突然'坍塌'"的普遍现象，并以曹德旺只专注汽车玻璃而成就"玻璃大王"的美誉、张天任靠着心无旁骛做新能源动力电池的"绝门独技"而笑傲江湖为例，说明只要"聚精会神做主业，成功就不会绕过他"的道理。再如作者强调要建立贴合企业发展实际的商业模式时，以百胜集团收购"中国火锅第一股"小肥羊为例，指出由于百胜的模式和小肥羊原来的市场定位出现了错配，该集团经过一年的高端管理运营，反而导致客流和营业额双双下滑，先进的模式并没有让老树开出新花，反而加速了树木的枯萎；用生动的事例说明商业模式不能一味地求新求异，只有适合自己的模式才是真正的创新。

五是中肯的对策建议。光辉兄长期在宣传思想文化系统工作，早已将"先天下之忧而忧，后天下之乐而乐"的儒家情怀内化于心、外化于行，习惯于用客观事实说话、用大量数据说话、用典型案例说话，言之有物、言之有据、言之可信，提出的对策建议非常中肯，往往具有重要的理论价值和实践意义。如第12讲在谈到"抓住6个关键环节有效控制企业成本"时，作者提出要"综合运用多种成本控制方法"，并将其细分为"标准降本""预算降本""结构降本""效率降本""技术降本""机制降本""规模降本""政策降本"等8种方法，可谓条分缕析、纲举目张、逻辑严密、直观醒目。又如第30讲在谈到"建立高效科学运行机制，完善现代国有企业制度"时，文章深刻分析了我国国有企业"两会一层"（即国有独资公司党委会、董事会、经理层）运行实际中存在的问题，提出了规范"两会一层"运行的思路办法，给出了"两会一层"权责和运转建议，着力于解决"两会一层"的权责边界、决策流程等问题；特别是对国有企业法人治理中的两个关键人物——董事长和总经理的权责划分问题提出了两种运营模式，并详细分析了这两种运营模式的优劣利弊，建议结合企业的管理实际来选择合适的运营模式，这是对优化国有企业运行机制的积极探索。

  唐代大诗人白居易说过："文章合为时而著,歌诗合为事而作。"光辉同志也一直在进行着立时代之潮头、察古今之变化、发思想之先声的探索实践。相信这部凝聚着光辉同志多年心血、汗水和智慧的高水平研究著作,一定能给更多的企业家和企业管理者以启迪。

河南省社科院院长、研究员

2023 年 2 月 8 日

目录 CATALOG

第一讲　主业优先？副业优先？
　　　　——正确处理主业与副业的关系 / 1

第二讲　质量重要？速度重要？
　　　　——正确处理质量与速度的关系 / 11

第三讲　先做增量？先做存量？
　　　　——正确处理存量与增量的关系 / 27

第四讲　先吃饭？先发展？
　　　　——正确处理短期与长期的关系 / 40

第五讲　重在开源？重在节流？
　　　　——正确处理开源与节流的关系 / 55

第六讲　资金链安全是企业经营的重中之重 / 71

第七讲　千方百计提高资金使用效率 / 80

第八讲　应收账款要做到应收快收、应收尽收 / 92

第九讲　切实重视和改进预算管理 / 104

第 十 讲　从"账房先生"到"价值创造者"
　　　　　——兼谈现代财务如何为经营赋能 / 117

第 十 一 讲　切实重视企业风险防范与化解 / 126

第 十 二 讲　抓住6个关键环节有效控制企业成本 / 140

第 十 三 讲　努力构建科学的绩效考核体系 / 155

第 十 四 讲　股份制企业要千方百计做好股权设计 / 170

第 十 五 讲　生意是"谈"出来的，不是"评"出来的 / 186

第 十 六 讲　聚焦主责主业，推进高质量发展 / 197

第 十 七 讲　加强知识产权工作，增强企业核心竞争力 / 204

第 十 八 讲　有进有退是企业成败的关键 / 215

第 十 九 讲　千方百计保护好核心竞争力 / 228

第 二 十 讲　搞好企业管理要注重资源整合 / 235

第二十一讲　准确把握企业经营"稳"和"保"的着力点 / 254

第二十二讲　文化类企业在融媒时代经营转型的策略与模式创新 / 259

第二十三讲　千方百计培养新增长点、新动能、新模式 / 270

第二十四讲　数字化转型是企业高质量发展的重要引擎 / 287

第二十五讲　克己奉公是搞好企业的关键 / 303

第二十六讲　要重视改革，更要重视管理 / 313

第二十七讲　要抓改革，更要抓项目 / 323

第二十八讲　既要重视体制机制创新，又要注重方式方法改进 / 334

第二十九讲　强大执行力是搞好企业的重要保障 / 343

第 三 十 讲　建立高效科学运行机制，完善现代国有企业制度 / 352

参考资料 / 371

后　　记 / 376

第一讲

主业优先？副业优先？
—— 正确处理主业与副业的关系

【摘要】企业要正确处理主业与副业的关系,突出主业的核心地位、引领作用,同时发挥多元产业的支撑作用。既要形成聚焦主业、以主业引领多元产业发展的"领头雁"态势,又要构建拓展多元产业、以多元产业反哺主业的"生态圈"模式。但多元经营也是双刃剑。如果主业、副业的定位准确清晰,资金、技术、管理等要素调度科学合理,企业有可能做强做大;反之,如果在不熟悉的领域盲目扩张,不但做不好,还可能会把原有的主业拖垮。

党的十八大以来,以习近平同志为核心的党中央高度重视实体经济,围绕企业高质量发展,作出了一系列重大决策部署。2019年3月10日,习近平总书记参加十三届全国人大二次会议福建代表团审议时指出,做实体经济,要实实在在、心无旁骛地做一个主业,这是本分。我们搞企业,就要以习近平新时代中国特色社会主义经济思想为指导,实实在在地把主业做强做大、做精做优,把主业做出品牌,做成我们的核心竞争力。

一、立足主业,当好"领头雁"

聚焦主业,做强做大,是企业安身立命之本,是企业提质增效的重点方向,是企业迈向世界一流的根本所在。牢固树立、持续强化企业的主业意识,实现高质量发展,是推动经济社会发展的必由之路,是提升综合国力的现实需要,是加快构建新发展格局的必然要求。当前,我国进入新发展阶段,企业尤其是国有企业要按照国家宏观布局,全面参与构建新发展格局,做强做优做大国有资本;要充分发挥国有企业的带动、示范作用,聚焦主责主业,尽快建成一批世界一流企业。

在主业定位上,要处理好核心主业与多元产业的关系,突出主业的核心地位、引领作用,同时发挥多元产业的支撑作用。核心主业是发展的重点和方向,多元产业是做强做大的有力支撑。既要形成聚焦主业、以主业引领多元产业发展的"领头雁"态势,又要构建拓展多元产业、以多元产业反哺主业的"生态圈"模式。①

不管是国有企业,还是民营企业,发展战略至关重要。大凡成功的企业,都有清晰的发展战略,聚焦主业,深耕细作,打造主业品牌,扩大主业产品的市场份额,以前瞻的发展理念、过硬的产品质量、良好的售后服务赢得消费者的信赖,打造产品"老字号",争当行业"领头雁"。

要做强做大主业,就必须抵御各种诱惑。特别是近20年来,房地产的火爆,"引无数英雄竞折腰"。不少企业闻"风"而动,偏离主业,盲目上马了一些房地产、金融等非主业项目,严重影响了主业的健康发展,也给企业带来了风险和隐患。企业追逐利润,本无可厚非,而那些与房地产毫不相干的企业,不是围绕主业搞创新,而是在陌生的行当另起炉灶,其结果可想而知,看似规模做大了,但风险也增大了。不少企业因为盲目扩张,导致经营多年的基业突然"坍塌",堪为镜鉴。

---

① 石萍:《以思想破冰引领湖北省属国有企业聚焦主业高质量发展》,《党政干部论坛》2021年第12期,第45—46页。

第一讲 主业优先？副业优先？——正确处理主业与副业的关系

一个人，一家企业，几十年如一日，聚精会神做主业，成功就不会绕过他。这样的例子不胜枚举，苹果、亚马逊、IBM、微软、阿里巴巴、娃哈哈等，正是因为专注，才能成为各自领域的巨头。

（一）曹德旺：只专注汽车玻璃

"玻璃大王"成功的秘诀，就是专心致志，做好核心主业。

事实上，曹德旺也曾动过杂念。1991年，福耀集团向社会公开发行股票募资2451万元，除了汽车玻璃业务，开始组建装修公司、配件公司、高分子公司、加油站等，并参与了一个名为"工业村"的房地产建设项目。

到了1993年，福耀集团不仅占有国内汽车玻璃市场份额的40%，而且在房地产、装修行业也取得了不凡的成就。

曹德旺经常陪客户去打高尔夫球，在碧草蓝天之间悠游信步。看似轻松的曹德旺，内心深处的压力却越来越大。福耀集团上市后，成了公众公司，企业经营好坏已不是个人的事了。作为福耀集团的创始人，要对股东负责，对员工负责。如何使股东利益最大化？如何达到资本市场对公司的要求？如何让员工更有获得感、幸福感？这些问题一直萦绕在曹德旺的脑海，挥之不去。

1994年，曹德旺携公司年度经营报告赴港，请香港证交所总监按国际标准进行评估。"福耀的主业不突出！"总监是位女士，看问题一针见血："你们既做汽车玻璃，又做房地产，还搞装修，你们究竟想吸引什么样的股东来继续投资？做汽车玻璃的或许对房地产不感兴趣，同样，做房地产的或许对汽车玻璃不感兴趣。主业不突出，会让投资者动摇；主业不突出，不可能成为最后的赢家。"九言劝醒迷途仕，一语惊醒梦中人。总监的一席话，令曹德旺联想起参观美国福特汽车博物馆时的情景。单论汽车市场，现在的中国，颇似20世纪中叶的美国。美国当年参与竞争的汽车生产企业数万家，如今只剩下几巨头；存活下来的汽车玻璃公司,历史都超过百年,它们无一不是靠持之以恒的"专注"才成为最后的霸主。于是,曹德旺及时刹车,果断退出房地产等领域,下定决心要把汽车玻璃做精、做专、做深、做透。

曹德旺的成功,在于他的专注。他只专注玻璃,只专注汽车玻璃。

(二)张天任:笑傲江湖的绝门独技

天能集团的前身是煤山第一蓄电池厂。

1988年,26岁的张天任,借款5000元,承包了这家年产值不到8万元,负债高达10万元的村办企业。从此,他就与电池结下不解之缘。

为寻求合作,张天任遍访上海浦东做应急灯的工坊;为联系销路,他扛着电池挤公交。有的厂家需要当场测试电池质量、容量,他一等就是几个小时。经不住张天任的软磨硬泡,浦东7家应急灯制造厂与他签了合同。

功夫不负有心人。第二年,张天任就实现产值80多万元的目标,打了一个漂亮的翻身仗,一举扭亏为盈。第三年,该厂产值突破200万元。正当蓄电池生意风生水起之时,张天任却产生了危机感。因为随着我国电力行业的快速发展,大部分农村地区已摆脱供电不足的困境,应急电源销量大幅下降,市场严重萎缩。当时,他考察了很多项目,但都紧盯主业、紧盯产品的创新和升级换代。

20世纪90年代末,电动自行车在大城市开始普及。张天任敏锐地意识到,动力电池是前所未有的巨大商机。为此,他不惜重金聘请外地专家驻厂研发,终于成功研发出高性能的"天能阀控式密封铅酸蓄电池"和"天能电动助力车专用蓄电池"。

1999年,在第二届全国电动自行车里程大赛上,天能电池凭借优异的性能一举夺魁,订单纷至沓来。2001年,天能电池销售收入超亿元。2005年,天能集团产值突破10亿元。2007年,天能集团登陆香港资本市场,成为中国动力电池第一股。

天能集团的成功,形成了品牌效应,也带来了大量的现金流。地产、煤矿行业的企业家纷纷找上门来,向张天任开出非常优惠的合作条件。张天任不为所动,婉言谢绝。很多人不理解,说他太保守。但张天任始终认为,企业家一定要经得起诱惑,要保持一颗高度专注的心。他心无旁骛,一门心思要把新能源动力电池做精做透!

张天任笑傲江湖,靠的就是这独门绝技!

二、多元经营,用好双刃剑

多元化经营是企业扩张、壮大的路径之一。

多元理论认为,企业经营达到一定的程度和规模后,为避免单一经营的风险,应在主业之外,寻求新的经营领域,尽可能增加产品、服务的种类或品种,尽可能地扩大企业的生产经营范围、服务领域,充分挖掘、利用企业的各种资源,为主业的做强做大和可持续发展提供更有力的支撑。

但多元经营也是一把双刃剑。如果主业、副业的定位准确清晰,资金、技术、管理等要素的调度科学合理,积极稳妥、步伐坚实,企业就有可能做强做大;反之,如果在不熟悉的领域盲目扩张,没有与新产业、新项目相匹配的核心技术、管理人才,用老演员去唱新剧种,不但做不好多元产业,还可能会拖垮原有的主业。以海航集团为例。

海航集团的多元发展,可谓一波三折。

1993年,海航集团在海口起步时,仅有3架波音737客机。在此后的20多年时间里,海航聚焦主业,多元发展,开展各种并购重组业务,控股多家地方航空公司,包括长安航空、山西航空等。在快速扩张的过程中,海航逐渐从地方性的规模较小的航空公司,发展成为航线遍布全国的大型航空公司,跻身全国民航业四强。

2003年的SARS疫情,是海航发展史上的一个重要节点,海航集团的多元化经营,由此迈出关键一步。受SARS疫情影响,海航集团航空板块上市公司海南航空,2003年亏损14.74亿元,航空板块几乎停摆,面临资金链断裂风险。血的教训,让海航集团决策层意识到,深耕航空主业虽能做大企业规模,但如果没有多元经营作支撑,很难抵御市场风险。定了的事情,马上落实,这就是海航集团的高效率。2003年5月,海航集团先声夺人,以1.7亿元强势收购西安民生后,依托自身优质航线资源,整合优质商品运输,为进军商贸行业奠定基础;2005年,海航集团与德国企业合作,成立新疆海航汉莎航空食品有限公司,挺进航空食品行业。这一时期,海航扩张,步履稳健,紧紧围绕产业链上下游,但不脱离航空主业。2004—2009年,海航集团旗下的云南祥鹏航空、西部航空均正式运营。

2008年的次贷危机,是海航发展史上又一个重要节点,海航集团的多元化经营,以此为契机,大踏步走出国门。在这次金融危机中,雷曼兄弟轰然倒下,冲击波通过关联性的金融产品不断扩散,先是华尔街,其次是全美,最终波及全球。受"大衰退"影响,世界范围内的商业银行纷纷收紧银根,这导致优质资产价格非正常下跌。为托举经济,美联储采取非常规的量化宽松货币政策,拓宽中小银行资本补充渠道,并为企业融资提供方便。但在恐慌情绪下,人们对经济的预期依然悲观。海航集团此前曾深耕航空业,并积极拓展上下游产业,积累了雄厚的资金。在2007年次贷危机爆发前的几个月,海航资本控股有限公司(现海航资本集团有限公司)挂牌成立,注册资本43亿元。从此,海航集团的多元化经营,走出国门、拥抱世界,并在全球范围内大规模收购酒店、房地产、航空公司、租赁公司、金融企业。海航集团于2010年以1.5亿美元收购澳大利亚航空公司的股份,并于次年以2500万、10.5亿美元收购土耳其、新加坡的航空公司股份,以达到参股和控股的目标;2015年更是连出大手笔,以27.3亿瑞郎、25.55亿美元收购瑞士空港、

Avolon(爱尔兰飞机租赁公司)的全部股权。

现代民航业是经济全球化的重要渠道,其发达程度体现了一个国家的现代化水平和综合实力。与其说航空运输是一种交通运输方式,不如说是区域经济融入全球经济的快速通道。国家"一带一路"建设倡议发出后,海航及旗下子公司抢抓市场蓝海,锁定全球各重要节点城市,进行航线网络布局,积极构建"一带一路"沿线国家互联互通的"空中大通道",并拥有中国内地唯一一家 Skytrax 五星航空公司。

回望海航集团这一高光时刻,可以感悟到其决策者敏锐的市场嗅觉、对多元化经营的科学研判、对市场变化的准确把握以及企业特有的灵活机制。更为难得的是,海航集团当时的战略规划,既与市场经济理念同频共振,又与国家宏观导向高度契合。

2021 年 1 月 29 日,海航集团宣布破产重组。其实早在 2017 年,海航集团就已游走于破产边缘。海航集团破产重组的直接原因,是激进的多元化和盲目的扩张。翻开《中国企业全球化报告(2016)》,可以看到 2016 年中国企业跨国并购十强榜单中,排名第一的正是海航集团有限公司。海航集团还于 2016 年、2017 年分别以 15 亿美元、103.8 亿美元收购瑞士佳美集团、美国 CIT 飞机租赁业务。

海航集团在全世界范围内"买买买"的行动止于 2018 年。海航集团的成长速度,注定无法与盲目的扩张速度相匹配,这种失去理智的所谓多元经营,使得海航集团越来越不像一家航空企业,其杠杆率、负债率的特征,更像是一家金融企业。

海航集团早期的多元发展可圈可点,最终却因盲目扩张,铩羽而归。这一典型案例,值得企业家们学习与反思。

三、创新主业,高路"入云端"

企业不但要处理好核心主业与多元产业的关系,更要处理好传统产业与新兴产业的关系。既要数十年如一日坚守主业，又要致力于传统主业的提质增效，致力于主业产品的升级换代，积极主导、参与主业产品相关行业标准的制定与实施，赢得市场竞争的主动权。

要以创新主业为总基调，做好传统主业与新兴产业的融合发展。要认真研判、深刻把握实体经济发展面临的"时"与"势"、"危"与"机"，坚持以做实做强做优实体经济为主攻方向，坚持两手抓、两手都要硬。一手抓传统主业的转型升级，要以供给侧结构性改革为主线，以智能制造为主攻方向，实施产业基础再造和产业链提升工程，通过技术改造和创新，提升产业基础高级化、产业链现代化水平，拓展产业发展的新空间，使之在新技术背景下焕发出全新活力。一手抓传统主业与新兴产业的融合发展，要抓住产业数字化、数字产业化机遇，加快5G网络、数据中心、物联网、卫星互联网等新型基础设施建设，加快推进数字经济、智能创造、生命健康、新材料等战略性新兴产业发展，形成更多新的增长点、增长极。

我们并不讳言，传统产业曾为国家经济发展作出过重大贡献，也形成了一整套要素配置、管理体制和运营机制。但随着企业改革进入深水区、经济发展进入新常态，一些僵化的、过时的体制机制已严重滞后于新的经济形势、新的经济发展阶段，必须大刀阔斧地进行改革。要在坚守主业的前提下，转型升级，创新发展；要不断培育新动能、寻找新需求、创造新供给、拓展新空间；要持续优化组织结构、盘活资源要素、激发企业活力，以企业转型升级为突破口，推进企业高质量发展。

国家层面，已提出构建发展新体制，加快形成新的市场环境、产权制度、投融资体系、分配制度、人才培养引进机制；推进简政放权、放管结合、优化服务，提高政府效能；建立健全现代财政制度、税收制度，改革并完善适应现代金融市场发展的金融监管框架。

企业层面，要围绕主业，全力推进体制机制创新。市场化程度较高的企业,更要特别注重商业模式的创新。在全球化浪潮冲击、第四次工业革命步伐加快、商业环境变化的不确定时代,商业模式的创新尤其重要。如何创新商业模式、如何通过商业模式的转型升级为企业带来竞争优势,是新时代每一位有情怀、有抱负的企业家都要面对的新课题。

"万物云"便可作为商业模式创新的标杆与典范。①

万科物业成立于1990年,以住宅物业为主提供高品质服务。作为中国物业管理行业的领跑者,万科物业致力于让更多用户体验物业服务之美好,围绕业主不动产保值增值提供全生命周期服务。业务涵盖多层小区、高层大厦、别墅、写字楼、社区商业、政府公共物业,小区前期规划,秩序维护与清洁服务,园艺绿化设计及养护,设施设备集约化管理,楼宇智能化设计与施工,会所经营,房产经纪,家居装饰,社区资源经营等诸多领域。

2020年10月31日,万科集团合伙人朱保全宣布企业名称由"万科物业发展股份有限公司"正式更名为"万物云空间科技服务股份有限公司"(简称"万物云")。"万物云"把业务分为"SPACE"(空间)、"TECH"(科技)和"GROW"(成长),涵盖7个板块。这是万科物业深思熟虑后,在商业模式创新方面下的颇具前瞻性的先手棋。

"万物云"顺应了时代发展的大趋势,抓住了转型创新的大机遇,实现了数字化、科技化的大飞跃。从名称的变化,我们可以洞见万科物业立足主业、开启全新商业模式的信心与实力。"万物云"无疑是传统物业服务数字化、科技化转型升级的新标杆、新典范。

首先,"万物云"把传统的物业服务提升到了空间服务层面。"万物云"的空间服务,分社区空间服务、商企空间服务、城市空间服务3个板块。社区空间服务,是万科物业原有住宅物业服务的升级版,并衍生

---

① 曾晓明:《从万科物业更名谈物业服务商业模式创新》,《中国物业管理》2020年第11期,第32—33页。

出朴邻发展等子品牌;商企空间服务,是指万科物业牵手戴德梁行,在商业、写字楼物业领域精雕细刻,打造万物梁行新品牌;城市空间服务,是以"万物云城"为切入点,以专业的手段、高效的举措,参与城市治理,提升城市服务水平。

其次,"万物云"实现了"科技+服务"的转型升级。万睿科技"第五空间"分别提供软硬件服务能力、数字运营和人工智能服务。空间(SPACE)内,资产、人及商业活动皆可通过技术(TECH)连接,不断延伸科技触角,从传统物业服务向更广阔的空间服务延伸——未来科技必将为传统业态注入新动能,培育新业态。"万物云"的GROW模块——"万物成长",致力于构建"开放、连接、协同"的生态系统,依托优质的技术、数据、标准、产品与服务,打造开放式赋能平台。"万物云"未来还将实现住宅物业领域BPaaS(业务流程即服务)在各空间服务子品牌的全覆盖,并以睿联盟为主要载体,全方位对外输出。

"万物云"开创了企业开放的生态空间。开放的星尘系统,将空间里的资产、人、商业活动等接入系统,使得物业服务企业、供应链上下游、各类生态合作伙伴都可获得万科物业积累的技术、流程、标准等核心服务产品与服务能力,进而提升服务效率、管理颗粒度和透明度。

物业管理企业,通常被认为属于技术含量较低的劳动密集型产业,而万科物业却依托高科技,把传统物业管理服务提升到了云端。

第二讲

质量重要？速度重要？
——正确处理质量与速度的关系

【摘要】质量与速度是企业发展的双翼,两者缺一不可。在社会经济快速发展的背景下,企业只有正确处理好质量与速度的关系,才能进一步提升发展实力。本讲首先从高质量发展入手,阐述了企业高质量发展的内涵、发展困境以及如何实现高质量发展;其次,指出了企业保持发展增速的必要性、易入的发展误区以及如何实现高速增长;最后,从3方面进一步阐明了企业如何正确处理质量与速度的关系。

在企业经营过程中,发展的质量和速度是辩证统一的。高质量是企业内在发展的必然要求,高速度是企业由弱到强的重要因素。对于企业发展而言,两者缺一不可。

企业的高质量发展必须保持一定的发展速度,否则就会原地踏步,难以做强做大,甚至会被市场淘汰;企业保持较高速度的发展,也要注重发展质量,只有在快速成长中不断提升产品质量、运行质量、管理质量,才能在激烈的市场竞争中脱颖而出,才能保持长期可持续发展,只注重提升发展速度而忽视了发展质量,就会外强中干,遇到市场风险就会变得不堪一击。

速度和质量,是驱动企业发展的两个轮子,必须处理好两者之间的关系,既要坚持质量第一,又要保持合理的发展速度——只有这样,企业才能成为行业标杆。

一、注重发展质量,实现内涵式发展

发展质量是一个企业在市场中立足的根本,决定着企业能否长期发展。没有质量就没有市场,没有质量就没有效益,没有质量就没有发展。因此,一个企业想要生存发展,就必须着力提升发展质量,实现内涵式发展。

(一)企业发展质量的内涵和特质

企业发展质量,就是"企业发展的优劣程度"。概括而言,企业发展质量是企业在一定时期内开展经营和追求发展过程中所展现出来的经济价值和社会价值的实现效率与水平,以及企业持续成长和持续创造价值的素质能力。

高质量发展的企业有以下几个特质。

一是产品质量一流。从市场规律来看,"质量第一"早已成为现代企业的共识,是企业获取竞争优势、实现可持续发展并走向成功的最重要因素之一。可以说,质量就是企业的立身之本。比如,通用汽车提出了"让质量上路",福特公司也认为"质量是第一件工作"。日本为鼓励国内企业不断提升产品质量,于1951年设置了国家质量奖——戴明奖。近年,中国企业也十分重视产品质量:海尔凭借可靠的产品质量,不仅在国内拥有好的口碑,还跻身于世界级供应商行列,产品远销100多个国家和地区。

二是服务品质优异。20世纪80年代,美国市场营销学家提出了一种服务质量评价体系,使用5个维度对服务进行衡量。营销学家们指出,优质的服务要拥有能够可靠准确提供承诺服务的能力,要积极主

第二讲 质量重要？速度重要？——正确处理质量与速度的关系

动地帮助客户解决问题，要增加客户的信任和信心，要为客户提供关怀和个性化的关注，还要借助服务过程中的有形要素为客户带来更多的感知体验。简单来说，品质优异的服务指企业能随时为客户提供便捷、有效、贴心、满意的服务。比如，海底捞的服务理念是服务至上、顾客至上。通过打造贴心、周到、优质的个性化服务，海底捞形成了独具竞争力的发展优势。

三是管理机制高效。创新、灵活、高效的管理机制能够激发企业的发展活力，提升企业的发展质量。企业建立高效的管理机制需要：①构建科学合理的组织治理架构，明确各治理主体的责权利，形成科学有效的职责分工和制衡机制；②学习先进的管理模式，构建符合企业实际的管理架构，形成协调运转的管理体系；③建立起一套完整的规章制度体系和流程规范，使企业内部协调运转，提升整体运行效率；④塑造具有强大凝聚力的企业文化，构建企业价值观，形成深植于员工内心的理念体系、行为规范，为企业高质量发展提供内生动力。比如，华为公司通过建立高效的管理机制，短时间内就成为世界通信界的龙头老大和国内通信行业的中流砥柱，行业地位至今无法撼动。

四是运营能力强大。企业的运营能力主要体现在运营的高效率、高增长、高前景和高效益上。具体来说，企业要实现业务运营的高质量，首先要追求经济效益，通过不断提升盈利能力、增长能力和资产管理能力，壮大企业整体实力，创造出高水平且行业领先的经济效益；其次要提升品牌价值，强化市场占有，注重业务拓展；最后还要追求社会效益，要实现绿色发展，能够承担较大的社会责任。比如，万科集团从2004年就提出了"3+1"的运营管理目标，即成为最受投资者、客户、员工欢迎和最受社会尊重的企业。万科集团通过其强大的企业运营能力，将追求经济效益与追求社会效益有机地统一起来。

五是创新实力突出。创新是引领企业发展的第一动力。具有创新能力的企业是指在技术、管理、市场、品牌、成长能力等方面具有一定比较优势,在细分领域内处于领先地位,在产业链中处于主导地位,辐射带动作用强,国际竞争力较强,在全球经济发展中发挥着重要作用的企业。在愈发激烈的竞争环境中,企业创新的重要性和紧迫性越来越突出。在中国,发展实力领先靠前的企业均是创新能力强、创新实力突出的企业。比如,华为的5G通信技术领先全球,其研发的设备质量高、设施建设周期短,受到各国认可,其建成的5G基站占到全球的六成。又比如,国家电网的特高压输电技术已远超美国、日本等发达国家,不仅促进了电力工业整体和区域协调发展,还实现了能源的有效配置。

(二)企业在追求高质量发展中面临的困境

企业在追求高质量发展中面临的困境如下:

第一,质量意识欠缺。有的企业将盈利作为第一目标,一味地追求经济效益,以财富论英雄,缺乏基本的道德约束、投机取巧,忽略了产品和服务的质量,甚至生产假冒伪劣产品。比如,央视"3·15"晚会曝光的土坑酸菜,生产车间满是污渍,工人光脚踩在酸菜上,还有超量添加的防腐剂、护色剂等添加剂,有害消费者健康。有的企业虽然有一定的质量管理意识,但意识不强,管理过程不严格,缺乏专业的质量管理人员来推动企业产品质量的标准化。有的企业对高质量管理的认识不全面,认为追求高质量发展就是提升产品服务质量,而忽略了管理能力、运营能力、创新能力等方面的提升。比如,老干妈辣椒酱因其独特的风味,成为许多人最认可的佐餐调料,甚至是许多出国游子必备的家乡风味,产品质量毋庸置疑。但是作为家族企业,老干妈面临着许多经营管理困境,企业面临较多的不确定性。

第二,高质量发展能力滞后。有的企业技术水平落后,生产的产品质量不高、产品档次较低;有的企业管理能力滞后,虽然建立了现代企业制度,但是多数仍停留在表面,无法实现科学的管理,以管理促发展、

第二讲 质量重要？速度重要？——正确处理质量与速度的关系

向管理要效益的能力不足；有的企业创新能力不强，总是跟随别人的生产步伐，自主创新能力偏弱，无法形成核心竞争力。

比如，健力宝从中国饮料第一品牌到背负数十亿债务，衰落体现在其经营管理的多方面。首先，组织架构不健全。健力宝一直没有建立现代企业的组织治理结构，董事会成为摆设，没有发挥实际作用；创始人李经纬在企业拥有绝对的权威，企业文化具有浓厚的个人色彩。其次，人事管理不科学。健力宝没有制订符合企业发展实际的人力资源战略规划，也没有相应的人才培养体系，内部的人事任免也较为混乱，存在因人设岗、随意设岗、随意提拔干部的问题。最后，流程管理僵化。在健力宝公司有一个奇怪的现象，一个电话或者一句话就可以解决的问题，却要走一系列流程进行解决，业务工作流程死板、审批时间过长，影响业务决策和项目推进。

第三，距离高质量发展要求还存在较大差距。有的企业在推动项目建设时进展缓慢，较长的开发周期不仅增加了财务成本、降低了资产周转率和净资产收益率，也使企业错失了市场机遇。有的企业在开展投资时，不注重长短期结合，投资结构失衡，投资项目退出周期长、退出通道不够顺畅，投资效益整体偏低。有的企业缺乏对应收账款的动态追踪管理，应收账款余额高，增速过快，呆账、坏账风险不断增高。有的企业赢利主要依赖于传统业务，新业态、新的增长点比较少，虽然也在积极探索新的增长点，但发展速度还不快，没有形成新的经营支柱。有的企业缺乏创新意识和创新能力，习惯于传统思维、常规打法，因循守旧，不注重探索新的商业模式。有的企业存货管理不科学、不合理，库存产品过多，不仅导致产品积压和周转困难，也占用了大量资金、增加了供应链成本。有的企业技术创新能力弱，一方面，导致生产效率偏低，生产成本增加；另一方面，难以形成市场竞争力，与竞争对手的差距不断拉大。

第四,错误地将高质量与低速度画等号。企业间常常流行一句话:企业发展不进则退,慢进也是退。一些企业高度重视发展质量,认为只要企业运营质量高,不追求发展速度也是可行的。但在实际运营中,许多企业因发展速度缓慢导致业务增长困难、品牌难以破圈、竞争压力加大,最终破产倒闭。比如,诺基亚非常重视质量管理,其手机制造的质量体系均按照高标准制定,其操作工人也有一套完整的作业指导书,各环节的工人要高质量地按照作业指导书规范完成操作。这样严格的质量管理成就了诺基亚手机"不怕摔"的特质。但随着手机技术的高速迭代发展,诺基亚错误认为自己已经占据了市场、品牌、质量等多方面绝对优势,错失了一次又一次的发展机遇,最终不得不将手机业务全部出售给微软,彻底退出了手机市场。

(三)企业如何提升发展质量

随着社会竞争的加剧,发展质量高的企业抵抗风险能力更强,更能够适应社会变化,凸显经营韧劲。因此,在新时代,企业提升发展质量就显得至关重要。企业应从以下几个方面提升发展质量。

一是依靠精细化管理提升发展质量。提升发展质量,重中之重是强化管理水平。精细化管理是科学管理的一种方式方法,目的在于提高企业效率,提升企业执行力。企业要持续对标行业优秀企业,创新管理模式,加快内部管理向集约化、精细化、智能化转变;要健全内部运营机制,明晰子企业的责权利,不断激发经营活力;要建立科学有效的母子公司管理制度,在科学管控的前提下,充分发挥子公司的主观能动性。具体来说,针对应收账款过多的问题,要从源头着手,要注重对客户的资信调查、明确约定付款方式和违约责任、加强应收账款日常动态管理等,建立应收账款清欠长效机制,确保应收尽收、颗粒归仓,保证现金流稳定;针对项目开发中的问题,要正确处理公司治理与项目建设、履行合同与工程进度、控制成本与提升品质、建设工期与营销推广、项

第二讲　质量重要？速度重要？——正确处理质量与速度的关系

目投资与风险管理之间的关系,在保证质量的前提下,加快项目开发进度;针对投资效益偏低的问题,要优化投资决策机制,推动资源整合,同时建立项目投资评价考核机制,解决投资效益不高的问题;针对库存管理不科学的问题,企业要合理评估销售预期,保证库存商品能够及时有效地销售,同时加强采购管理,注重及时更新库存数据。

比如,沃尔玛的成功就很大程度上得益于其精细化管理。凭借着精细的物流管理、成本管理和战略管理能力,沃尔玛不仅拥有核心竞争优势,还在全球各地建立起门店,并最终成为世界500强企业。又比如,伊利十分重视精细化管理,将品质管理延伸到各个方面,创造了乳品行业多项管理第一:首创严苛的质量标准三条线,第一家上线ERP供应链系统的公司,第一家引入ISO9000质量保证体系的公司,第一家引入ISO14000环境质量保证体系的公司,等等。

二是以新业态新模式提升发展质量。新业态新模式既关系企业的可持续发展,又关系企业现在应该做什么、怎么做的问题,是高质量发展的基本特征之一。培育新业态新模式就是要培育支撑企业发展的幼苗,重点"保"住正在培育的新产业、新经济、新模式,着眼长远、夯实根基、厚植优势。企业要顺应存量市场上多元化、多样化、个性化的产品或服务需求,依托技术创新和应用,探索出更多新的应用场景,拓展出更广阔的发展空间。

比如,随着消费的升级、三胎政策的开放,现代父母更愿意在孩子身上花时间、花精力、花金钱,因此亲子业态、儿童经济成为当下最热门的商业模式。许多大型购物中心抓住发展机遇,以亲子互动为着力点,搭配餐饮、购物、娱乐等业态,吸引家庭消费。深圳龙岗万达甚至把动物园搬进了购物中心,许多可爱的动物聚集于室内,吸引了众多儿童和家长前来观看,带动了商场人气,也提升了消费增速。

三是利用数字经济提升发展质量。当前,以数据作为关键生产要素的数字经济形态,逐步成为全球科技进步与经济增长的新引擎。这一轮数字经济发展速度之快、辐射范围之广、影响程度之深,前所未有。数字经济正在成为重组资源要素、重塑经济结构、重构竞争格局的关键力量。特别是当下,传统企业运营遭遇重大冲击,它们纷纷加快数字化转型步伐,使数字化成为我国宏观经济逆势增长的重要推动力。企业要强化数字基础设施建设,通过数字产业化和产业数字化,全力推进数字经济创新发展,着力培育壮大数字经济产业集群,坚持把数字经济作为发展的关键增量,全面增强企业的数字经济核心竞争力,为企业高质量发展增添强大新动能,实现换道领跑。

四是强化创新驱动提升发展质量。企业首先要着力提升创新研发能力,通过建立激励机制鼓励全体员工增强创新意识,实现对相关技术的深度开发与运用,提升产品、管理等方面的水平和质量;其次要充分利用互联网、云计算、大数据等新兴信息技术对自身进行改造;最后要积极与高等院校、科研院所建立稳定的产学研合作关系,将科研成果转换为实际生产能力。

哈佛大学麦伟略教授曾说:一个没有任何垄断资源的企业,在内蒙古这个远离一线市场的地区,把牛奶卖到全国各地,并在短时间内达到400%的增速,这是一个奇迹!他说的就是伊利。伊利能够成功,很大程度上得益于其"不创新、无未来"的发展理念:建立了中国第一家省级乳业研究院;创办了中国第一个液态奶事业部;在中国第一次大规模运用欧洲的先进设备和技术,让牛奶打破地域限制;历时4年,攻克"乳糖不耐受"行业难题,打造了国内第一款可以有效解决乳糖不耐受的舒化奶产品;连续十几年打造中国首个母乳数据库,研发出更适合中国宝宝的奶粉;等等。伊利已经连续多年挤入全球乳业8强,各项经营指标也稳居全球乳业第一方阵。

二、注重发展速度,实现高质量增长

当前,世界发展日新月异,在这个高速变化的时代,企业间的竞争已经不能仅靠规模质量取胜,更要靠速度制胜。注重发展速度,企业就能够及时应对市场变化;不注重发展速度,企业就会被竞争对手赶超,最终被市场淘汰。

(一)企业保持发展增速的必要性

保持发展增速是宏观经济增长的必然要求。首先,企业的增长速度应跟上宏观经济增速。我国宏观经济每年都要保持一定水平的增长率,如果当年中国的经济增速为6%,那么在宏观经济的带动下,企业至少也要保持6%的增长率,才能跟上经济发展步伐。其次,企业的增长速度应高于通货膨胀率。多数经济学家认为通货膨胀率应保持在1%—3%,这样既不会明显稀释居民财富,又可以刺激经济增长。因此,各国在增发货币时,会在实际需求的基础上适当增发一定数量的货币,形成温和的价格上涨,以刺激经济增长。根据货币增发的通货膨胀率理论,以M2(广义货币供应量)增速减去GDP增速获得的数据更接近于通货膨胀率;中国近10年来该数据一般维持在5%以下,所以一个企业的年度增长率应至少大于该数,否则各项资产就会加速贬值。

保持发展增速是维持市场地位的必然追求。首先,企业的增长速度不应低于行业的平均增长速度。行业是同类型企业构成的群体,具有共同的生产特性,行业的平均增速代表了企业所在行业的平均发展水平,也代表了企业在市场中站稳脚跟的基本要求。可以说,凡是增长速度高于行业平均水平的企业,就具有较强的发展潜力;凡是增长速度低于行业平均水平的企业,或者发展实力欠缺,或者已经从高峰滑落,企业经营也存在较多的问题。其次,企业的增长速度不应低于主要竞争对手的增长速度。竞争对手是企业发展过程中不可缺少的要素。有些企业将竞争对手作为激励和进步的动力,以此不断提升发展水平,保持较快的发展增速。比如,可口可乐和百事可乐作为长久以来的"欢喜冤家",通过相互之间的竞争,不断创新,在世界饮料市场中占据着重要位置。有些企业因经营不善,增长速度低于竞争对手,市场地位下降的同时,市场份额也遭到进一步压缩。

保持发展增速是企业健康发展的内在需求。首先,保持一定的发展增速能够解决企业的诸多问题。企业在发展过程中面临的外部环境不是一成不变的,比如成本会随着物价水平上涨而上涨,开拓市场需要增加营销费用,员工工资每年要有一定的增长,等等。企业只有保持一定的发展增速才能应对这些问题,解决这些困难。其次,企业保持发展增速能够吸引和留住更多的人才。保持合理的增长率,能够为现有员工提供更多的发展机会,实现员工自身的价值,也能够为员工提供丰厚的报酬;同时,企业增长较快说明其有较好的发展前景,能够提供更多的成长和晋升的机会,以进一步吸引人才,实现企业发展的良性循环。最后,保持发展增速是企业创新变革的基础。在竞争激烈的市场环境下,创新和变革是企业生存和发展的重要选择,也是企业迎接挑战的重要工具。但是创新变革不是随意进行的,需要一定的物质基础作为保障。比如,华为的持续发展依赖于其每年高额的研发费用,而华为的快速发展反过来又进一步支持了更多的研发投入,实现更多的技术创新和产业创新。

(二)企业注重发展速度时要注意的误区

企业要加快发展速度、不被时代淘汰,需要全面分析发展现状,真正了解自己所处的阶段,既要加快发展速度,又要避免盲目激进。在实际发展过程中,面对复杂多样的经营形势,许多企业都无法正确处理发展速度问题,导致转型失败,甚至走向衰落。企业注重发展速度时应更注意的误区如下。

第二讲　质量重要？速度重要？——正确处理质量与速度的关系

一是扩张速度过快，导致资金链断裂。许多企业遇到发展机遇时，总是急于攻城略地、快速扩张企业规模，希望在短时间内将公司做大做强。这样做往往风险较大，如果处理不好，就会导致企业现金流紧张，出现严重的资金链问题，甚至威胁企业的生存。

ofo共享单车的兴衰，就为企业急速扩张敲响了警钟。作为曾经的共享单车开创者，ofo不仅填补了国内共享单车的空白，还很快发展成为该行业的引领者。在鼎盛时期，ofo共享单车的用户注册量达到2亿人，但如今，各个城市的街道已很难再见这种黄色单车的身影。ofo为了加速扩张、垄断中国共享单车市场，短短4年就花光上亿资金，并且仍未归还1600多万消费者的押金。不加节制的扩张导致人工成本、运营成本、维修成本等支出过快增长，很快ofo的资金链就出现了问题，最终消失在大众视野。

又比如，过去几十年，恒大集团通过与资本共舞，不断增加杠杆，总资产迅速膨胀至两万亿元。但是高增长的背后不是谨慎经营和科学管理，而是进一步的扩张与增加泡沫，最终恒大因管理不善、扩张速度过快，导致各项经营指标持续恶化，并爆发债务危机。

二是过于注重发展速度，忽略发展质量。有些企业只顾一味追求发展速度，不重视发展质量；有些企业则认为应先把发展速度提上去，等到企业发展稳定时，再去注重发展质量。这些企业都忽略了发展质量决定了企业能否在长期内保持高速增长这一事实，即使发展速度提升较快，如果不重视质量，长远看发展也会停滞。

在线旅游作为"互联网+旅游"的新型旅游服务业，不仅能够满足消费者多样化、个性化的出行需求，也因其方便、快捷、智能的特性，得到了众多消费者的青睐。短短时间内，携程、去哪儿、飞猪、途牛、马蜂窝等纷纷加入该市场。但随着在线旅游的发展，发展质量问题逐渐显现出来，在线旅游平台成为投诉的重灾区，霸王条款、大数据"杀熟"、订单退改、信息泄露、虚假宣传、低价陷阱等问题突出。最终,该行业发展逐渐进入瓶颈期,一些资金实力较弱的平台逐步退出行业竞争。

三是发展速度缓慢,错失市场机遇。发展速度慢并不意味着安全,经营稳定也不是成功的标志。当今世界,技术飞速发展、瞬息万变,企业仅仅追求经营的稳健安全,墨守成规、不敢快速跟上步伐,必然会徘徊不前、增长乏力,最终被时代抛弃。随着家电行业的竞争加剧,曾经的冰箱行业"四朵金花"之一的新飞电器因无法满足白色家电行业的市场需求,产品升级迭代速度较慢,缺乏创新竞争力,产品以中低端为主,而错过了市场发展机遇,并最终走向破产。美国的百年通信巨头摩托罗拉在巅峰时期,曾在美国创下每10部手机中就有6台来自摩托罗拉的发展辉煌。从2004年上市到2008年停产,Razr系列手机牢牢占据全球单机型畅销榜第一位。但由于对市场的反应太迟钝,摩托罗拉过于沉浸在阶段性成就的喜悦中,放缓了研发更新速度,手机业务很快被竞争者取代,最终两度"卖身",深陷低谷。

(三)企业如何提升发展速度

企业应从以下几个方面提升发展速度。

一是加大研发投入。对于企业而言,通过科技创新获得核心技术,有助于提高企业的竞争力和行业地位,使其能够在激烈的市场竞争中立于不败之地,这也是企业实现高速增长的关键,而获得科技创新成果需要企业源源不断地加大研发投入。海尔集团计划在未来3年内研发投入600亿元,突破智家大脑、智慧家庭操作系统、工业智能引擎、直线加速器放疗系统等行业核心技术难题,进一步加快企业发展步伐,引领家电行业发展。华为能够在行业内保持领先地位并保持世界顶级水平,就是因为它每年投入了大量的资金用于技术研发。

二是增厚资金储备。资金是企业进行经营活动的重要推动力,企业如果没有资金或者资金不足,即使有再好的发展项目,也无法投资生产并实现长久的经济效益。雄厚的资金储备,能够支撑企业的业务拓展,增厚企业运营安全垫。全球现金储备最大的公司微软,因为有雄厚的资金支持,才可以源源不断地进行战略收购以增强其业务能力:以262亿美元收购社交网络公司领英,以197亿美元收购全球最大独立语音识别技术公司Nuance,以75亿美元收购全球最大的代码托管平台GitHub,等等。通过战略收购,微软以较低的成本获得被收购企业所在领域较为领先的行业地位,进一步提升了发展实力。

三是员工培训。企业的发展关键在人才。对企业员工进行多层次、全方位的培训,能够增强员工素质、提升工作效率,进而助推企业发展。对决策人员,要着重培训战略开拓能力、决策能力和综合管理能力;对中层管理人员,要着重完善知识结构,提升执行能力和基础管理能力;对技术型员工,要着重提升专业能力和专业素养;对普通员工,要着重增强岗位履职能力。松下电器公司就十分重视员工的成长性和参与性,它根据长期人才培养计划,开设了各种综合性研修和教育讲座,还建立了5所教育培训中心,这不仅能让新员工尽快掌握工作技能,还能使员工更完美地融入企业文化。

四是前瞻性开拓市场。前瞻性,就是指企业在发展布局上具有长远的眼光、敏锐的洞察力和优于他人的远见,能够在别人行动之前就率先获利,并取得行业的优势地位。当前,许多发展成功的企业无不具有前瞻性思维,它们能预见未来的市场变化,及时开拓市场并形成发展优势。马云当年正是预料到了互联网的巨大商机,才创业成立了中国最早的互联网公司之一,并将其逐渐发展成了阿里巴巴这个互联网商业巨头。万达集团前瞻性地预计到房地产市场的运行规律,放弃重资产经营,转向轻资产赛道。通过这种方式,万达集团只输出品牌,负责设计、建设、招商与运营,并按比例分得收益。在这种模式下,万达集团不仅顺利度过债务危机,还加快了发展速度。仅2021年开业的51个万达广场中,轻资产运营的就超六成。

五是把握发展机遇。机遇不是从天而降的,它稍纵即逝——谁能首先抓住商机,就能够超越竞争对手,实现更快的发展并成为最后的胜利者。随着中国综合国力的显著增强,民族自信、文化自信、技术自信迅速提升。于是,国货运动品牌抓住机遇,摆脱过去的模仿路线,根据年轻人的审美需要设计出各种国潮风产品,跨界联名合作的产品也层出不穷;同时,国货运动品牌也更加重视产品质量,更加重视线上线下的营销结合,也在科技创新方面逐渐缩小与国际品牌的差距,实现了崛起。

六是借助数字经济。数字经济发展具备3个重要的基础要素,分别是现代互联网技术、智能算法以及数据资源,它们能够为经济发展提供全新动能,极大提升生产效率,并为企业生产的各个环节赋能加速。借助数字技术,一些传统行业实现了智能化和数字化改造,提高生产线生产效率10%以上,提高能源利用率20%以上,显著提升了发展速度和竞争能力。郑州商品交易所使用星环科技自主研发的一站式多模型数据管理平台,通过科技赋能与数据治理,为其业务发展、管理决策、战略布局等提供支持和帮助,实现科技监管能力、市场服务能力和业务运营效率3方面的提升,推动交易所更好更快地发展。

七是调整产业结构。企业调整产业结构,要紧跟市场需求,及时调整产品质量和市场布局,以优势产品抢占市场份额,增强竞争力;要淘汰落后产能,积极采取兼并重组、清算注销等多种方式推进清理整合工作,推动节约、集约发展;要加快新项目建设,优化资源配置,通过业务协同发展不断提升企业的持续经营能力。比如,中铁大桥局就坚持市场导向深化改革,不断推动产业布局和结构调整,立足桥梁建造优势业务做"加法",实现横向和纵向一体化,横向拓展做规模,纵向延伸提效益,一横一纵相辅相成,放大桥梁建造附加值。

三、企业要正确处理质量与速度的关系

在企业经营过程中,速度与质量要相互依托,共同支撑企业发展。没有一定的发展速度,很难形成高质量的发展;没有发展质量,也很难实现可持续的高速增长。因此,企业想提升发展水平,就必须正确处理速度和质量的关系。

(一)在保证质量的前提下,加快发展速度,抢占发展先机

对于企业来说,质量是第一要素,质量是硬道理。企业要首先保证高质量,脚踏实地,夯实发展基础。在此基础上着力提升发展速度,先于竞争对手抓住发展机遇,才能在激烈的竞争中脱颖而出。

5G 技术作为各行各业数字化、网络化、智能化转型的关键,对未来经济社会的发展起着至关重要的作用。华为为抢占 5G 发展先机,持续进行大规模的研发投入。在核心技术方面,华为已经具备端到端的一体化解决方案,并且在多领域形成独有的技术优势,比如 4G 基站的 5G 复用、长距离 5G 信号中继传输、低成本安装等。华为现以 6583 项 5G 标准必要专利位列全球第一,远远领先其竞争对手。

(二)在保持一定增长速度的基础上,注重发展质量,打造核心竞争力

当前,我国很多企业都处在高质量发展的关键阶段。在这个阶段,企业发展需要保持一定速度,确保经营大盘平稳运行,避免出现大起大落,但同时不要把速度作为唯一目标,要更加注重发展质量和效率,着力解决制约企业发展的各项问题,推动企业优化经济结构,提升发展质量,打造核心竞争力。

福耀集团 30 多年来专注汽车玻璃生产,集研发、生产、销售于一身,其汽车玻璃业务涵盖挡风玻璃、顶层玻璃、表盘玻璃等多种类型,不仅实力强大,而且产品类别丰富。它一举打破日本企业的垄断,也将中

国汽车玻璃质量提升到了一个新台阶。目前,福耀集团的产品远销美国、德国、日本等多个国家和地区,与三菱、奥迪、现代等大部分车企建立了合作关系。在新能源汽车领域,福耀集团也打入了特斯拉的供应链。在中国汽车玻璃市场中,福耀集团的占比已经达到65%之高,彻底改变了中国依赖进口的局面;在全球汽车玻璃市场中,福耀集团也占据了25.5%左右的份额。可以说,福耀集团一直在稳步提升的同时,注重产品质量。福耀集团把一片玻璃做到极致,不仅实现了"高性能、高稳健、高绩效"的质量目标,也形成了别人难以撼动的核心竞争力。

(三)结合企业发展规律,推动速度和质量双提升

速度和质量,犹如人之左膀右臂,一只胳膊的力量是有限的,只有形成合力,才能同向发力。企业要结合所在行业的发展规律,把速度和质量有机地统一起来,既要在提质增效的前提下提升发展速度,又要以高速增长提升发展质量,真正实现增速更增势、量增质更优。

比如,科大讯飞作为一家专注语音识别、人工智能的科技公司,一直在稳扎稳打。它结合所在行业的特点,将质量作为企业立足之本,重视先进技术的研发和利用,以质量创新助推产业链高质量发展,形成了全球范围内的竞争优势。目前,科大讯飞在语音识别、语音合成、图文识别、机器翻译、语言理解、知识推理等领域不断突破,已成功完成了从智能语音到人工智能的转变,成为中国人工智能标杆企业。随着产品质量、技术水平的不断提升,科大讯飞在市场上的认可度越来越高,发展速度也越来越快,其品牌资产自2017年起每年保持20%以上的增长,上市13年来市值增长30倍,是唯一连续10年营收增长率超过25%的A股上市公司,也间接带动区域及行业相关产业发展规模超千亿元。

第三讲

先做增量？先做存量？
——正确处理存量与增量的关系

【摘要】企业在发展过程中需要处理多方面关系，存量和增量就是其中重要的一对关系，是企业提升发展实力的重要因素。本讲首先探讨了企业经营中存量和增量的内涵、外延，并从4个方面进行了详细的阐述；其次，指出了企业转型过程中面临的存量与增量问题；最后，就企业如何正确处理好存量和增量的关系，进行了多方面的思考。

企业在发展过程中需要协调并处理好各方面的关系。比如，外部要处理好与政府部门、投资者、渠道商、供应商、消费者的关系，内部要处理好领导层、员工关系；经营方面要处理好长期与短期、速度与质量、存量与增量等关系，这些意义重大的关系如果处理不好，就会形成企业经营中的重大风险，可能使企业随时遭遇困境。

存量与增量是企业生产中的两个重要概念。存量代表着过去与当前；增量则意味着未来，是关系到企业发展质量好坏、发展速度快慢、存续时间长短的基础，更是企业能否做大做强的关键。实际经营中，拓展增量能够做大做强企业——盘活存量同样能够做大做强企业，要在盘活存量的基础上不断做大增量，才能推动企业实现可持续发展。

一、企业经营中存量和增量的内涵外延

从字面上看,存量主要是某一时间点前生产积累出来的产品、货物、资产的数量;增量是指现有基础上增加的产品、货物和资产。但在实际生产经营过程中,存量与增量被赋予了更多深层次的内涵,企业也会面临多种形式的存量和增量。

(一)存量市场和增量市场

大部分企业面临的竞争环境,其实是存量市场和增量市场的竞争环境。存量市场指市场容量和规模已经存在的市场,这个市场的容量天花板、年增长率、品牌格局、消费形态等都相对比较成熟,企业之间的竞争拼的就是市场份额。比如,在某一特定时期,看报纸的人数是相对稳定的,即便总量在增加,但整体上变化不大,比例也比较稳定,那么整个报纸行业面对的就是一个存量市场,在这个市场中,报业出版机构就会相互拼抢份额,竞争会比较激烈。

增量市场指市场边界在扩散、整体量在提升、整体规模在扩大的市场。这种形态的市场尚未饱和,尚有很多未被开发的空白,消费者还有更多需求尚未被发现和满足。增量市场既可能是行业发展初期阶段的市场,也可能是市场成熟后期品类分化阶段的市场。比如,智能手机开始兴起时,小米手机面对的就是一个增量市场,市场空间还在不断扩大。智能手机发展到现在,已基本人手一台,这时小米手机面对的就是存量市场——如何让需要换手机的用户选择小米,从有到优是关键。

从增量市场竞争转变为存量市场竞争,市场上的生存空间会越来越拥挤,企业之间的竞争也就越来越残酷。

(二)存量业务和增量业务

企业的存量业务是当前已有的业务,同时也代表了持续的消费者体验和产品核心竞争力,稳定且体量可观的存量业务是一个企业进行

业务拓展的基础。企业的增量业务是存量业务的补充，是企业为实现高质量发展而拓展的新业务，是企业未来持续发展的有力保障，同时也意味着企业要具备应对行业变化的能力和知识服务能力。

比如，空调作为格力电器的核心存量业务，业务收入占总营收的比重接近70%，在国内的销售成绩名列前茅，也使格力电器成为毋庸置疑的家电巨头。近年，伴随行业的发展及技术的进步，格力电器有意向外拓展增量业务，从其他生活电器再到新能源等多个领域，为自身增加了更多的发展筹码。

(三) 存量资产和增量资产(新增投资)

资产更多体现为存量属性，一般包含实物资产、金融资产和无形资产3类。其中，实物资产指土地、建筑物、机器设备、商品等各类固定资产和存货；金融资产是指以价值形态呈现的资产，有现金、存款、应收款项、股权和债权投资等资产；无形资产是指专利、版权、特许经营权、商誉、商标、软件等。增量资产就是期初后增加的资产。企业发展到一定阶段，就会积累一定的存量资产。企业如果对一些存量资产处理不当，或者缺乏对资产管理的重视，就会造成大量存量资产闲置，不利于生产经营效率的提升，也不利于扩大增量投资。

在我国，国有企业存量资产与新增投资的矛盾比较突出。闲置资产存量较大，已经成为当前国有企业亟须解决的重点问题。2022年5月，国务院办公厅印发了《关于进一步盘活存量资产扩大有效投资的意见》，从聚焦盘活存量资产重点方向、优化完善存量资产盘活方式、加大盘活存量资产政策支持、用好回收资金增加有效投资等多方面，加快形成存量资产和新增投资的良性循环，引导支持相关国有企业，进一步强化存量资产的保值增值，扩大优化新增投资。

(四) 存量用户和增量用户

存量用户是某个时间段内已经存在的用户，增量用户是需要进一步拓展的用户。企业经营中的存量用户,是企业生存立命的基本。国外营销专家的研究显示：每开发一位新用户所花费的成本要比保有一个现有用户的成本高5倍之多。① 大部分企业平均每年都有25%的流失用户。如果能降低5%的用户流失率,利润就会有100%成长。对于存量用户,企业需要从品牌、用户体验、差异化服务等方面着手,提高用户对于产品或服务的满意度和忠诚度,从而提升存量用户中长尾用户②的占比。

面对日趋激烈的竞争,企业想方设法开发增量用户,谁拥有用户多——尤其是高端优质用户——谁便能扩大市场份额,进而占领竞争的制高点,并在激烈的市场竞争中脱颖而出。

除此之外,企业还会面临其他形式的存量与增量,比如,存量产品与增量产品、存量资金与增量资金、存量项目与增量项目、存量人才与增量人才等,企业需要根据自身实际协调处理好这些关系。

二、企业转型过程中面临的存量与增量问题

当前,企业发展时会遇到许多新困难,甚至是行业领先企业也正面临着部分业务无法跟上时代步伐、部分业务拥有巨大发展潜能的复杂局面,这些都是转型升级过程中必然出现的。

企业要实现新发展,不被时代淘汰,需要全面分析内外部的存量与增量现状。只有真正了解自己的优势和劣势、当前困境与发展前景,才能有效兼顾"存量变革"和"增量崛起",把调存量同优增量有机统一起来,尽快突破制约企业转型升级的关键环节。然而在实际转型过程中,

---

① 马新岸:《面向存量用户的JD电信公司营销策略研究》,桂林理工大学硕士学位论文,2021年。
② 长尾用户指的是个人所拥有的、能够支配的资产规模往往较小,但群体总数庞大的用户。——编者注

第三讲　先做增量？先做存量？——正确处理存量与增量的关系

面临复杂多样的经营形势，许多企业都无法正确处理存量和增量的关系，导致转型失败，甚至走向衰落。企业在转型时，要避免进入以下误区。

一是死守存量，忽视增量。许多企业曾凭借过硬的技术和产品，引领市场走向，并占据大部分市场份额。但它们都因危机意识不足，对未来社会的发展缺乏正确评估、对自己生产的产品过于乐观，没有及时拓展增量产品，导致企业新动能培育不够、发展后劲不足。企业缺乏做大做强的有效支撑，最终就只能消失在残酷的商战中。

随着智能手机的不断发展，市场竞争愈演愈烈，许多曾经的手机巨头渐渐走向衰落。黑莓手机曾凭借"总统安全级别"的自有系统及特色键盘一度占据美国48%的市场份额。但这两点也成了拖垮它的包袱——长时间固执坚守全键盘，无数次的系统延迟和更新缓慢，导致该公司在智能手机市场中的份额暴跌，使其无法成为苹果和安卓系统的有力竞争者。20世纪90年代的摩托罗拉在移动通信、数字信号处理和计算机处理器3个领域均为全世界最强。但随着通信技术的不断发展，通信标准由之前的模拟逐步转向数字时代，摩托罗拉由于舍不得放弃在模拟手机上的巨大优势，未能及时研发新技术，开始慢慢失去了市场的主导地位。

二是忽视存量，缺乏核心竞争力。深耕存量，打造核心产品，是企业在市场立足、区别于其他企业的关键，也是成功的重要途径。一些企业在发展过程中忽视存量，没有打造出无可复制的核心产品，导致存量效益不高，产品竞争同质化，无法获得消费者认知，最终错失市场先机，并被市场淘汰。

方正集团最初以汉字激光照排技术领先全国，随后逐步发展成为中国科技企业的佼佼者。2002年后，方正集团逐步走向多元化，开始多角度、多领域探索增量业务。2009年，方正电脑年销量达500万台，位居全球排名前十,但方正集团仍然决定不再保留存量PC业务,随后将IT、金融、贸易、医疗、教育、地产等业务纳入业务范围。然而,方正集团的增量式发展并没有为其带来应有的成长,转型后的它看似规模庞大,却大而不强、外强中干。截至2019年12月,方正集团本部负债高达700亿元,整个北大方正总负债3030亿元,资产负债率83%左右。

三是增量优势不突出,难以形成新动能。当存量产品已经无法满足市场需求并逐步丧失竞争优势时,企业必须要及时拓展增量。但一些企业在拓展增量时,经常无头绪地盲目扩张,没有深耕有发展前景、有竞争力的优势行业,导致增量优势不突出,无法打造新的经营支柱,难以形成新的发展动能。长虹电器在经过彩电生产的高速发展后,决定突破业务禁锢,扩充增量业务,逐步向手机、房地产、厨卫、基金、电商等诸多领域布局,这导致长虹的品牌重心发生了迁移。但做得相当平庸的其他产业,不仅没能给企业增加优势,还反而损伤了长虹的品牌形象。汇源果汁的由盛转衰,其重要原因就是产品单一化。除其主打的盒装100%果汁外,汇源果汁多年没有生产出爆款新品,单一的品类造成其面对竞争时抗风险能力极低。

三、企业要正确处理好存量和增量的关系,做好盘活做优存量、做大做优增量两篇文章

企业要盘活做优存量、做大做优增量,实现二者相互联系、相互促进,才能更好地提升发展质量,更多地积聚发展势能。因此,企业既要关注存量,又要注重增量,且两手都要抓、两手都要硬、两手都要优。

(一)盘活做优存量

存量资源不仅要盘活,更要做优,要在不增加增量投入的情况下,采取一系列的措施调整现有资本结构,整合利用好现有资源,让各类资源流动起来,使其得到最优化配置,从而展现出新的活力和价值。盘活

第三讲 先做增量？先做存量？——正确处理存量与增量的关系

存量理论最早在20世纪90年代初被提出，是国有企业改革的一项重要策略依据。当前，盘活做优存量的概念已经适用于所有企业。对各种存量资源进行盘活，不仅有助于企业坦然面对复杂的外部环境和挑战、实现高效的运营和管理，也有助于企业找到新的利润源，在未来发展中掌握主动权。企业做优存量有以下几个途径。

一是内部整合。企业首先要整合同类业务，发挥内部协同效应。针对企业内部不同子企业的同类业务，可以通过子企业间股权调整、层级调整、兼并重组、引入增量投资等方式推进整合，逐步形成相对集中、高效运转的经营模式，从而减少内部同业竞争，集中资源，降低管理成本，发挥规模优势。其次要整合低效企业，促进企业"瘦身健体"。通过开展摸底排查工作，对主营业务基本停滞、效益长期不佳、经营持续亏损、资不抵债等的子企业，以产权关系为重点，全面查清相关企业的历史沿革、经营范围、资产状况、法人治理结构、管理方式等情况，并在此基础上积极采取兼并重组、清算注销等多种方式推进清理整合工作，稳妥化解无效低效产能。

二是提质增效。不断提升企业存量资源的质量和效益是激活企业可持续发展内生动能的重要举措。企业首先要持续聚焦开发现有业务，加大品牌建设投入力度，不断推进渠道拓展及下沉深耕，着力提升盈利能力。其次要对闲置的存量资产进行相关的调查、评估等工作，及时清退无效资产。特别要处置长期不分红、收益低、无战略安排的投资，坚决退出盈利差、管控难、无协同优势的非主业经营业务。同时，可以对土地、厂房、设备等闲置资产以及各类重资产，采取出售、转让、租赁、回租、招商合作等多种形式予以盘活，实现有效利用。

三是降低成本。企业要加强成本要素与过程管理，健全成本细化与量化指标，提高成本管控和创新水平，寻找成本降低途径和方法，挖掘成本潜力和空间。具体来说就是要围绕设计、采购、库存、消耗、人工、能源、资金、销售、管理等环节,精细化控制事前、事中和事后全过程;制定成本控制标准,结合企业生产和经营性质采取绝对成本法、相对成本法等成本控制方法,对成本费用进行全要素量化,形成科学合理的成本费用标准。在细化、量化的基础上,优先管控成本占比高、创新效果好、可控费用多等重要成本要素,真正有效降低成本,实现存量资源的效益最大化。

四是利用新的经营模式。企业经营的新模式主要指适应信息时代要求、代表未来发展方向的经营模式,包含新商业模式、新盈利模式、新生产制造模式、新投融资模式、新管理模式等。在实际经营中,企业要善于学习利用最新的商业模式,扩大营销途径,实现存量业务的快速增长;要打造新的盈利模式,丰富现有存量业务的变现途径;要拓展新的生产制造模式,准确分析判断消费者的个性需求,并快速按照要求组织生产与制造;要探索新的投融资模式,在依法合规的前提下,有序开展项目投融资的设计和组合;要尝试新的管理模式,更好地落实精细化管理。总之,企业要顺应存量市场上多元化、多样化、个性化的产品或服务需求,依托技术创新和应用,探索出更多新的应用场景,拓展出更广阔的发展空间。

五是发展数字技术。当前,大数据、云计算、物联网、人工智能等新技术,推动着数字技术与传统产业融合创新,助推企业质量变革、效率变革、动力变革。企业作为"数""实"融合的主体,一方面要把握数字化、网络化、智能化方向,全方位打造数字化平台,提升企业内部和外部的协同效率,不断释放存量市场潜力;另一方面,要有效利用现代数字技术精确度量、分析和优化生产运营各环节,降低固定成本和可变成本,提高企业运转效率、全要素生产率和盈利能力,释放数字经济对企业发展的放大、叠加、倍增作用。此外,企业还要探索数字化营销渠道,通过线上展会、云上营销、供需对接会等多种形式,积极拓展现有存量的市场空间。

(二)做大做优增量

企业增量不仅要做大,更要在大的基础上做优,在充分挖掘存量资源潜力的基础上,瞄准市场这篇文章,紧盯产业和科技发展方向,以创新为动力,加快产业转型升级,增强企业发展的效率和活力,实现企业的跨量级增长和高质量发展。企业可通过以下途径来拓展增量。

一是依托现有存量。企业在发展过程中逐步积累的产品、用户等存量资源,是企业拓展增量的基础和前提。一方面,企业可以在现有存量产品的基础上做大用户和市场规模。这就需要企业以产品为切入点,通过开辟新的经营渠道或者调整原有渠道向新的领域发展来提升市场份额,进一步扩大市场覆盖面。借助产品溯源、直播带货、社群精准分发等立体营销策略,许多新锐品牌都得到了快速发展,实现了品牌崛起。另一方面,企业也可以在现有存量用户和市场的基础上做大产品规模。当用户市场规模已经触及行业天花板时,企业就需要布局产品新赛道,通过不断完善产品线,满足不同消费阶层对不同种类产品的需求,以不断拉动消费、实现品牌化发展。

二是围绕传统核心能力。企业的核心能力是企业在长期生产经营过程中形成的知识积累和特殊的技能以及相关资源组合而成的综合体系,它也是企业独具的能力,是企业持续竞争的源泉和基础。比如,京东的核心能力在于强大的物流配送体系,华为的核心能力在于其通信技术。企业在扩增量的过程中,要充分考虑自身优势,依靠优势核心能力拓展上下游产业,才能在组织、人才、技术、管理等方面互相借力、相互协调,进而更快地进入相关领域,形成较强的竞争实力。2002年,比亚迪就已是国内手机电池领域的行业龙头,当手机电池领域已接近天花板时,比亚迪又借助其在电池领域的独特优势,成功转战新能源车领域,继续发展磷酸铁锂电池。随后围绕着电池这个核心能力,比亚迪又进入"云轨"这种新型轨道交通的研发生产中,企业规模和竞争力不断提升。

三是布局高成长性业务。随着技术的不断进步,中国经济的增长模式逐步向新技术、新消费和新模式转型,也不断涌现出高成长性的发展领域与经营业态。高成长性业务发展速度快、能带来高效益、具有高增值能力,能引起生产领域的变革并处于当代经济前沿,也因此是企业弯道超车的重要方向。企业开拓高成长性业务,不仅能够延续发展竞争力,还能够获取更大的市场份额。京东方过去的核心业务是真空晶体管,其创始人王东升紧跟技术研发趋势,大手笔布局半导体技术,开始了京东方的崛起之路。又比如,浙江日报报业集团上市后,瞄准网络游戏这个高成长性业态,收购边锋网络,带动收入利润大幅度提升,同时也全面开启了数字化转型之路。

四是利用数字技术。企业在利用数字技术做优存量业务的同时,也要利用数字技术做大增量业务。一方面,企业要加快产业数字化转型步伐,利用数字技术改造提升传统产业,推动传统产业焕发新活力、释放新潜能、拓展新增量;另一方面,要坚持创新驱动,聚焦战略前沿和制高点领域,积极参与政府5G网络、数据中心、人工智能、物联网等新基建建设,搭上国家产业发展的顺风车。企业还应坚持创新引领,打造具有竞争力的数字产业集群,进而形成新增长点和新动能。

调优存量积蓄内部资源支持有前景的业务发展,做优增量集聚发展新势能、新动力,两者齐头并进,一个都不能少,两手都要硬。正确处理好存量和增量的关系,关注存量更注重增量,以增量带存量,以存量促增量,才能确保企业结构调整取得重大进展,显著提高企业效益和经营质量,不断增强企业的可持续发展能力。

四、典型案例分析——以可口可乐公司为例

可口可乐公司诞生于1886年,是全球最大的饮料公司,拥有500多种饮料品牌,以及超过3800种的饮料选择,畅销世界200多个国家和地区,每日销量超过15亿杯,占全世界软饮料市场的48%。旗下碳酸系列有可口可乐、健怡可乐、度可乐、雪碧、芬达、醒目等;果汁系列有美之源果粒橙、酷儿等;茶系列有原叶茶;奶产品有美之源果粒奶优;水产品有冰露纯净水、冰露矿泉水;等等。

(一)以存量业务为基础,不断强化品牌效应

可口可乐公司虽然有超过500多个品牌的产品,但毫无疑问,其核心产品仍然是可口可乐本身。100多年来,它不断提升产品包装、注重营销创新、强化品牌塑造,使得可口可乐成为全球化最成功的饮料和全球销量最高的碳酸饮料品牌。企业可通过以下措施强化品牌效应。

一是不断优化产品品质。早期,可口可乐的瓶装条件十分不理想,甚至会在某些场合下出现劣质产品。现在,可口可乐在世界各地都拥有标准化和卫生的瓶装生产线,无论在哪里都能够生产出安全卫生的饮料。

二是合理降低产品成本。首先是降低包装费用。在塑料瓶上,可口可乐公司制造出了更短、更轻的1881号瓶颈,降低了高度、重量,并改变了瓶颈长度,这使得每个饮料瓶都减少使用1.5—3克的原材料,大大减少了生产成本。玻璃瓶方面,通过减重设计,可口可乐公司1年节省了4705吨玻璃;同时,更加轻便的玻璃瓶,使得可乐的运输更加容易,运输成本进一步降低。其次是降低生产成本。饮料的技术需求较低,但可口可乐公司仍然加大研发力度,用研发出的高汤玉米浓缩液代替传统的高成本浓缩液,降低了20%的生产成本。

三是强化塑造品牌文化。可口可乐将快乐作为品牌永恒的价值主张,并通过塑造多种形式的品牌营销策略,坚持不懈地传播,进而形成

了强大的品牌认知和品牌共鸣,推动当初1年只卖出不到10瓶的可口可乐,成为今天市值2700多亿美元、品牌价值高达700亿美元、连续多年的世界之冠。

(二)在做好主业的前提下,实施有限多元化,保持增量业务扩张

20世纪60年代,可口可乐以绝对优势压倒百事可乐,占据着美国碳酸饮料市场的绝对霸主地位。然而随着百事可乐竞争力的不断提升,其在此后的10多年间快速赶超可口可乐。

面对巨大竞争压力,可口可乐为了寻找新的利润增长点,开启多元化战略,但这条多元化之路却异常坎坷。1982年,可口可乐花费近7亿美元买进一家哥伦比亚电影公司,但最终因为经营不善,将其转卖给了索尼。此外,可口可乐还收购了一家葡萄酒厂,并新建了面积庞大的种植园,最后也以亏损告终。可口可乐还进入过养殖领域,但也因亏损,无功而返。随后,可口可乐决定进行战略调整,坚持以软饮料为主业,不再进行盲目的多元化,在主业的范围内实施多元化。

此后,可口可乐将自己定位为全品类饮料公司,并进行了一些大的创新升级与迭代。在多品牌、多品类、多场景、多渠道、多消费人群的"五多"战略的加持之下,可口可乐在饮料行业中的产品战略更加丰富,产品的矩阵也更加地完善。有数据显示,2022年第一季度,可口可乐实现营收104.91亿美元,同比增长16%;净利润27.93亿美元,同比增长24%;全球单箱销量同比增长8%。其中,营养饮品、果汁、乳制品和植物基饮料品类的全球单箱销量实现了12%的增长。可口可乐的增量探索途径主要有:

一是注重年轻群体,强化品牌的持续开发。为了迎合年轻人追求新奇的需求,可口可乐创新的道路从未停滞。2002年5月,可口可乐打破传统,在美国推出了香草味可口可乐,其独特的口味使其表现出强劲的发展势头,在年轻消费群体中反响强烈,之后被推广到各国。随

第三讲 先做增量？先做存量？——正确处理存量与增量的关系

后,可口可乐继续加大对口味的探索,相继推出了黑樱桃香草口味、黑咖啡口味、橙子口味、柠檬口味、生姜口味等碳酸饮料,均不同程度地引爆市场。

二是推行本土化战略,推出适合当地的增量产品。以可口可乐在中国市场为例,非碳酸饮料市场是可口可乐公司近几年在中国取得骄人业绩的又一领域,其先后推出了美汁源、酷儿乳酸味饮料等一系列独具创新性的非碳酸饮料。这些产品深受中国消费者喜爱,进一步强化了可口可乐公司在非碳酸饮料市场的优势。作为一家一贯推行本土化战略的全球企业,可口可乐公司始终紧随中国消费者的喜好,不断研发高品质的新产品。与此同时,可口可乐公司的品牌还通过一系列极富创意和激情的品牌推广、电视广告,新颖的包装和各种消费者活动,与中国消费者建立起强有力的联系。

三是通过收购、企业合作、风险投资等方式寻求外部增长。近年,可口可乐通过收购、合作等多种方式加快品类布局。2017年,可口可乐收购了诞生于1895年的墨西哥气泡水品牌托帕客(Topo Chico);2018年,可口可乐以39亿英镑收购英国最大的咖啡连锁品牌Costa,创下公司当时最高收购纪录,获得在欧洲、亚太、中东和非洲的咖啡业务。[1] 针对中国市场,可口可乐公司与蒙牛的合资企业"可牛了"乳制品有限公司推出低温奶品牌鲜菲乐。2021年,可口可乐又斥资56亿美元收购运动饮料制造商BodyArmor,加强其在运动饮料领域的地位。

---

[1] 曹妍:《56亿美元收购BodyArmor 可口可乐加码对决百事佳得乐》,《现代广告》2021年第21期,第2页。

第四讲

先吃饭？先发展？
——正确处理短期与长期的关系

【摘要】正确处理短期与长期的关系是实现企业可持续发展的必要条件。企业在管理中需要把握好短期目标与长期战略、短期经营决策与长期投资决策、短期收益与长期价值等三对关系，充分认识到短期与长期问题不是相互对立的，要以"立足当下，着眼长远"为总原则，从创新发展、统筹领导、科学分配、社会价值等7个角度着手，做到短期进步与长期发展的辩证统一。

推动企业高质量发展是一项长期而艰巨的任务，要处理好短期和长期的关系，既要在战略上坚持持久战，又要在战术上打好歼灭战。面对内外部环境的深刻变化，我们既要看到经济运行面临的短期风险挑战，更要看到很多中长期的问题，必须做好较长时间应对外部环境变化的准备，必须从持久战的角度加以认识。中国国际经济交流中心副理事长王一鸣就指出过，只有从长期大势把握当前形势，才能不为短期变化所左右，保持战略定力，增强机遇意识和风险意识，集中精力办好自己的事情。

企业同样要处理好短期与长期的关系。要注重解决具有累积性、扩散性效应的短期问题，早发现、早处置，避免短期问题长期化、小事拖大、大事拖炸。加强对长期趋势的战略研判,做到长期问题早点干,久久为功。深刻认识长期目标的复杂性和艰巨性,坚持等不得、急不得的原则,既要避免长期问题被短期问题掩盖或延误,也要避免长期问题短期化。长期并不是短期的简单相加,要坚持阶段论,注重赋予不同阶段不同战略目标,实现短期和长期的辩证统一。①

一、正确认识短期与长期的几对关系

无论组织或团队规模或大或小,其管理者都要每天面对一个十分棘手的难题:是应该牺牲公司的长远健康追求短期业绩,还是应该优先考虑长期战略,将季度或年度业绩抛在一边?想要作出正确选择,首先要了解与企业经营相关的短期与长期的几对关系。

(一)短期目标和长期战略的关系

短期目标通常是指时间在一至两年内的目标,它甚至可以以周、月、季为周期,具有具体化、现实化和可操作化的特点,是最清楚的目标。短期目标往往瞄准清晰的结果,注重结果导向。长期战略一般指3年以上的规划,是指企业通过实施特定战略所期望得到的结果。长期战略站位更高、视角更大、目光更远,更注重逻辑性和指导性。

论联系,短期目标应该是长期战略的铺垫和过渡,企业负责人可以将长期战略分解、拆分成多个短期目标,使长期战略的实现不突兀、不冒进。一方面,短期目标的设定需要以长期战略为参考和依据;另一方面,短期目标的完成是实现长期战略的基础和垫脚石。企业在设计长期战略时,要从长远角度考虑企业的发展方向、发展规模和主要经济指标所要达到的水平,为企业制定中短期目标提供依据。制定短期目标时,要以长期规划为引领,有目标性、可操作性和渐进性,以划分出具体

---

① 张来明、赵昌文:《推动高质量发展需要处理好的若干重大关系》,《红旗文稿》2022年第4期,第11页。

的、可执行的步骤和任务。

例如宝马汽车的电动化。短期来看,宝马集团一款车型将同时提供内燃机、插电式混合动力和纯电驱动3个动力模式,由消费者来决定选择哪种驱动方式,而不是将自己的偏好强加于消费者。这迅速扩容了新能源汽车产品。宝马集团以这一策略持续推进电动化,目标是到2025年年底,在全球交付200万辆纯电动车。宝马也认识到消费者需求在逐渐转向电动,开发纯电车型将带来相对优势,并计划于2025年正式推出搭载第六代eDrive电力驱动系统的"新世代"车型——该车型是一种新架构的理念,不仅性能、功能、体验更加突出,而且更加环保,还能有效降低单车成本。同时,宝马新架构将广泛赋能各子品牌、各车型,形成一批有竞争力的智能电动产品。到2030年,宝马集团计划向客户累计交付1000万辆纯电动车;届时,宝马集团旗下劳斯莱斯、BMW Motorrad都市出行系列、MINI等3大品牌也将全面电动化。到2030年,预期宝马纯电动车的年销售量将超150万辆。远期来讲,宝马集团认为氢燃料电池汽车会是纯电动汽车的重要补充,也是宝马新能源技术的又一重点。预计从21世纪20年代后期开始,氢燃料电池技术在宝马驱动系统组合中的比例将会越来越大。宝马集团不仅不单独押宝纯电动,也不完全排斥内燃机。与一些车企停止发动机开发或者画出内燃机退出时间表不同,宝马集团坚持研发发动机。

由此可以看到,无论何时,宝马都将提供带内燃机的产品,只是随着时间的推移,比例会越来越小,内燃机的节油率也会大幅提升。总体而言,宝马集团在电动化上积极而又不激进,按照自己的战略在持续推进。并且,为了支持产品的电动化,宝马集团在研发、采购、生产、销售、服务、财务等层面都做了战略支撑。在应对电动化的挑战时,宝马集团展现了自己的组织系统能力以及灵活性。

(二)短期经营决策和长期投资决策的关系

管理的重心在于经营,经营的重心在于决策。决策是决定企业管理工作成败的关键,是实施各项管理职能的保证,贯穿于企业生产经营活动的整个过程。企业的决策按照时间长短可以分为长期投资决策和短期经营决策。长期投资决策是指企业对长期经营所进行的决策;短期经营决策是指企业在1年以内或者维持当前的经营规模的条件下所进行的决策,它是企业为了有效地组织现在的生产经营活动,合理利用经济资源,以期在不远的将来取得最佳经济效益而进行的决策。

短期经营决策侧重于从资金、成本、利润等方面来充分利用企业现有资源和经营环境,以取得尽可能大的经济效益。从短期经营决策的定义可以看出,在其他条件不变的情况下,判定某项决策方案优劣的主要标志是看该方案能否使企业1年内或1个经营周期内获得更多利润。管理会计人员在进行短期经营决策分析时,无需考虑货币的时间价值和投资的风险价值,而应把方案的选优标准放在能使企业经济效益和社会效益达到最大这一目标上。生产决策是企业短期经营决策的重要内容,它主要针对生产领域,是企业对短期内是否生产、生产什么、生产多少以及如何组织生产等几个方面的问题作出的决策。典型的生产决策包括亏损产品是否停产的决策、零部件自制与外购的决策、是否接受特殊订单的决策、产品是否进一步深加工的决策等。

长期投资决策指在改变或扩大企业的生产或服务能力(如厂房设备更新、资源开发利用、增加新产品生产等)期待若干年以后获得更多利益的若干投资方案中,进行分析、评价和选择,最终确定最佳方案的过程。长期决策是企业最重要的决策,它涉及的时间长、投资大、风险大,对企业未来的长期盈利能力有着决定性的影响,方案一旦确定实施就难以更改。因此,长期投资决策必须兼顾技术上的先进性和经济上的合理性,充分考虑各种可计量和不可计量因素,进行科学的测算和缜密的比较分析,从而挑选出最切实可行的方案。

长期投资决策是短期经营决策的保障,为企业发展过程中的短期经营决策提供了目标和路径,可为企业的短期经营决策提供一个新的视角,促进企业在激烈竞争中将战略有效地转化为企业价值。短期经营决策是长期投资决策衡量的标准,长期投资决策一定程度上是由短期经营决策组成的,管理者会根据细化的短期经营决策实施情况将企业的长期计划调整得更具现实意义,所以短期经营是长期决策的基础。

(三)短期收益和长期价值的关系

广义来讲,企业的短期收益也可以称为短期业绩,表现为短期内(1年内)取得的投资损益、主营业务收入、利润等。企业的盈利能力、品牌影响力、消费者信任度等核心竞争力的关键要素共同构成企业的长期价值。长期价值需要3至5年甚至更久才能体现出来,并需要企业长此以往地经营和维护,不是一朝一夕就可以用现金流等实物价值来进行衡量的。

数字化时代催生了营销的短期主义,相比于企业的长远发展,如品牌的定义与升级、资产价值和人文主义等这些"务虚"的事情,企业的短期获利,即营销目标、销售业务量化与分解等指标往往更受重视。新冠肺炎疫情防控期间,海底捞、必胜客等企业线下门店门可罗雀,但线上外卖数量大增,LV等品牌开始在淘宝进行首次直播带货尝试。面对经济大环境的压力,如何以较低的营销费用实现销售业绩的增长是大部分品牌方都在考虑的问题。企业更倾向于开拓线上营销,而非思考数字化转型方案。营销的短期主义和品牌的长期策略没有对错之分,重要的是实现两者的协同与结合,从而建立用户与品牌的持续联系,找到理想的投资平衡。

市场营销专家莱斯·比奈和彼得·菲尔德认为长期和短期的平衡点应为60∶40,即营销资源的60%应专用于品牌建设,40%用于促进短期销售的营销行为。这为品牌建设的持续投资创造了更好的长期业务价值,但不一定会牺牲短期业务收益。阿迪达斯市场负责人在接受采访时曾说:短期主义永远存在。但是,我们在努力做到这一点的同时,还要照顾品牌的长期健康发展,并知道在短期交付之后,品牌才是最终交付的目标。企业的短期收益为企业创造长期价值提供了支持和条件,而企业长期价值的实现应该作为创造短期收益的标准和目的。

例如,很多企业顾忌成本问题迟迟没有启动数字化转型,但腾讯云智能制造总经理梁定安却认为,企业核心业务的经营目标都是赚钱,而数字化转型的最终目的,也是为了更好地营收。这样想,便能解决很多人担心的数字化成本问题。梁定安指出,一定要兼顾短期收益和长期价值,"数字化是中国企业实现中国梦的必然选择,要坚定不移地迭代和坚持下去,这也是腾讯的长期价值导向"。

二、避免出现的问题

面对较大的企业经营压力,有的管理者会心烦气躁,出现速度情结,舍弃长期潜力,追求短期成效;另一些企业管理者则会过分注重长期效果,忽视短期业绩的稳定。近期和远期不是对立面,在处理其关系时要避免以下几个问题。

(一)竭泽而渔、杀鸡取卵

当今,市场总是充斥着短期主义。不少企业不愿选择延时满足,希望尽快实现亮眼的短期业绩。这种策略显然不利于企业的长远发展。苹果曾在 2019 年发布"停止报告 iPhone 等设备的季度销售业绩"消息,其 CFO 表示 90 天的业务成绩并不能代表产品的潜在价值和优势,他们试图将市场关注点从短期趋势向长期趋势扭转。然而资本市场并不买账,给予股价暴跌作为回应,苹果股价一度跌破 1 万亿美元的估值。钱皓在《走俏的"长期主义",到底创造了什么价值》里发表了自己的观点。华尔街信奉的是短期主义,始于1934年的《证券交易法》要求美股上市公司必须每季度都披露业绩,然而季报显示的公司业绩更容易受到短期市场波动或其他因素影响,为上市公司高管带来巨大压力的同时,也促使企业形成只注重眼前利益的风潮。

有些企业也会出现投机取巧的行为,它们试图用投机行为交出亮眼的成绩单,却不为企业的长远发展着想。日前,云南白药发布的半年报显示,2022年上半年,其公允价值变动损益为-4.17亿元,其中投资小米集团亏损4.21亿元。2021年年初至2022年6月末1年半时间,云南白药"炒股"累计亏损达到23.46亿元,月均亏损1.3亿元。云南白药依靠核心产品积累大量未分配收益后,没在产品研发上发力,却希望通过股权投资快速获利,这体现出管理层决策的不明智,他们没有为企业打造出可持续竞争力。

(二)用牺牲当下换取成就长远

在长期经营的道路上,不乏眼光独到的企业,也不乏运气不错的企业,但很多人把握不好长期的"度",太急于让未来到来,因此选择了"休克式疗法",甚至直接"断臂",不惜牺牲当下核心利益,只为博取未来不确定的机会与利得。这种做法,是不可取的。

比如Netflix奈飞,在从DVD租赁到线上流媒体的转型过程中,就曾一度想要完全抛弃DVD租赁,全部转型为流媒体。它在2011年的时候,还把这两块业务放置于不同的网站并进行重新定价——结果这一策略直接引发近100万订阅用户取消了会员服务,Netflix的股价也从298美元/股一路下跌至53美元/股。最终Netflix决定取消这一激进策略。至今,其DVD业务仍然有所贡献,2020年为其带来了2.39亿美元的收入。

(三)将长期与短期相互对立

很多企业将长期与短期放在对立面,认为只有牺牲其一才能成就另一个。短期业绩和长期业绩互斥只是一种表象。对企业管理者而言,鱼与熊掌必须兼得。如果做不好这一点,企业便无法发挥出最大的潜力。长期与短期并不是截然相反的,企业需要同时具备长期与短期这两种思维方式,并做到并行不悖。经营一家企业,"活下去"是底线,"发展得好"是顶线。在长期和短期问题上,公司战略和执行层之间要达成一致性,将短期与长期对立起来的企业很难活得长久。

这方面做得比较好的企业是华为。华为做营销数字化有两个目标:其一,多产"粮食",指今年能不能收获更多。公司做的所有事情,如上线新工具、新产品都和多产"粮食"有关。其二,增加"土地肥力",指去想什么事情应该今年做,才能使明年、后年、大后年有收成。比如在外部市场好的时候,应该多想想怎么增加"土地肥力"。这两个目标对应的便是营销数字化的短期目标和长期基建。在特赞创始人兼CEO范凌看来,任何一家能够超越周期的公司都是通过"短期中有长期,长期中有短期"的方式,去过渡到下一个阶段的。

三、企业如何正确处理长短期关系

处理好短期与长期的关系,可以用"立足当下,着眼长远"为思想统领。即既要立足当下,结合当下形势、发展情况、自身特点,抓住短期业绩;又要着眼长远,明白任何战略与改革都不会一蹴而就、立竿见影。

对于长期与短期的关系,所有企业要坚持总原则:既要吃饭,又要发展。要同时兼顾员工的获得感和企业生存发展的潜力与后劲。同时,根据发展规模和运行模式,可以将企业分为集团型企业和单一型企业两种类型。多层级的集团型企业在处理长期与短期的关系时,可以站在集团层面,整体规划、集中统筹集团的长远发展。根据长期规划,将一个个短期目标与任务分解到不同板块的下属企业,做到既有目标,又有拆解。子、孙公司重点落实短期任务,集团本部重点做到顶层设计和督导落实。单一企业经营范围和产品线往往比较狭窄,规模小、专业化程度高,能承受的风险程度较低,这时就需要企业在规划未来和制定短期计划时纵观企业全局,做到精准谋划、高效研判,尽量形成细致严谨的短、中、长期计划,以及时适应市场需求变化。不同行业类型,如金融类企业、房产类企业、酒店类企业等,在处理长期与短期的关系时也要各有侧重,结合行业特点与自身实际,针对各自业务领域分类施策、重点谋划。

具体来讲,企业应从以下几个方面把握长短期关系。

(一)顺应市场变化,优化布局,坚持创新

时势造英雄,君子顺势而为,乘势而上。时代在发展变化,旧的事物必定会被取代、被淘汰。新技术的革新对于企业来说,既是困难又是机遇,企业应该顺势而为,以创新的方式抓住机遇。顺应时代,坚持创新发展是企业着眼未来、长盛不衰的不二法门。长期来看,一些企业加大创新力度,紧跟时代步伐,得以在数字大潮冲击下幸存并壮大;而一些故步自封、缺乏创新的企业终究经不起时间的检验。

特别是制造类企业——因为其主要以产品为核心竞争力——更要善于利用数字科技进行创新,根据短、中、长期规划适时改造、调整生产线布局,注重研发投入,关注产品质量的同时也要着眼未来投资。

长虹的没落、创始人倪润峰的归隐,值得引发我们的思考。当新产品、新品牌层出不穷,国内迎来彩电生产革新的高潮阶段时,面对彩电行业的百花齐放,长虹没有选择顺应潮流、推陈出新,而是采取了打价格战的策略,而且一打就是 10 年。短期内,价格战的优势明显:1996 年长虹彩电销量 440 万台,1997 年 660 万台,2009 年长虹市场占有率更是达到了 35%。但好景不长,2006 年,长虹重金押注等离子电视,但世界电视行业却迎来了液晶电视的黄金时期,三星、松下、LG 等多个家电企业,利用液晶电视在市场上的绝对优势,逐步击破了长虹的价格战策略,长虹电器逐步没落。

房地产类企业也要重点处理好长短期房地产项目的投资。建设周期长的大型项目和建设周期短的短平快项目各有利弊,房产类企业需要紧跟市场风向,根据市场形势布局不同板块的地产项目,持续优化营销策略,适时发展物业服务、商业住宅等多元地产业务,合理规避市场风险。

知名高端房地产品牌雅居乐集团的营运模式是"地产为主,多元业务协同发展",其旗下物业管理及其他业务(包括环保及商业)则发挥协同效应,贡献出稳定现金流,营收结构进一步优化。2022年上半年,雅居乐多元业务收入为78.69亿元,收入占比24.9%,同比提升8.1个百分点。在销售持续发力的同时,雅居乐还注重良好的区域布局和较为优质的土地储备。截至2022年上半年,雅居乐总土储4349万平方米,分布在81个城市,可支撑未来4—5年的发展。短期侧重稳、中期侧重优、长期侧重聚,是雅居乐的核心策略。短期而言,雅居乐侧重于稳健经营和保交付的有序推进;中长期来看,随着经营优化、组织变革的稳步推进,雅居乐的管理架构更加扁平,经营效率也随之大幅提升;长期来看,雅居乐将持续聚焦高能级城市群、地产主业,力求成为高品质、优服务的开发商。

酒店业企业则要重点关注市场变化,调整长短期的业务布局。酒店业需求主要由对公商务及因私出行构成,其中商务需求出行占比超50%,这就造成酒店业的需求与宏观经济有相关性。同时,由于酒店短期供给刚性(存量改造、退出及新建酒店需1—3年),其供给端的变化通常滞后于需求端的变化。因此,酒店业的运行存在显著的周期特征。这需要企业多采取轻资产运营模式,即通过品牌加盟、输出管理和其他特许业务等多种模式,输出品牌及管理能力,推进智慧酒店建设,提高线上收入占比,积极应对市场波动。

例如，首旅酒店轻管理模式瞄准下沉市场，迅速扩张云品牌、华驿品牌。针对广阔的单体小业主存量市场，首旅酒店利用头部连锁酒店集团优势，以"轻加盟，重运营"的加盟模式、多元化品牌及多元化管理模式精准捕捉中小单体酒店业主需求，逐步提升轻资产业务贡献。截至2022年上半年，公司加盟门店比例提升至87.9%，轻管理酒店达到1799家，其中云品牌加盟酒店达到1288家。由于云品牌盈利的相对稳定性，它成为酒店业务利润的核心来源。

（二）加强企业管理层面的统筹

管理者的思维模式，决定着企业的未来。从长期来看，管理者一定要清楚，做企业不可能一帆风顺，在企业发展过程中出现黑天鹅事件是必然的、确定的，不确定的只是发生的时间和地点。管理者的思维模式会决定企业未来的走势，正所谓思路决定出路。进行战略规划时，企业管理层面要考虑到各业务板块的局限性，要算动态账，算账时不能简单按过去企业经营增长的相关经验数据推算，还要考虑今后经济、政策、国家形势等大环境，考虑企业将会面临的压力与挑战，以及战略调整可能带来的"阵痛期"和各个子公司对政策制定、目标压力的"消化期"，更要考虑未来机遇与难点长期平衡的压力。

泰康总裁刘挺军多次提到，泰康之所以能够坚持长期主义，关键来自创始人内在价值观和理想。2002年起，银保快速崛起，短期高现价产品趋于主导，保费规模在快速做大的同时，对保险公司长期经营的压力亦同步加大。基于对回归寿险经营本质的考量，2009年泰康启动了新一轮的战略转型，从做大规模转向价值经营，夯实县域机构，经营重点回归中心城市，逐步减少短期产品销售，降低对银保渠道的依赖。这一过程中，泰康进军养老产业，围绕寿险主业打造起了"从摇篮到天堂"的全新商业模式，一举奠定了其在康养领域的领军地位。

(三)科学进行长期投资和短期投资

一般来说,投资按照时间来划分,可以分为短期投资和长期投资两种,投资时间低于1年的为短期投资,长于1年的为长期投资。长期投资是不准备在1年或长于1年的经营周期之内转变为现金的投资,具有投资金额大,投资回收期长,投资回报率和风险相对较高等特点。短期投资是指能够灵活变现并且持有时间不超过1年(含1年)的投资,主要包括银行理财、股票投资、债券投资、基金投资、贷款和金融衍生品等业务。

金融类企业要重点处理短期投资和长期投资。企业管理层长期投资的目的在于持有而不在于出售,这是与短期投资的一个重要区别。企业进行短期投资的主要目的在于充分利用流量资产,增加企业收益——这需要金融类企业科学研究长期和短期投资的组合关系,合理分配金融资产投资,保持资金良性循环,注重风险防范,提高企业价值。

(四)将长期绩效与短期绩效指标有机结合

在考核指标体系的设计上,大多数企业都特别重视短期考核,而忽视长期考核。短期考核有一定好处,也是企业发展的需要。企业可根据绩效考核周期的需要,设置季、月考核指标;由于企业、行业的不同,在某些特殊的情况下还会出现按周考核、按项目考核。但我们永远不能忽略一点:短期考核必须建立在长期考核的基础之上,将其当作长期考核的一部分去看待。如果只是单一地、孤立地为实现某个短期目标考核而考核,长计划短安排、有任务没规划,我们只能说这个企业的管理者目光短浅、急功近利,这可能会导致企业经营的短期化,无法实现企业的长远发展。

日立就一直把社会责任看作企业的使命,鼓励员工积极参加社会公益活动,比如发动员工到运河海边捡垃圾、为灾区捐款等,甚至考虑把去一些边远地区支教当作企业考核的一部分。日立还积极制订长期的激励计划,对员工进行职业生涯规划,为员工设定清晰的职业目标。每年年初,经理会和员工一起商定一个目标,包括要完成的工作量、需要提升的技能等。每过一段时间,经理都会对员工进行阶段性的考核,看这个目标需要不需要修正,有什么样的困难,需要什么样的支持。如果目标完成得好,这个员工就会有很多不同的机会,除工资比别人多、奖金比别人多外,也会有更多的提升机会。日立将短期考核与长期考核很好地结合起来,实现了短期目标和长期目标、个人业绩增长与企业发展的同步。

(五)品牌建设要有长期视野

企业的品牌建设不是成本而是投资,是帮助企业走出低谷的最重要的投资之一。美国《商业周刊》通过数据研究发现,从1973年开始连续两年在形象宣传等方面缩减预算的企业,1975年的业绩都有所下降,而没有缩减预算的公司业绩则有所上升。所以,品牌建设是一项长期工程,不能吝啬短期投入,要坚持品牌的长期营销主义。

方便面行业龙头企业康师傅,同样也在持续投资品牌竞争力,以长期主义成就经营韧性。近期,咨询公司凯度发布《2022年凯度消费者指数全球品牌足迹报告》,康师傅连续10年位列中国消费者首选的前三品牌。这一成绩正是基于康师傅多年对品牌力的重视。近年,康师傅进一步在品牌年轻化方面发力,旗下各个业务线王牌产品积极借势人气偶像和热门IP开展营销活动,充分渗透年轻人的消费场景。如康师傅冰红茶就牵手品牌代言人王一博,凸显年轻时尚的品牌形象。

(六)清除企业的历史遗留问题

企业如果长期被遗留问题笼罩,就很难统筹长期与短期发展。企业管理者需要充分认识企业所面临的挑战,着力应对企业层级的重大问题;组织内其他级别的经理人也应多解决存在于团队、工厂或者区域层面的各种痼疾,因为企业的历史遗留问题会一直影响企业的长远发展。

这里所说的历史遗留问题包括:过时的销售组织、占用大量资金又没有发展潜力的存量资产、会给员工或环境造成伤害的旧有生产流程,以及只能催生拙劣设计的低质量工程实践等。企业应致力于解决那些会拖累未来增长的长期负债问题——即便解决它可能会给你的短期业绩带来负面影响。管理者要表现出足够的勇气,展现出应具备的气魄。企业只有在消除遗留问题的困扰后,才能专注于业务建设,更好地展开竞争、取得胜利,而那些通过积极解决问题而节省下来的资金也可以重新被注入业务。

(七)注重塑造社会价值

当今,社会价值逐步变成商业价值的天花板。要想获取更长远的商业价值,必须先做大社会价值,也只有这样,建设高水平的社会企业才能水到渠成。社会的需要就是企业的机会,企业的社会责任已经不再仅是企业的营销策略;企业坚持为社会创造价值,才是其商业可持续发展的最优选择。当企业能够去理解自身和环境、世界的关系,理解本身的内在驱动力,围绕长期坚守的核心价值,通过商业效能和自身领域的资源来反推社会发展,反哺环境和世界,创造生生不息的价值生态,主动创建美好社会时,也就获得了永续发展的动力。

2017年,美团创始人王兴就提出公司进入社会企业的阶段,宣布完成新一轮40亿美元融资——尽管那时美团还在亏损。王兴解释,企业有很多驱动的核心,有些是需求驱动型、有些是竞争驱动型、有些是战略驱动型,但美团点评是一个使命驱动型的公司,围绕"Eat Better, Live Better"(吃得更好,住得更好)的使命,美团将承担更多社会责任,带动就业发展,建设更加开放合作、与全社会协调发展的社会企业。王兴提出的"社会企业的阶段",也在当今互联网企业重新梳理自己的企业战略和使命中陆续得到印证。2019年5月,中国互联网双巨头之一的腾讯对标大西洋彼岸谷歌的"不作恶"更新了自己的愿景——"科技向善"。马化腾在朋友圈推出的 AI 寻人项目,就是在用科技公司的核心能力解决社会问题。他在腾讯 21 周年的内部信中进一步阐释"科技是一种能力,向善是一种选择"。

经营企业就像驾驶航行在海上的船,只有具备长期思维才能行稳致远。航行过程中难免遇到困难与诱惑,困难的解决、诱惑的取舍是决定企业是否偏离主航道的最大因素,正确的选择需要企业具备正确的短期思维。其实,长期的本质是创造价值,短期的本质是随时随地创造价值。长与短,本就是辩证的关系:无长则无短,无短也无长;长与短共存,方是自然之道;短与短能够相接形成长,才是真正的长期主义。

第五讲

重在开源？重在节流？
——正确处理开源与节流的关系

【摘要】开源和节流是做好企业管理的两个方面。本讲分别论述了开源与节流的内涵、重要性和误区，指出企业做好开源工作，要大力发展优势主业、打造增长新动能、科学整合资源；做好节流工作，要培育成本文化、借助数字化成本管理工具、完善成本管理制度。开源与节流是相互依存、缺一不可的，只有将二者结合起来，才能真正提高企业的投入产出比，实现企业经营效率的最大化。

搞好企业经营并实现企业经济效益的增长，无非就是要做好两个方面，一方面是做好企业的开源工作，另一方面就是做好企业的节流工作。从企业层面来说，处理好开源与节流的关系，是实现企业降本增效，推动企业高质量发展的关键点和着力点。

开源，就是通过转型升级、产品创新、业务拓展、资本运作等方式，抓发展、筹资金、增收入，推动产业体系化、链条化、集群化，不断挖掘增收潜力。节流，就是严控不必要支出，消除浪费，"过紧日子"，构筑节约型企业，以控制支出等为抓手，把钱花在实在处。开源与节流是一个问题的两个方面，是辩证的统一体。如何"量入为出，以入养出"，是企业发展的关键所在。企业应如何开源节流,不断提高经济效益,是每个企业经营者、财务管理者必须思考的重要问题。

一、关注市场机会,重点做好开源

在认识某一矛盾时,要看到矛盾的主要方面,即"牛鼻子"。所谓开源节流,重点在于开源。企业在实际的经营过程中,不能仅仅依靠节约成本投入来提升企业的收入,更应该积极寻求收益较大的项目,以新动能带动企业实现更大发展。

(一)认识开源的重要性,培养开源能力

开源,是拓宽外部市场,增加盈利渠道,创造更多的增长点,以实现更多的营收。开源要求企业不断提高核心竞争力,做大做强主业;同时,注重发展多元产业,抓住市场机遇,培育新的产业支柱。

开源是企业适应新的市场环境和运营模式的必然之举。如果企业不及时寻求新增长点,扩大收入与效益,便不能顺应日新月异的市场格局与发展潮流。企业也应该顺应国家产业政策,利用国家发展红利,进行适时合理的开源。比亚迪、吉利等汽车公司就响应国家产业政策,积极向新能源汽车产业转型,形成了新的发展动能,实现了可持续发展。及时开源,也是企业提高自身风险防范能力的表现。企业通过开源强健筋骨、做大做强,拥有的发展根基就会更牢固。风险来临时,拥有多种收入来源和多渠道的企业,比单一收入来源的企业能够抵御更多的市场挑战。

企业要提高开源的能力,需要把握经济形势,掌握行业政策走势,瞄准市场动向,做好市场调研,总结市场发展规律,制定发展战略,在市场变化时积极转型发展、与时俱进、不断创新;了解目标客户,构建全方位、多层次、宽领域的市场服务格局,根据市场需求方向重点生产、重点研发,针对不同的客户需求制定不同的开发策略,从而满足不同客户的

第五讲 重在开源？重在节流？——正确处理开源与节流的关系

需要；注重与优质企业的合作，做到强强联合、优势互补、合作共赢，从而实现开拓市场、获得经济效益的根本目的；要有资本意识，拓宽融资渠道，必要时整合资源、化存量为增量，要千方百计做大蛋糕。

(二) 企业在开源过程中需要注意的问题

企业在开源过程中往往会陷入一些误区，这些误区会制约企业的发展，甚至加速企业的衰亡。比如，有的企业会投入大量资金和资源来开拓新的增长点，却在"开疆拓土"的过程中没有守好主业，"忘记了老本行"；有的企业在探索新的商业模式时急于求成、过于激进，没有研判风险；有的企业在自身能力不足、缺少人才和技术的情况下就盲目追求效益；等等。企业在开源时应注意以下几点。

①不能荒废主业。

主业是一家企业的核心竞争力，脱离主业去寻求其他增收渠道，只能是徒劳无功。经营主业是企业持续发展的根本保证，如果一家企业"不务正业"，即使是一时盈利，为企业暂时赢得了业绩，但长此以往，只会是"捡了芝麻，丢了西瓜"，拖累自身的健康发展。

老牌药企吉林敖东，其旗下的安神补脑液曾经为人所熟知。但近年，它因沉迷证券投资，使主业有所荒废。在答投资者问时，吉林敖东曾表示，2015—2020年一直在增持广发证券的股票。但其财报显示，2018—2020年，公司中成药及化学药品合计贡献的营收呈现出逐年减少的趋势。主营产品销售的减少，导致其营业收入出现大幅下滑，其中2019年、2020年营业收入分别同比降低7.1%和27.09%。

②不能盲目多元化。

在开源的过程中，适度多元发展有利于拓宽自身盈利渠道，打造企业发展新动能。但是，如果不考虑企业本身发展基础、所处形势、现有条件等主客观因素，盲目多元化发展，只会走上歧途。有些企业就不考虑自身现金流的状况，在没有合适的融资渠道、资金成本较高的情况下,盲目投资新项目,最终陷入困局。

科迪乳业就曾盲目多元化过。其主导产品包括乳制品、速冻食品、面制品、天然饮用水、黑龙江优质大米、非转基因大豆油等系列2000多个品种,它同时还投入大量的资金建设科迪社区便利店或加盟店。最终多元化策略遇挫,亟需大量资金进行填补,不得不踏入破产重整的结局。

③不能忽视风险。

企业在开源的过程中,不仅需要追求盈利和效益,也需要防范无时无刻不在面临着的各种风险因素。对风险的了解、把握和防范在企业的运营中尤为重要。"千里之堤,溃于蚁穴",有时一个看似微不足道的风险隐患,往往能形成危及企业生存的重大威胁。

香港百富勤曾是亚洲除日本外最大的投资银行,但由于其低估了利率和汇价波动风险,为印尼出租车公司提供了2.6亿美元的过渡性短期贷款。在金融风暴下,印尼盾汇价大跌和政府实施的外汇管制使印尼出租车公司根本无法偿还这笔贷款;加上债券股票的损失,百富勤的财务状况在短时间内急转直下,最终以倒闭收场。①

(三)如何做好开源工作

做好开源工作,需要企业做强做大主业,增强核心竞争力;同时,跟上时代发展步伐,开拓新的增长点,培育新的发展动能,探索新的商业模式。此外,还要从资源整合着手,要善于将存量转化为增量,盘活潜在资产,激活企业自身发展潜力。

①夯实主业,集中资源大力发展优势产业。

开源可以从巩固主业、扩大现有市场份额、提高核心竞争力、提升经济效益做起。企业可以通过提升传统业务产能及改革营销方式等策

---

① 艾亚:《安永专家剖析八大风险案例》,《国际融资》2005年第2期,第45页。

略,针对外部市场的新形势和新变化,迅速作出调整和实施战略布局。深耕主业、奋进突破、抢抓市场、持续凸显竞争力,运用积极的营销策略,提升客户服务深度,增加客户黏性,进一步抢占市场份额,形成核心业务的市场竞争优势,增强盈利能力,推动业绩增长。

科大讯飞聚焦智慧教育核心赛道,采用GBC(政务、产业、消费)协同联动的发展模式,以G端、B端的推广带动C端产品销售,从而实现产业闭环。2022年上半年,其教育赛道实现收入23.28亿元,同比增长26.72%,控盘能力持续提升,市场份额稳步扩大。在G端,智慧教育因材施教,综合解决方案持续规模复制和推广落地,目前已应用在累计40多个市、区(县)级,有效辅助师生减负增效;智能阅卷技术已累计在14个省市高考中实现正式交付应用。在B端,课后服务业务带来新增量,顺应"双减"政策,推出相应的体系化素质课程资源,形成课后服务素质课程产品体系,课后服务业务已覆盖超200个区(县)、8000余所学校。在C端,学习机产品持续升级,推动AI学习机行业标准化发展,形成规模销售。2022年上半年,科大讯飞AI学习机销售额增长超101%,预计将继续强势增长并逆市跑赢行业大盘。

②打造增长新动能,挖掘潜在市场领域。

开源还可以通过发展多元产业,探索企业经济增长的新动能,创造新的盈利增长点。面对日益激烈的市场竞争,企业在稳定固有业务,确保核心业务的市场份额稳中有升的同时,要积极寻求新的市场增量,积极开拓布局增量业务,在新兴业务领域取得突破。这要求企业深化战略目标升级,紧抓新机遇,重视研发与创新,凭借高效的技术研发与创新体系,持续不断地研发投入、深化数字化转型、打造数字化平台,加快推动产业数字化和数字产业化。

黄金行业龙头老凤祥,就以推进产业结构升级、丰富产品系列、走品牌联动、立体式经营的新路,进一步提升市场占有率。老凤祥还投资成立上海中铅新零售科技有限公司,结合中铅丰富的品牌故事开发具有品牌文化的 IP 产品,以城市为足迹打造中华全国快闪店,拓展市场。它还设计开发出贵金属原创系列产品 30 款,通过"联动、带动、互动"的战略丰富产品体系,不断提升市场覆盖面和市场占有率;通过促进和提升老凤祥黄金珠宝产品自主研发能力,持续推进渠道下沉,整合资源打通海内外市场。截至 2022 年上半年,老凤祥全国营销网点较去年年末净增加 110 家,营收 337.40 亿元,同比增长 6.80%。

③利用资源整合,化内部存量为发展增量。

我国正从增量经济向存量经济过渡,当市场新增份额受限、市场无法容纳大量新进者、市场供给逐渐出现过剩问题时,企业经营的管理者和决策者要想继续开源增收,就要把盘活存量作为一种经营策略,对内部资源进行科学整合利用,化存量为增量,推动存量与增量的相互转化。这要求企业充分认识到"存量"的广泛性。存量资产不仅是库存现金、应收账款等存量资金,还可以是存量客户、存量产品、存量人力资本等。企业可以从多方面入手,用不同方式盘活存量资源,增加内生动力,实现开源。

携程就是化存量为增量的典型代表。当下,携程依靠内生性模式寻找流量,将潜在用户群体转化为新增消费者,将原有内容社区升级,改版上线"星球号"。商家可在携程平台自建官方网店,并通过附加短视频、直播等形式进行销售、推广。携程 2020 年在旅游目的地做直播;2021 年推出星球号引入当地商户、文旅部门等线下主体;2022 年推出"超级周边游"营销品牌,以城市为圆心整合 300 公里内旅游资源。这些举措均意在促进目的地周边消费,提高单一热点带来的综合收益。携程强调,交易平台的用户天然地有着更高的消费意愿。去哪儿网与艾瑞咨询报告显示,在使用 OTA(此处特指在线旅行社)时,四成用户虽有预定的想法但不确定具体的产品。携程内容营销的目的是让这部分本就会打开携程的老用户,产生更高的消费意愿,刺激消费需求,带来订单增量。携程披露,2021年,在官方直播间下单的用户中,钻石及以上高等级会员占比超20%,总体复购率达到51%。携程的流量更多来自平台内部挖掘,通过存量制造增量,一定程度上抵抗住了各种外来因素带来的生存危机。财报显示,携程2021年前三季度艰难复苏,扭亏为盈,营收恢复至2019年同期的56.07%。

二、注重成本管理,实现节流

随着我国市场经济和现代企业制度的逐步建立和完善,企业间的竞争越来越激烈,成本管理已经成为现代企业管理的重要内容。企业作为独立的商品生产者和经营者,要想在激烈的市场竞争中立于不败之地,必须加强成本费用管理,严格控制各种资源耗费,使成本管理工作更加科学化和系统化,将成本管理与企业日常的经营管理工作结合起来,提高企业整体经营管理水平。

高效的成本控制是企业保持优势竞争地位的重要保障,企业成本控制的好坏直接关系到企业的生存与发展。有效的成本管理手段,能够提高企业经济效益和盈利能力,使企业在经营上掌握更大的主动性。同时,低成本还能减少对资金的占用,防止资源浪费,增强企业的抗风险能力和核心竞争力。

(一)企业成本包含的方面

成本是商品经济中生产材料消耗的主要货币体现,成本也是企业在价值创造中的一种"牺牲"。从广义上来说,成本是为了实现一种目的而舍弃另一种目的所放弃的经济价值。不同类型的企业,在成本消耗上也各有侧重和不同,比如生产类企业制造成本、销售成本支出更多,投资类企业交易成本、资金成本占比更高。具体来讲,企业经营过程中主要产生以下几种成本。

①人工成本,即人工消耗或劳动耗费的货币表现,是企业在生产经营中由投入劳动力要素所引发的一切费用,包括企业支付给职工的工资性报酬和福利性供给,是企业总成本的组成部分。人工成本主要通过职工工资、社保费用、职工福利、人才培养经费等支出体现。

②资金成本,是为取得资金使用权所支付的费用,包括资金筹集费用和资金占用费用两部分。资金筹集费用指资金筹集过程中支付的各种费用,如发行股票、发行债券支付的印刷费、公证费、担保费及广告宣传费。资金占用费用是指占用他人资金应支付的费用,如股东的股息、红利、债券及银行借款支付的利息。

③制造成本,亦称生产成本,指企业生产产品、提供服务的过程中产生的成本,包括各项直接支出和制造费用。直接支出包括直接材料(原材料、备品备件、燃料及动力等)、直接工资、其他直接支出;制造费用指企业内的分厂、车间为组织和管理生产所发生的各项费用,包括分厂、车间管理人员工资、折旧费及其他制造费用(办公费、差旅费等)。

④销售成本,即已销售产品的生产成本或已提供劳务的劳务成本以及其他销售的业务成本,包括主营业务成本和其他业务成本两部分。其中,主营业务成本是企业销售商品产品、半成品以及提供工业性劳务等业务所形成的成本;其他业务成本是企业销售材料、出租包装物、出租固定资产等业务所形成的成本。

⑤交易成本,又称交易费用,指达成一笔交易所要花费的成本,也指买卖过程中所花费的全部时间和货币成本,包括传播信息、广告,与市场有关的运输以及谈判、协商、签约、合约执行的监督等活动所花费的成本,可分为信息成本、议价成本、决策成本等。

此外,根据划分维度的不同,企业成本还可以分为研发成本、设计成本、管理成本等。

(二)成本管理需要注意的误区

企业在激烈的市场竞争中,应开展各种形式的成本管理,追求效益最大化。然而,想要做好企业的节流、实施合理的成本管理,需要避免出现以下几种问题,避免陷入误区。

①不关注产品和服务的质量。

"1.5万元钻戒被曝成本仅4000元""148元一盒的××面膜成本仅10元"……近期,类似这样的新闻频频出现,反映出越来越多的企业想要通过压低成本、抬高价格,获得高额利润。然而,企业一味地节约成本,用低廉原料生产出的产品终究不会通过时间的检验。不注重产品服务的品控与体验感的企业,最终只能被大众曝光,被消费者唾弃。

例如,丰田汽车2005年启动"价值创新计划",将多个零部件进行组合,并淘汰不必要的部件,以此来降低成本,打造面对21世纪的成本竞争力。但与此同时,丰田召回车辆的数目也在迅速增长。2006年7月,丰田在日本市场宣布召回的汽车数量已达110万辆,是2002年全球召回总数的两倍多。① 产品开发周期过短、系统设计和测试不到位、"拧毛巾"的成本策略、对质量成本运筹的缺失等,终造成丰田为"召回门"事件埋单。

②仅依赖财务部门。

很多企业想当然地认为成本管理由财务部门全权负责,遇到财务成本超出预算的问题,也总是问责于财务部门。其实成本控制是一项系统工程,涉及企业规划、管理、业务等多个部门,需要"一把手"牵头、多个职能部门通力配合;财务部门可以运用自身较为专业的技能,为企业其他部门提供指导。

例如,浙商银行的财务部门就发现其传统报销流程纷繁复杂,财务

---

① 杨信:《丰田的成本管理误区》,《光彩》2010年第4期,第51页。

负担重大,费控难以切入实质。以此为基础,浙商银行便从全行角度出发,实施"数智浙银"改革,推出极简报销产品,改变传统报销模式,打造预算全程管控、发票自动查验、机器人审核等数智化功能,做到一站式无纸化报销,实现了智慧费控管理。

③只看重短期投入。

成本控制不是一朝一夕的事情,它考验的是企业的战略眼光。很多企业过分纠结于眼前投入的多少,过于控制支出与费用,没有将资金用于可持续发展,忽略了对企业未来的投资。

(三)如何做好企业的成本管理

成本管理作为企业生产经营活动的核心内容之一,贯穿于企业管理的方方面面,融入于企业生产经营的各个领域。企业应制订成本计划,对成本管理提出具体思路与总体要求,根据计划制订成本目标,对标实际成本与目标成本,分析差异与原因,使目标成本与企业经营管理目标相匹配。

①培育成本文化,提高成本管理意识。

成本文化是企业成本管控的灵魂,企业必须充分认识到企业文化对成本管控的重要性,真正将成本管理渗透到企业各个部门、各个岗位。为此,企业需要加强成本管理的相关宣传力度,要安排企业员工定期参加成本管理相关理论知识的培训,确保员工能够认识到成本控制的重要性。一方面,企业要通过精神激励鼓励员工积极参与到成本管理当中,发挥员工的积极主动性,从全方位进行成本的有效管控;另一方面,还要重视企业成本管理与员工管理的协调和配合,在提高全体员工专业素质与成本管理意识的同时,还要增强监督管理力度,让员工可以在每一个细节方面都能够做到成本的节约,从而提高成本管理成效。①

中建集团于 2021 年年底开展"厉行节约,勤俭办企"专项行动。其所属各单位、各部门针对自身实际、结合自身特点,不断增强全员节约意识,勤俭节约的成本控制意识深入人心、蔚然成风。通过预算系统控制,中建集团建立了横向全口径、纵向到项目的预算管控体系。它还积极开拓新平台,开启智慧物流模式:与顺丰速运合作,量身定制专属的货运平台,从多个维度压降运输成本;以专车运输、零星拼车的方式,降低固定资产、物资采购的物流配送成本;降低普通文件快递业务费用 10%;打造"厂家直供+专业物流配送"路线,供应商出售货物,配送由物流团队完成,没有运输"中间商",每年节约运输费用超过 3000 万元。中建集团将标准化、信息化作为促进管理升级的重要载体,积极推广科技创新,开发应用多项视频 AI 识别技术,深入应用智慧管理云平台系统,运用大数据分析进行信息共享、互联协同、智能决策,实现了建筑工程过程管理集成化实时监控与管理,为企业高质量发展节人节力、降本增效。

②创新成本管理手段,借助数字化成本管理工具。

企业在提高管理层与员工成本管理意识的同时,不能吝啬于对未来可持续发展有利的投入——必要的技术、研发、培训等投入是为了更高的回报。要积极引入先进的成本管理理念和管理手段,不断加以创新。比如,借助信息技术进行成本的精准管理,持续提高技术水平,建立系统化、电子化、科学化的企业成本管理系统。可采用智能调光、节能灯具、无纸化办公技术等降低办公能耗,运用数字化技术和自动化能力减少人为操作带来的非必要损害,通过技术消除业务流程中存在的阻碍等。技术的运用将为企业的降低成本带来更大的确定性,减少沉

---

① 李向梅:《基于企业成本管理现状及优化措施的分析》,《质量与市场》2022 年第 16 期,第 71 页。

没成本,使企业总成本得到进一步控制。

格力电器致力于数字化转型之下的成本管理,通过直播带货、线上服务平台优化销售管理费用结构,降低不必要的管理费用支出。2016—2020年,其销售费用率持续降低,由15.14%下降到7.72%,5年间下降了约一半。格力电器通过全球在线直播,联合淘宝、京东一起举办"双11""618"等一系列促销活动进行市场拓展,使其宣传推广费在2019年和2020年占营业收入比重上升。由于产品质量上升,安装修理费用的比率从2016年的1.51%减少到2020年的0.77%。由于销售方式以直播线上销售为主,在增加销量、扩大销路的同时,经销商以及其他管理费用明显下降。[1]

③优化预算体系,完善成本管理制度。

企业想做好成本管理,就应规范成本管理制度,提高成本管理效率,加强财务管理,规范内部费用申报制度,建立责任成本机制,将产生的可控成本与经济责任相挂钩、成本考核与绩效分配相结合,建立责任单位与目标成本之间的联系,确定成本相关性,提高全员成本管理意识。同时,要建立科学合理的预算管理制度,强化预算管理的约束力。企业应注重从传统的成本核算向全成本控制管理的转变,成本管理应该贯穿于产品的整个生命周期,从产品的研发到生产,从销售到使用,到最后的报废回收,从办公费、差旅费到薪酬绩效等管理费用。企业要细化成本核算体系,制定科学合理的预算编制,定期进行成本分析,并站在大成本角度,建立以成本专项考核、专项评比、阶梯式成本奖励等方式为主的成本考核方法,强化激励效果。

中国移动就围绕"创世界一流企业"的战略目标,优化了全面预算管理体系。中国移动采用目标成本法和标杆成本管理,基于宏观经济

---

[1] 陈伯裕:《数字化转型与价值链成本管理研究——基于格力电器的案例分析》,《商场现代化》2022年第5期,第106页。

的增长趋势,对CHBN(移动市场、家族市场、政企市场、新兴市场)4大类市场进行商机调研和资费满意度问卷调查,由此编制出下一年度的产品价格体系和资费目录,并下达给下属公司利润上缴目标值。它还成立由公司领导管理者挂帅的跨部门全面预算管理委员会,明确预算编制及下达流程,将传统的财务根据公司业绩指标直接下达各部门预算的模式,调整为两上两下预算编制模式。除此,中国移动还明确预算考核要求,闭环考核结果,将预算考核分月度考核和年度考核。将年度指标根据时序进度和营销淡旺季分解到月后就是月度考核,它与团队绩效和个人绩效、月度奖金相挂钩。[①] 年终考核结果与分公司年度业绩排名、团队荣誉和员工年终奖挂钩。

三、开源与节流并重,统筹处理二者之间的关系

研究某一矛盾时,既要研究矛盾的主要方面,又要研究矛盾的次要方面,二者不可偏废。企业应该树立正确的成本管理观念,不能仅仅看到节约,不应该把降低成本作为成本管理的唯一标准。孤立地看投入是没有意义的,应该结合投入和产出、成本和效益综合考虑,提高投入产出比率,从而提高经济效益。这要求企业要想方设法增加资源利用率。低效率会增加机会成本,如库存过多、应收账款过多、资金资产人员闲置、无效资源未及时处理导致的低周转率,经营周期长导致垫付资金的增多,集团资源未整合、重复投资导致的低综合利用率,程序过多的烦琐流程等,都会拉低企业的资产回报率。资源浪费从侧面抬高了成本。

开源与节流是相互依存的关系,二者不能割裂来看。没有开源的节流只是一潭死水,没有节流的开源也终究是白费力气、徒劳无功。企

---

① 路娟:《中国移动战略成本管理的实践与创新》,《财务管理研究》,2022年第4期,第67页。

业在分析成本控制时,不仅要尽可能减少支出与费用,还应分析投入产出比,即生产效能;在关注扩大增收渠道、提高盈利能力时,也需要同时兼顾成本控制、节省支出。

(一) **不能只节流不开源**

节流要以保证产品与服务的质量为前提,一味地减少开支,压缩成本,终将影响企业产品与服务的质量,直接损害用户体验,造成客户的大量流失。同时,企业都会有一些在短期内不会有明显成效的支出,比如研发投入、长期投资、人才培训费用等,如果仅仅为了节约成本而不在这些方面有所投入,只会造成企业长远发展规划的缺失,不利于企业的可持续发展。再者,利润增加是成本与收入两方面共同影响的结果,单纯靠降低成本来增加利润,其实是掩耳盗铃、自欺欺人的做法,企业终将会因此失去内生动力而走向衰落。

红星美凯龙家居集团股份有限公司发布的 2022 年上半年半年报显示,其母公司红星美凯龙控股集团有限公司债台高筑。面临明显的流动性危机,作为控股公司旗下最重要的子公司,它通过各种办法节衣缩食,以期度过危机:其间费用率为 34.63%,同比下滑 4.8 个百分点;购买商品、接受劳务支付的现金和支付给职工以及为职工支付的现金分别减少 10.38% 和 19.32%,均创下 2018 年以来的同期最低。严控支出虽然在一定程度上改善了现金流的情况,但是也在一定程度上牺牲了它未来营业收入增长的潜力。2022 年上半年红星美凯龙家居新设 1 家自营商场,关闭 1 家自营商场,另转 1 家自营商场为委管商场;整体自营商场的拓展处于停滞状态,轻资产的委托管理业务表现较为萎靡,收入和出租率出现明显的下滑,未来营业收入的增长不容乐观。

(二) **不能只开源不节流**

一味地拓展业务,不顾及成本费用的消耗,就如同"背着破篮子摘玉米,边摘边漏",出十分的力才能达到五分的效果,事倍功半。很多

第五讲　重在开源？重在节流？——正确处理开源与节流的关系

企业在经营过程中一味地追求销售额的增长,忽视了企业内部成本控制的重要性,殊不知,采购、生产、库存、沟通等各种各样的成本费用有时恰恰会成为阻碍企业持续发展的隐形杀手。稻盛和夫曾说:企业应对萧条时,更要集中精力搞研发,开展降低成本的工作,让企业员工时刻具有危机意识。节约的成本其实等同于为企业增加的一笔可用资金,因为它对于某些企业可能是一笔救命钱,"干毛巾也能拧出水",成本控制可以是企业生死存亡的关键。

2016年,ofo与摩拜成了互联网创业的耀眼新星。到2017年,ofo与摩拜的融资额就分别达到了6亿美元、9亿美元;但因ofo不计成本盲目扩张,最终走上了不归路。2017年3月起,ofo月投放超300万辆小黄车,耗费的人力、物力成本竟达到每月3亿美元,维护费用又要2亿元。短短3个月,超60亿元的真金白银就被烧个精光。2017年10月,ofo应付用户押金40亿元,而现金及等价物只有23亿元。ofo被软银抛弃、又和滴滴闹翻,还一意孤行地拒绝和摩拜合并,妄图以逼退摩拜来结束战争——最终摩拜是退了,但ofo并没有胜利。2018年4月,美团宣布收购摩拜,并以强大财力亲自下场迎战ofo。3个月后,支撑不下去的ofo创始人戴威请求滴滴收购ofo,但滴滴已经孵化出了青桔单车。ofo不计后果地开源,使神话变成了笑话。

(三)通过开源和节流提高企业的投入产出比

节流最直接的目的就是节约投入,而开源的直接目的是增加收入,所以开源与节流的直接目的是提高投入产出比,增加企业经营效率,以最少的支出换取最多的收益。这要求企业实施精益化、精细化管理,做到科学决策,提高内部运营效率,以总预算协调组织各个产业板块经营管理活动;对公司整体战略目标进行拆解,并落实到企业价值链中各个环节,优化资源分配,以可量化的方式,对组织活动进行管控,及时度量及纠偏,助力公司业绩释放的同时,有效控制成本及费用,实现组织盈利能力的大幅提升。企业还需要树立"大成本"的理念,降低那些对经营管理没有价值的消耗,比如超标的办公费和差旅费、不符合客户需求的设计和功能、非增值的流程环节等,因为这些消耗徒增成本却没有带来价值产出。

居然之家就致力于精细化运营,高效率发展,围绕"五大基础、五大热点"品类主动开展经营布局调整,增加受用户青睐的软件、定制、智能家居和电器等热点品类共 150 万平方米经营面积,以进一步提高卖场坪效。它还大力推进委托管理模式。2021 年共有 59 家纯加盟店升级转为委管店或委派管理人员进行管理,从而保证卖场经营标准化、提高加盟店经营效率。依托于轻资产模式,即使卖场数量大幅增长,居然之家的自有现金流消耗也处于较低水平。2021 年,公司经营性现金流实现 57 亿元,同比增长 178%。居然之家同时还通过精细化运营叠加数字化赋能提高业务效率:2021 年,居然之家数字化相关研发及运营支出超 1.39 亿元。在前端,居然之家通过同城站、直播电商、微信小程序等数字化工具为线下门店积蓄流量,提高卖场转化率;在后端,通过数字化技术形成用户画像,依据用户画像进行招商,以有效满足用户需求。运营层面,居然之家通过业务平台数智化、服务中后台中心化建设,将各个业务流程打通,通过数据赋能前后端业务。2021 年居然之家销售费用、管理费用分别同比增长 10.15%、26.81%,增幅远低于营收增长(44.88%),运营效率实现提升。

第六讲

资金链安全是企业经营的重中之重

【摘要】 资金链是企业的血液,直接关系着企业的发展甚至是生死存亡。现实中,资金链出现断裂的案例屡见不鲜,它给企业带来严重损失甚至是灭顶之灾。本讲从资金链的重要性入手,阐述了企业资金链断裂的一些苗头和原因,为企业筑牢资金链提供了有益的参考。本讲还从企业如何管控风险、建立制度等多方面入手,探讨了如何管理好企业的资金链、怎样更好地为企业发展保驾护航等问题。

这两年,恒大事件引发了一系列连锁反应,人们担心,恒大一旦倒闭,相关金融机构、购房者、恒大的供应商和员工都将蒙受巨大损失,甚至会对我国房地产市场造成严重冲击。其实,不仅恒大,房地产进入新周期以来,不少房企都面临着资金链承压的困难局面,融创、奥园、佳兆业、泰禾等企业也陆续出现在爆雷风险名单上。

众所周知,开发周期长,资金需求量大,销售情况容易受到政策、市场波动的影响,是房地产行业的特点。从 2021 年下半年开始,房地产市场进入寒冬,房企销售数据逐月下滑,房企融资规模明显萎缩,房地产行业第一次出现了筹资端资金(如贷款、股票、债券、海外融资、信托等)与经营端资金(主要是销售回款)共同走弱的局面,即这些企业陷入了"既借不到钱,又挣不到钱,还要不断还钱"的尴尬境地。

部分房地产企业的现状,给其他企业敲响了警钟:资金链一旦断裂,企业就很可能走到破产倒闭的边缘。

一、资金链是企业正常运行的根本

企业经营,涉及很多方面的问题,而资金在其中起着最为关键的作用。资金链决定着企业能否正常生产经营。资金充足,企业才能把握市场机会、赢得竞争的胜利;反之,如果缺乏资金,那么,再好的战略规划、再好的项目,都难以得到实施。资金链断裂,就意味着企业生命的终结。资金链的重要性主要体现在以下几点。

第一,企业要想正常开展经营活动,保持良性运转,就必须依靠稳定、持续的现金流的支持。

第二,企业在经营过程中,想有效应对危机和经营中的突发事件,就必须拥有相当数额的备用资金,所谓"手中有粮,心中不慌"。

第三,资金链是否稳定可靠,决定了企业的信用评级,而企业的信用直接影响着企业的融资能力以及是否具备实现经营目标的条件。

第四,资金链的管理状况,决定着企业资金循环是否顺畅以及资金周转率的高低,直接影响着企业的经营效益。

资金之于企业,就像血液之于人的身体。保证资金链的安全并使其连续运转,可以说是企业经营的根本。资金链的安全程度,考验着企业的经营管理水平和风险控制能力,决定着企业的兴衰成败。

二、企业资金链断裂的原因

一个企业要确保资金链安全,就要具备较强的核心竞争力、稳定的盈利能力、规范的管理体系;同时,还应保持适量的现金资产,拥有畅通的融资渠道。否则,企业就可能因为内外部因素出现资金链断裂的

第六讲 资金链安全是企业经营的重中之重

情况。

就企业内部来看,资金链风险往往与下列情形关系密切:产品滞销导致回款不足,或者存货、应收账款大量增加占用营运资金;公司治理不规范,产生大量逾期担保,实际控制人掏空公司;融资结构不合理,严重的短贷长投、杠杆过高最终压垮企业的资金链;突发事件的冲击给企业的资金链带来灭顶之灾。在经营管理过程中,企业应该特别警惕以下几种情况:

①投资失误给企业带来的资金风险。

企业如作出严重失误的投资决策,不切实际地向陌生领域盲目扩张,一旦增加的投资没有带来预期的回报,或者估算的投资额与实际差距较大,就会导致投资额度远远超过自身能力,或者不断拉长投资周期、延期投产——这都可能造成企业资金链出现问题。

②高负债、营运资金不足造成的资金风险。

中国金属有限公司是一家总部位于苏州并在新加坡上市的台资企业。它在2007年实现销售收入113亿元,税收1.7亿元,净利润4亿元,镀锌板产量超过鞍山钢铁公司,在全国排名第二。该公司主要依靠投资银行的融资、商业银行的巨额贷款以及海内外各路资本的支持,实现了"裂变式的成长"。2008年10月8日,中国金属系企业的20余名台籍高管突然集体返回台湾,事先无任何预警,旗下5家子公司全面停产。次日,中国金属在新加坡发出的公告显示,公司无法偿还约7.06亿元人民币的营运资本贷款,其已经到期和可能到期的各类借款却已经高达52亿元。10月10日起,中国金属正式停牌。

中国金属的失败,就是由于规模扩张过快。超过财务资源允许的业务量进行经营,只会导致营运资金不足。

③信用风险引发的资金链危机。

信用风险是借款人因各种原因未能及时、足额偿还债务或银行贷款而违约的可能性。发生违约时,债权人或银行必将因为未能得到预期的收益而承担财务上的损失。造成信用风险的原因可能是经济的周期性波动:在处于经济扩张期时,信用风险降低,因为较强的赢利能力会降低总体违约率;在处于经济紧缩期时,信用风险增加,因为盈利情况总体恶化,借款人因各种原因不能及时足额还款的可能性增加。

④因融资失败导致企业的资金链断裂。

2019年12月9日,电商平台淘集集宣布进行破产清算或破产重整。这家于2018年8月上线的社交电商黑马,打着"买得多,赚得多"的旗号,瞄准四线及以下月收入2000元以下的城市居民,商品单价大多不超过50元,靠补贴、低价等方式吸引了大量用户。上线仅仅两个月,淘集集用户总量就达到1133万人,以120.61%月活增幅位居当月月活增幅榜第一。2018年10月,淘集集获得老虎基金、数码天空科技和险峰投资等A轮4200万美元融资,当时估值高达2.42亿美元。2019年6月,淘集集宣布启动B轮融资,拟融资2亿美元,投后估值8亿美元。但是,最终资金未能如期到账,公司欠款规模却达16亿元,不得不进行破产清算或者破产重整。在互联网行业,类似的公司不胜枚举:为了获得客户不惜疯狂补贴、大把大把地烧钱,而一旦融不到钱,公司只能关门大吉。

三、怎样管理好企业的资金链

欲提升资金链管理水平,在实践中,要重点抓住资金筹措、运营、回收3个环节以确保资金链稳定。

①科学谋划,做好资金的筹措。

企业要做大做强,就必须获得资金的支持,因此,资金筹措是第一步。筹资并非一次性的,往往需要循环往复,持续进行。

企业筹措资金的渠道和方式多种多样,常见的方式主要有综合授

第六讲 资金链安全是企业经营的重中之重

信、信用担保贷款、买方贷款、项目开发贷款、出口创汇贷款、自然人担保贷款、个人委托贷款、无形资产担保贷款、票据贴现融资、金融租赁、典当融资等。

面对这么多的筹资方式，企业应如何选择呢？第一，企业应科学估算自身的资金需求量，即筹资的规模要与经营需求大体平衡。第二，要合理预测资金的时间节点，使资金筹措到位的时间与使用的时间相互衔接，避免时间错位造成资金闲置浪费。第三，要合理安排资金结构，对不同渠道的资金进行比较分析，尽可能使用成本较低的资金，提高资金使用的经济性。

当然，筹资方式不是企业单方面的选择，资金的供给方——银行或者非金融机构也会慎重考察企业的筹资能力，比如看资产负债率、当期有效资产、负债情况、流动资产情况等指标。具体来说，不同的筹资方式对企业的资质要求也是不同的，企业只有详细了解这些差异并进行比较选择，才能结合自身情况作出正确、可行的筹资决策。

河南日报报业集团有限公司这几年在资金运营中主要采取了以下措施，来进一步降低筹资成本。一是依托良好的经营业绩和信用，与多家金融结构开展战略合作，取得授信支持，获得了利率下浮的优惠。二是通过借低还高、借短还长，用利率较低的贷款取代利率较高的中期票据，降低财务费用。三是根据资金状况，灵活调配资金，合理安排资金结构，勤借勤还，以提升企业信用评级、降低筹资成本。

②多管齐下，加强资金运营管理。

企业要提高投资的成功率、收益率。投资是企业非常重要的经济行为；但是，投资的风险也不可忽视，很多企业的资金链之所以断裂，就是因为投资失误。因此，投资必须慎重。第一，投资方向应该与企业的长期发展战略一致，企业不能为了短期效益严重偏离发展战略和主营业务、影响企业核心竞争力。第二，企业在投资之前要认真进行可行性分析。企业应组织相关人员对拟投项目进行认真的调查研究。要确保决策的民主、科学、合规,防止"一言堂""拍脑袋"决策。第三,要安排好投资项目的资金保障。在现实中,经常出现由于资金供应不上而导致的项目延误、下马,这会给企业带来较大损失。只有事前就对项目资金需求心中有数,并且寻找到可靠而经济的资金来源,才能避免出现"半拉子"工程。第四,要树立底线思维,制订项目风险处置预案。企业应该预判投资项目中可能出现的所有风险因素,并针对每一项风险做好应对的准备。第五,要做好投后管理,提高投资收益率。对于一个投资项目来说,投资完成并不意味着投资过程的结束,投后管理才是最为关键的环节。现实中,很多企业投资一个项目后往往将之束之高阁,没有分配专门的团队参与项目管理、跟踪项目动态、监控项目风险,这导致部分项目事前论证时给人以前景光明、回报喜人的错觉,实际投资后却变得乏善可陈,甚至成为企业的包袱。针对这种情况,近几年,河南日报报业集团有限公司提出"打好投资收益率低于融资成本的翻身仗",通过多方面加强投后管理,投资收益提升近两个百分点。

企业还要建立和完善资金预算管理制度。资金预算是企业对短期内资金盈余和短缺的预测。对企业生产经营活动全部收支作预期安排并将其纳入预算管理,用预算指导生产经营的全过程,可以确保企业资金的合理使用。贾春艳及池琳曾在《提升企业资金管理效率的若干思考》中提出了如下建议:企业应组织编制资金预算草案,对预算的收支总量、生产经营目标、资金投向、固定资产投资以及大修理资金、生产经营费用等安排进行审定,对下属单位的年度费用指标、企业预备资金、职工福利基金的使用安排进行研究审定,并研究制订实现预算目标的措施,定期进行经济活动分析,检查预算执行情况,督促预算目标的实现。

成立资金结算中心、提高资金使用效率,也有助于企业管理资金。

对于一家企业来说,结算资金直接影响企业流动资金的正常周转。成立结算中心、实行收支两条线,对资金进行定额管理、有偿使用,这是很多企业的成功实践。通过资金结算中心办理内部的资金往来结算、调拨、运筹,可以将闲置的货币资产化、生息的资本社会化,降低资金成本,从而提高企业的资金使用效益。结算中心的建立还有利于实现企业对货币资金的集中管理。对于企业来说,建立结算中心简化了结算手续、加快了结算速度,可避免资金不被挪用,减少或杜绝了预算外开支、超计划投资。企业管理者能借助结算中心及时掌握企业资金调整情况、了解企业整体的资金运营情况,有依据地进行经营决策。

企业还应加强采购管理,减少资金占用。加强采购和物资供应管理要做到以下几点:实行专业化管理,合理采购分工,明确管理职责。企业要坚持货比三家、价比三家,就近、就地采购等原则,大宗物资统一采购,严格规定下属单位自购范围;合理确定经济批量,组织原材料供应,减少储备资金占用量;缩短原材料卸货、验收入库时间,做到少环节、快流通、高效益;加强仓储管理,建立健全各项管理制度,确保各项原材料安全、无损,努力压缩库存。

③加强应收账款管理,防范呆账、坏账。

首先,要建立客户信用评价制度,对重要客户的信用状况做到心中有数后,再依据其信用情况决定是否允许其欠账,并约定还款期限。其次,要建立应收账款的内部控制制度,这包括赊账的审批制度、将应收账款情况与相关人员的工作业绩挂钩的奖惩制度、应收账款风险提示制度等。最后,对已经形成的应收账款要采取过硬措施坚决追讨,要明确职责人员,采取发布催收公告、诉讼等各种办法,坚决一追到底。河南日报报业集团有限公司针对集团应收账款规模较大的情况,已于近两年建立应收账款的月度报告机制,对欠款大户进行针对性督导并要求每周报送进度,使多年积累的欠款得以回收,有效防范了坏账风险。

稳定了集团现金流。

④及时发现、处置资金风险。

在筹资、投资、经营等活动中，企业随时面临资金风险，这些风险在发生前往往有其预兆。企业只要对此予以足够重视，加强管理，是可以做到及时发现、有效解决引起资金链断裂的苗头性问题的。

首先，要增强风险意识，提高相关人员的综合素质。企业资金风险的产生，牵涉筹资、投资、资金管理等各个环节。因此，企业上下都要增强风险意识。企业要加强风险意识培训，要求相关人员掌握有关的风险管理理论和处置办法，增强防范风险的能力。

其次，建立和完善资金风险预警监测机制。无论是资金供给、周转效率、债务风险水平，还是资金投放等方面，企业都要建立起预警监测指标体系。同时，要明确重点监测对象和监测领域，对资产负债率、带息负债比率、经营活动现金流、到期债务等重要指标的变动情况予以分析，提前做好应急预案，妥善应对可能出现的资金风险。企业负债率的高低是资金风险水平的重要指标。一般来说，企业资产负债率在40%—60%较为合适，但是，很多企业的资产负债率远远超过这个健康值，还有许多房地产企业的负债率超过60%甚至100%。行业景气度下行时，高负债率的企业将会缺乏营收的回流资金，资金风险显著上升。

最后，企业应及时化解、处置风险，避免危机恶化。监测、发现风险后，就要及时化解、处置，控制风险水平，防范财务危机的蔓延。一般来说，有资金风险的企业首先要及时筹集资金救急，要对比各种筹资方案——比如银行贷款展期、再融资等——的优劣，通过分析和判断作出合理的选择，来减缓或者分散财务资金运行风险；其次考虑通过债务重组、提高库存周转率、与有实力的公司开展合作等方式，化解财务风险，渡过难关。

第六讲 资金链安全是企业经营的重中之重

当前,部分企业面临着巨大的生存压力,其存量资金已经难以维持基本的运转。面对这种局面,树立稳健经营的理念,增强"现金为王"的意识,要千方百计保障资金链安全,这也是企业顶住触底冲击、力争转折向好的正确抉择。

第七讲

千方百计提高资金使用效率

【摘要】 资金是企业运行的"血液"和"命脉"。企业的发展需要有充足的资金支持,要坚决避免资金链的断裂。企业面对运行中存在的资金比较分散、管理手段落后、预算约束不足、过程监管不到位等影响资金使用效率的问题时,需要强化要素支撑,找到钱、用好钱。企业要抓好两项重点工作:一是撬动外部资金,抓好筹集使用;二是加强内部控制,提高资金效益,千方百计提高资金使用效率。

资金是企业发展的源头活水,是企业生产经营活动中不断循环着的"血液"。资金充足与否关系到企业能否持续运行,资金链是否顺畅完整甚至直接影响到企业的生死存亡。抓好资金管理,一方面,是因为有法律法规、财经纪律的规定要求;另一方面,是因为这有利于促进企业强化内部管理、提升经营效益。企业无论规模如何、发展阶段如何,都要想方设法地加强资金管理,把提高资金使用效率作为抓好财务管理工作甚至经营管理工作的重要抓手。

一、资金使用效率不高的表现及影响

资金使用效率不高有以下几个表现。

(一)开立的银行账户多,资金比较分散

企业在发展过程中,由于政策原因或者业务需要等,往往开立有不少银行账户,比如,基于资金结算需要开立基本户,基于税款缴纳开立税收专户,有融资需求时需要开立多个贷款户,拓展业务有时需要开立保证金户,房地产项目还需要开立监管账户,开展委托贷款等投融资业务需要开立专门账户……银行账户开立越多,企业的资金往往就越分散,管理的难度必然增大,难以避免出现资金沉淀的现象。一方面,企业发展需要流动资金甚至对外融资来维持日常经营或拓展业务;另一方面,企业的银行账户中却存在着长期不动或者流动较慢的资金,直接降低了资金的流通效率。这种矛盾在业务多元、领域广阔、子公司或分支机构较多的集团企业中表现得更为明显,因为它们通常有着大量的银行账户和业务合作的银行,如果资金管理的手段措施不够强制有力,集团层面就极容易呈现出"高存款、高贷款、高财务费用"的"三高"现象,从而降低资金的使用效率。

(二)资金管理模式不够成熟,管理手段落后

企业的资金管理模式,主要有分散式、集中式两种,各有利弊。分散式管理能够给予企业一定的自主性,有利于调动企业的积极性,但资金成本较高、比较分散,存在沉淀的情况难以避免。集中式管理有利于集团层面统一控制、调配、使用资金,减少资金沉淀,降低财务费用,但容易使成员企业养成对集团资金的依赖感,影响其资金运作的主动性,也减弱了其市场应变能力。无论企业规模大小如何、成员企业数量如何,资金管理模式都要符合自身特性,保证资金供需平衡。一些企业由于缺乏必要的技术手段,资金控制能力不足,给生产经营带来了重大影响,甚至付出了沉重的代价。在大型企业集团里,成员企业数量多、地域广,如果缺乏统一集中的资金管理系统,各成员企业、各业务板块对资金使用各自为政,没有形成相互关联的完整信息,一方面会造成资金

的监督失效,增大风险;另一方面会造成资金分配的失衡和浪费,使得成员企业无法帮助集团层面在信用评级、综合授信、降低融资成本等方面形成合力,制约了企业集团的健康发展。

(三)缺乏资金预算或预算执行不够刚性

很多企业在发展过程中注重引入现代企业管控模式,实行预算管理,也在不断深化预算管理的广度、精度。但整体而言,预算控制更偏重收入、利润等经营业绩,以及日常成本费用、固定资产购置、重大工程项目等刚性费用或大额支出,对资金使用计划关注的较少,资金预算管理容易流于形式,对制度的约束性也比较差,导致资金管理难以有序进行。比如,由于缺乏详细的资金计划,在生产经营各环节并不清楚哪些资金是当下必须保证供应的、哪些资金是短期内可能发生的、哪些资金是较长一段时间内预计发生的、企业是否有充足的资金供应能力,财务部门也难以统筹安排融资相关问题。难以把握资金的使用和管理事项,就会使资金被用在不一定真正需要的地方。盲目生产或投资,会造成产品积压或低效投资,而当企业真正有资金需求时,又不得不紧急融资,加大利息支出,加重经营负担。

(四)资金使用过程中监管不到位

企业作为一个经济组织,盈利通常是其生产经营活动的基本要求。企业在追求经济效益和企业价值最大化的过程中,也容易出现各种各样的问题;比如,投资决策的随意性带来资金损耗。一些企业在业务拓展和项目发展方面,没有切合自身的财务状况和发展目标进行科学决策。盲目决策带来的资金损失,严重时会导致本就紧张的资金状况雪上加霜。再如,基于对扩大自身经营规模或满足上级考核要求等因素的考虑,一些企业在经营业绩方面一味追求较大的收入、利润,但对经营活动产生的现金流情况考量得不够,这使其在日常经营中往往存在大量的存货、应收账款等流动较慢的资产,大量的资金被占用,资金、资产周转速度缓慢;企业在保管存货或催收欠款等方面还要产生大量的费用,这不仅减少了利润,还要企业承担相应的风险,在影响了企业的信用信誉的同时,也降低了综合盈利能力。在业务发展方面,与其他企业以项目合作或股权合作的形式发挥各自优势、实现合作共赢,成为很多企业加快发展的重要方式,但多元化的股权关系或合作伙伴关系,容易导致企业在资金使用过程中出现漏洞,使得资金被大股东或实际控制人违规挪用,侵害中小股东或其他合作方的利益。此外,投资是有风险的,即使在项目实施前已经充分论证了其可行性、必要性,并且决策流程合理科学,但经营环境变幻莫测,当企业经营的实际效果与预期存在较大差距时,无法及时止损会给企业带来较大的投资风险。

二、提高资金使用效率要抓住两个重点

提高资金使用效率有以下两个重点。

(一)撬动外部资金,抓好筹集使用

企业要想实现更好更长远的发展,紧紧依靠自身有限的资金和经营积累的利润是远远不够的,而无论是以股权或是以债权形式适度地筹集资金,都有助于企业缓解自身资金紧张与长远发展存在资金需求之间的矛盾;可以说,科学合理地进行外部融资是企业寻求发展的必要手段之一。外部融资时要注意以下三点:

①坚持不断优化融资结构,强化对资金的事前控制,降低成本,分散风险。

首先,要认真测算、合理确定外部资金的需求量,编制好资金计划。在保证企业正常生产经营的前提下,充分挖掘内部潜力,测算资金收支、物资供应、产销结合、近远期投资等各方面情况,编制资金使用计划,并以此确定不同时间阶段的外部融资需求,努力实现资金的长短结合、综合平衡。

其次，要加强对资金筹集的管理，努力降低融资成本。企业的具体融资方案需要结合实际来确定，既要考虑融资数额，还要考虑融资成本，既要兼顾长短期融资与投资周期的匹配度，也要考虑短期融资的低成本及便捷性。总之，无论采用哪种方式，都要努力降低融资成本，为企业"轻装上阵"赢得先机。同时，在融资管理中，要与有关单位加强沟通，注重保持企业良好的信誉，保障出资人的合法权益，打通融资渠道、减少融资难度，为今后更好地融资奠定基础。

最后，要合理选择多种融资方式，分散融资风险。企业的融资方式很多，如发行股票、吸收直接投资、发行中期票据或短期融资券、贷款、开具承兑汇票、融资租赁、商业信用等，企业要认真研判、科学分析各类融资方式所带来的不同影响，根据需要选择多个不同的融资方式，与多家机构建立融资渠道，努力分散融资风险，做好事前控制。

②坚持不断提升企业自身的信用评级，充分利用商业信用进行融资。

首先，要注重提升企业信用评级水平。良好的信用评级有助于企业优化融资结构、降低融资成本，所以企业要重视自身的信用评级工作，与评级公司加强沟通，不断提升信用水平，既要做好国内信用市场的评级跃升，也要根据业务开展情况，适时进行国际信用评级，从而促进各类融资业务的稳步开展和融资成本的有效降低。

其次，要充分利用好企业经营活动中产生的商业信用，实现自然性融资。商业信用是企业在交易活动中由于延迟付款或预收货款形成的信贷关系，主要有应付账款、应付票据、预收货款、预付货款等。基于商业信用形成的融资比较普遍，容易取得且成本较低。很多企业的商业模式创新就是基于其较好的商业信用，如平台型企业就往往会通过预收货款、延期支付货款等创造利润空间。当然，企业在使用商业信用方面，需要统筹考虑现金折扣、带息票据等隐性融资成本，在综合研判的基础上加以使用。

最后,要创新经营模式,打造"产业+金融"的发展路径。一些企业集团在发展过程中,通过发挥其在产业板块的运作主体优势,打造出了集订单融资、供应链管理、融资结算等为一体的"供应链金融",实现了快速发展——这对企业商业模式的创新和如何利用外部资金有较强的启迪借鉴意义。

③坚持不断强化资金风险意识,发挥主观能动作用,抓好资金投用。

首先,在内部控制方面,树立资金成本与资金风险的管理理念,把控制财务风险、控制资金成本、优化资本结构作为资金控制和进行决策的重点。结合企业实际,选用趋势预测、销售百分比预测等方法,提升科学预测资金需求的能力。发展项目需要负债融资时,要守住投资收益率不能低于融资成本的底线。

其次,在资金使用方面,发挥好投融资平台的"花钱、找钱、赚钱、引钱"功能,既要扩大近期项目的投资比例,切实提高资金使用效率,又要加强与金融机构、地方投融资平台、大型企业等的合作,增强投融资能力,要积极寻找优质投资项目,提升投资效益,加大投资项目效益评价力度,倒逼能力提升。

最后,在财务管理方面,推动财务管理观逐步向管理财富、创造财富转变。近年,我国经济发展面临需求收缩、供给冲击、预期转弱三重压力。在经济稳定增长的困难挑战明显增多的情况下,国家层面和各级地方政府均出台了不少帮助企业纾困发展的政策,如财政税费政策、金融信贷政策、保供稳价政策、投资和外贸外资政策、用地用能和环境政策等。财务部门应在企业积极研究、推动落实相关政策的同时,当好助手,为企业提供预算完成情况、争取财政支持补贴情况、税费减免情况等企业业绩考核评价的重要指标情况。

(二) 加强内部控制,提高资金效益

企业加强资金管理,就是要加快资金周转的速度,减少资金沉淀,让资金在运作过程中实现增值。除充分利用外部资金、抓好资金的筹集使用外,企业还要强化内部管理,通过制度设计、流程优化、手段创新等方式改进完善资金管理模式,切实提高资金使用效率。

①强化资金预算刚性约束,防范资产流动性风险,力促资金支出提质增效。预算管理能够为企业高效管理资金打下坚实的基础,是保证企业正常生产经营的关键点。全面预算管理是在对企业所有经营活动梳理分析的基础上,作出的目标设定和系统安排,而资金预算是全面预算管理的重要组成部分。

首先,要以现金流量管理为核心,进一步细化资金安排,增强现金保障能力。统筹考虑企业生产经营与投融资活动的资金供给情况,科学预测预算年度及生产周期内的现金收支及结余情况,合理确定现金收支规模及资金筹划工作,保障企业资金有序流动,做好资金流入流出的全过程预算控制。

其次,要强化资金预算的刚性约束,即预算一经确定,便应当成为企业组织生产经营活动的基本依据,不得随意调整、变更。一方面,完善预算编制时,应按照"自下而上、上下结合、逐级编报、逐级审批"的原则进行编制,努力保证预算的科学性、合理性;另一方面,要做好预算执行情况的分析、考核与监督,把现金流量作为监测重点,严格限制预算外的资金支出,跟踪大额资金流量流向,保证企业的支付能力和偿债能力。

再次,高度重视资产流动性风险,把现金管理贯穿于企业经营管理的各个环节,不断优化资金配置。任何时候,企业可支配的资金都是有限的,而资金需求却是无限的,企业要通过预测分析,有效地组合可支配资金,保持流动资产和流动负债、储备资金和生产资金、存货和速动资产等结构比例处于合理水平,力求以最小的资金消耗占用实现最大的资金收益。

最后,在支付手段和时间安排上,要有轻重缓急,能够灵活调度。面对日常经营时遇到的各种不利因素,企业既要提高站位,认真贯彻落实党中央有关决策部署,也要结合自身情况做好稳企业运营、稳资金链安全、稳对外投资、稳大项目建设、稳经营基本盘、稳未来预期等"稳"的工作,以及保现金流充裕、保新动能培育、保工资绩效、保预算目标完成等"保"的工作。

②实施资金集中管理,统筹分配使用,严格控制多头开户和资金账外循环。资金是企业维持发展的根本动力。企业实施资金管理的目标应当是保证安全性、流动性、效率性和收益性。适度的资金集中管理有助于企业上述目标的达成。

首先,企业要集中管理资金,统筹分配使用,提高管理效率。比如,建立并发挥财务公司、内部银行或结算中心的资金管理功能,使各部门、各单位的资金往来全部纳入财务部门的控制,实现企业资金的集中管理、统一调度和有效监控,充分发挥企业内部资金的蓄水池作用,集中力量办大事,提升企业整体形象,营造新型的银企关系。借助企业信息化管理系统,加强对企业资金流量流向的日常监管,使资金运行环境始终处于最佳状态。

其次,企业要严格控制多头开户和资金账外循环。一方面,要明确内部各单位、各部门资金集中的界限及时间节点;另一方面,要严格约束企业银行账户的开立审批流程,从源头上加以控制。在企业实施资金集中管理的大背景下,要加大资金统筹力度。比如,可以采取内部调拨、统借统还等方式,对企业资金进行安排处置,将每笔资金都用到实处。在投资方面,要围绕企业发展战略,综合衡量资金投向及回报率等因素,不断优化调整资金调度的结构和方向。

③建立应收账款清欠机制,健全客户信用体系,加快资产周转速度,减少流动资金占用。企业可以通过对外融资来筹集生产经营所需要的资金,为发展壮大提供支持。但过高的资产负债率也会给企业经营带来较大的财务风险,当经营活动产生的现金流不足导致偿债能力下降时,企业便存在破产的可能。企业要巧借外力,实现跨越发展,更要苦练内功,提升经营水平,把资金来源重点放在货款回收上,提升资金的自给自足能力。

首先,企业要重视并加大应收款项的清欠力度,加快资产周转速度。定期开展存货、应收款项的专项清理工作,严格控制应收款项等流动性较差资产的总体规模和增长速度。在应收账款规模较大的情况下,应及时组织应收账款清欠专题工作会议,起草清欠工作方案,建立月度报告机制,对欠款大户进行针对性督导并定期报送清欠进度,切实化解坏账风险,着力为企业的现金流稳定作出贡献。同时,要不断推进精益生产,加快物料流转速度,做好销售预测,坚持以销定产,减少过程积压。

其次,企业要抓好营销队伍建设,强化货款回收,落实催收责任。企业既要重视收入规模的增长,也要重视经营质量的提升,将应收账款回收率作为企业和员工业绩考核的重要内容。一方面,要注重加强队伍的建设,通过开展知识、技能、业务培训等,不断提升营销人员的综合素质,想方设法提高销售数量和质量;另一方面,要严格落实经济责任,将产品销售数量、货款回收情况等与员工薪酬直接挂钩,对合同签订、资金结算、款项催收等各个环节从严把关,加快资产变现,努力实现现金回流。

最后,企业要建立健全客户信用管理体系,创新营销模式,用好商业信用。要加强对客户信誉的审查调查,根据企业规模、信誉程度等,分门别类,采取有针对性、差异化的结算方式。对于赊销、现销等不同结算方式的销售,要采取灵活多样的价格策略,及时回收货款。定期分析应收账款账龄及回收难度,对拖欠时间较长、回收难度较大的欠款,设定多渠道、多层次的清欠方案,必要时要及时止损,加速资金回笼、减少坏账损失。在物资购销和资金结算方面,要用好、用活企业的商业信用,努力提高预收款比例,减少预付款金额,利用货款账期进行延期支付,提高资金效益。

④完善资金调度制度,发挥审计监督作用,夯实资金管理基础。

首先,要完善企业内部资金调度制度。在授权审批流程设置、不相容岗位职务相分离等方面,建立健全企业内部管理制度,规范资金调度使用。设置资金调度的审批标准和级别权限时,要做到有章可循、有据可依。支出资金时要严格按照审定的现金流预算和资本性支出预算安排,同时要严格限制对外担保权和对外投资权。有效实施的制度可帮企业进一步发现资金管理中存在的薄弱环节,以提升管理水平和经营效益。

其次,要抓好内部审计工作。内部审计是对企业资金管理效率最直接的检验途径,它最容易发现企业内部控制存在的不足和问题,有利于企业长远健康发展。企业要积极开展内部审计工作,强化对经营活动的事前预防和事中控制,特别要对企业规章制度和重大经营决策的贯彻执行情况开展过程性审计监督,做到关口前移,使监督管理贯穿于企业资金管理的各个环节,使资金运行环境更加安全稳定、资金运行结构更加合理,从根本上保证企业的各项经营活动都合规有效,提高资金利用率。

再次,要抓好资金管理的基础性工作。定期盘点资金状况,做好企业和银行的对账工作,及时发现并处理未达账项。定期编制资金信息报告,可使管理者对企业资金状况了如指掌、心中有数。做好财务分析工作,可帮助企业决策层认清企业经营现状,便于他们更好地预测未来的状况,进而作出科学、正确、有效的决策。要发挥好财务部门的纽带作用,与生产、计划、销售、采购等部门有机结合,建立多方共同参与、齐抓共管的资金管理体系,保障企业资金的良性循环。

最后,要建立风险预警监测机制。加强资金风险管理,从资金供给、投放、周转效率、债务水平等方面建立监测指标体系,关注企业的资产负债率、带息负债率、经营活动现金流等重要指标变动情况,特别要重点关注到期债务及风险,做好应急预案,提高应对能力。

⑤树牢"过紧日子"的思想,严控非生产性支出,挖掘降本增效空间。提高企业的经营效益,一靠经营,二靠管理。即便经营得再出色,如果管理不善,企业到手的效益也会白白流失。企业要想实现良好的运行质量,就要强化全员资金管理意识,让企业的每个部门、每个员工都关心资金周转和节约资金、都参与到资金管理中来,群策群力、开源节流,努力创造好的经济效益。

首先,要把好资金支出关。在日常的物资采购方面,按照"择优、择廉、择近"的原则采购物料,防止间接采购、盲目采购,尽力压缩采购成本,节约采购费用。持续改进招标管理办法。招标项目除要实现应进必进、封闭评标、全程监管外,还要不断创新招标举措。比如,建立招标价格二次谈判机制,切实降低招标采购成本。再如,建立重点项目二次造价审核机制,从源头上严控成本支出。

其次,要强化精益管理。企业要始终倡导"过紧日子"的思想,从严控制新增电脑、打印机、相机、非生产性用车等资产设备支出。在生产效率上,企业要重点关注人均营业收入、人均利润、人均费用等指标,以降低消耗为突破口,以提高劳动生产率为基础,压缩可控费用,降低生产成本,提升精益管理工作水平,减少对生产资金的占用。

最后,要加强成本控制。企业要开展专项行动,加强成本要素与过程管理,健全成本细化与量化指标,提高成本管控创新水平;围绕生产经营的各个环节,对事前、事中和事后全过程精细化控制;制定成本控制标准,对成本费用进行全要素量化,形成科学合理的成本费用标准;结合实际,奖罚并举,提高资金、资源利用率,实现收益最大化。

资金是企业运行的"血液"和"命脉";资金管理是财务管理的核心,也是企业搞好经营管理工作的重心。企业要想健康稳定长远发展,就要千方百计提高资金使用效率,让资金在企业的运行体系内"不瘀血""不贫血",畅通无阻、稳健高效。

第八讲
应收账款要做到应收快收、应收尽收

【摘要】企业应收账款回收的效率如何,对企业正常经营和稳定发展有着重要影响。企业应收账款管理欠佳的主要表现为对客户的信用评价不足、过分注重短期利益、催收责任落实不到位、缺乏全过程的控制等。企业想抓好应收账款管理这项工作,需要聚焦"应收快收、应收尽收"的目标,从事前介入、事中跟踪、事后处置全过程管控的角度出发,抓牢、抓细十项具体工作,为提升资产质量、提高资金使用效率、加快周转速度奠定坚实基础。

应收账款是企业的流动资产,也是债权资产;其周转效率如何,对企业发展有着重要影响。应收账款如果能够在短期内尽快收回,就可以有效规避坏账损失,提高资金使用效率,大幅降低资金成本、管理成本。同理,无法及时回收的应收账款,将会给企业的正常经营带来较大风险,严重时会导致企业经营困难,甚至出现破产危机。应收账款管理是企业管理的重要组成部分。企业无论规模如何,都要注重应收账款的管理,做到应收快收、应收尽收,想方设法提高资产质量和运营效率,为企业的健康发展奠定良好基础。

一、加强应收账款管理的重要性

加强应收账款管理的重要性体现在以下两点。

（一）应收账款在企业开展经营活动中不可避免

企业开展的经营活动，本质上就是通过对外销售商品或提供劳务而获取一定经济利益的交易行为，其具体的交易形式、结算手段也非常丰富。应收账款产生于企业的合同交易，即销售企业为了提升经营业绩和交易效率，与购买方达成一致意见形成交易协议，约定销售方在未收到全部价款的情况下，可以先提供货物或劳务，剩余价款由购买方延后支付。应收账款交易合同的成立基于购、销企业双方的相互信任和一定的商业信用。

应收账款给企业发展带来的优势显而易见。一方面，它有助于企业减少对货币资金的持有占用，提高交易活动的频次、效率；另一方面，它有助于企业发挥商业信用的杠杆作用，不断扩大生产规模，提升市场竞争能力，提高经济效益。同时，对交易行为的协议约定，也有利于保障交易活动的合理、顺畅。特别是对中小企业、初创企业而言，首要的任务就是生存发展，为了抢占市场、拓展业务，它们往往需要采取赊销手段等提升营业收入、壮大经营业绩、扩大市场规模。随着经济社会的发展，应收账款已在大多数企业的资产中占据相当的比例。

（二）应收账款管理不善将严重影响企业发展

应收账款是伴随着企业的经营活动而逐步发生的，属于一项流动性资产。应收账款在后期多是以现金、银行存款、票据等形式予以收回的，所以也是一种货币性资产。作为企业流动资产的关键部分，应收账款的流动速度直接影响到企业资金周转的速度。及时回款，可以保障企业正常运行和快速发展。回款周期较长、回收比例较低，则会使企业在生产中形成大额的资金占用，导致其可支配使用的资金越来越少，给正常的生产经营带来不利影响。应收账款管理工作的欠缺，不仅会导致坏账成本、机会成本、管理成本的显著增加,也会进一步降低企业的偿债支付能力、资金周转能力和抵抗风险能力,加大经营风险,不利于可持续发展。因此,企业需要格外注重加强应收账款管理。

二、企业应收账款管理中存在的问题及成因

企业的应收账款和资金流动、经营利润之间存在紧密的联系,管理工作的欠缺会带来严重的经营风险。应收账款管理不善,往往体现在"质"和"量"两个方面,即回收的速度慢、周期长,回收的金额少、比例低。企业对应收账款管理的状况,不仅能够直观地反映企业的资产质量,也直接体现了企业管理水平的优劣。企业应收账款管理工作的不善,主要体现在以下4个方面。

(一)对客户的信用评估体系不健全,客户信用制度缺失

第一,获取客户信息的渠道有限,缺乏对客户的信用评价和分级。企业如果能够仔细核实客户的征信情况,科学评估其信用水平,在此基础上合理确定信用等级,进而开展交易合作,将能够在很大程度上避免由赊销交易形成的应收账款演变为呆账、坏账。企业在交易行为前,本应全面收集客户信息,了解其经营状况,并做好整理、分类、筛选等工作;但部分企业为了生存和发展,急于抢占市场份额,与行业内的其他企业共同争抢客户,对客户评估明显不足,甚至不了解客户真实情况,就做了赊销交易。掌握客户信息的渠道越广、内容越多,应对举措、交易策略也能越精准,从而才能有效保障应收账款的回收。比如,我国的商业银行、金融控股集团、大型企业集团、互联网头部企业等,往往都会借助多种多样的渠道、手段来获取客户信息,对客户进行画像和评级,分门别类给予不同的交易政策,也相应降低了其应收账款的坏账率。而很多企业,特别是中小企业,往往在规模、资金、技术等方面存在不足,客户资源也相对较少,为了抢占市场,有时会一味地重视客户数量而忽视质量,甚至在客户提出不合理的应收账款账期要求后,为了不失去客户而硬着头皮接受,给后续的应收账款管理增加了难度。

第二,客户信用制度缺失,没有建立客户信用档案,缺乏风险评估机制。不少企业都缺乏完善的客户信用制度,业务人员往往是在交易完成、形成应收账款后,才将客户的简要信息记录下来,没有进一步加工整理、划分信用等级、确定偿债能力。财务人员虽然定期统计应收账款的数额,也做了账龄分析,但财务、业务缺乏有效融合,在不了解客户信用等级的情况下很难顺利收回一些账龄较长的应收账款。而中小型企业由于自身竞争力弱,客户也往往比较零散、规模较小,很难对客户情况进行规范管理。企业确实需要通过不断拓展客户来壮大自己的经营规模,但如果对客户的生产经营状况了解偏少,无法及时获取客户的资金状况、发展前景及偿债能力等关键信息,产生应收账款之后缺乏有效的监控、跟踪手段,则很容易出现应收账款逾期和回收困难的情况。在一些企业集团内部,子公司业务关联性较大时,会存在不少相同的客户,如果内部缺乏信息沟通,就会出现同一个客户欠多家子公司账款的现象,对企业集团整体形成较大数额的应收账款。此外,一些客户甚至利用虚假的信用报告或财务报告,和销售企业进行交易,形成信用欺诈。一些业务人员还会为了提升业绩、获取提成,一味地信任客户,甚至为了促成合作而弄虚作假。如企业缺乏风险评估机制,就会给应收账款管理造成很多负面影响。

(二)企业经营过于重视短期利益,对应收账款的资产管理意识不强,缺乏风险意识,资产配置占比控制不当

第一,交易往往急功近利,忽视财务风险。随着社会经济的发展,市场分工越来越细化,也不可避免地出现了产品同质化、可替代性强等现象,企业竞争日趋激烈。在买方市场下,很多企业为了加快商品的周转速度,容易急功近利,在对客户信息缺乏充分了解的情况下进行赊销

交易,这虽然在短期内会增加企业的收入、利润,但却也给企业带来了资金风险。特别是应收账款总额超过企业资金正常周转的红线、应收账款在流动资产中的占比超越企业既定红线,将会给企业的后期管理带来诸多隐患。从中长期的角度看,大规模赊销交易往往会得不偿失。近年,一些传统能源企业、房地产企业由于资金链断裂而纷纷爆雷,直接拖垮了一大批综合实力不强的供应商企业。

第二,应收账款占比控制不当。企业应收账款形成的直接原因是销售货物与收到价款存在时间差,根本原因是面对激烈的市场竞争,企业不得不采取赊销交易。企业要生存发展,既需要创造收入、扩大规模,又需要有现金流维持经营周转。企业的决策者应充分考虑现金流与企业发展的关联性;只有及时收回应收账款,才能使企业稳定发展。企业一方面要利用好应收账款的信用政策,发挥杠杆作用,加速商品周转,提高资金使用效率;另一方面也要注重控制应收账款的规模、比例,避免因过度扩大赊销规模而占用大量流动资金,最终使其演变为不良账款乃至坏账损失。

第三,企业经营的风险意识不强。在严峻的市场形势面前,为了保住市场地位,企业往往过分重视销售额、销售量,对应收账款关注得不够。随着经营规模的扩大,应收账款的数量通常也在逐渐增加,随之产生的一定比例的呆账、坏账,在给企业造成经济损失的同时,还会加大资金管理的压力,引发财务风险、经营风险,影响企业的正常运营。在实际中,如销售人员只顾开具发票,不去催收,较少关注回收情况;管理人员不参与具体业务,对进展过程不甚了解,很少考虑应收账款回款风险,就会造成运营风险的逐步提升。一些中小企业由于自身实力较弱、生存压力较大,将赊销交易的主动权更多地让渡给了客户,导致自身在后期应收账款回收时处于弱势。

(三)对应收账款的催收工作比较滞后,责任落实不到位

第一,没有建立应收账款的催收机制。很多企业在生产过程中,形成了大量的应收账款,但催收机制往往不够健全,通常是"头痛医头、脚痛医脚",只有在应收账款积攒得比较多时,上级部门审计、巡视明确提出时,或者企业资金相对紧张时,才会开展催收工作,没有做到定期化、常态化。应收账款催收机制的不够健全,会导致企业无法动态、及时监控应收账款的具体情况。不少企业也仅仅是在季末或年末进行核算、梳理,导致应收账款存在的问题难以被及时发现。无法第一时间制订应对计划的话,就会降低催收效果。

第二,催收的部门、人员及承担的责任不够明确。企业的经营活动往往以拓展市场、扩大业务为主要目标,对业务人员的业绩考核也重在销量规模,对回款情况考虑得偏少,而财务部门又很难在第一时间对应收账款的欠款单位进行梳理和回应——由于权责划分不够清晰,应收账款的管理工作很难落实到具体部门当中,有时还会因业务部门、财务部门沟通偏少,使得企业在资金回收困难,需要对账时才发现账款与客户不一致。同时,不少企业从事应收账款管理工作的人员设置并不科学,没有设置专门岗位,往往是谁发展的业务谁负责催收,这使得企业在人员有变动时难以有效衔接。企业内部各部门在参与应收账款管理工作时也经常缺乏有效沟通,信息传递不畅会导致应收账款管理不细,难以及时发现风险,如若再没有必要的资产保全手段,就更难回收应收账款。

(四)内部控制存在薄弱环节,对应收账款的全过程管理不够规范

第一,内部管理没有做到事前预防、事中控制、事后处理,控制没有做到全过程。在现代企业中,业务部门通常是价值创造、价值增值的一部分,也比较受重视。在绩效考核方面,大多数企业都会将业务人员的提成与销售业绩挂钩,这造成业务人员唯业绩主义,不管不顾客户信用

风险,没有严格执行财务制度。更有甚者,一些业务人员为了获取更高的绩效,以赊销、回扣等方式促进合作,以提高自己对客户的吸引力,但这很可能会大幅增加应收账款量,加大后期回收难度。究其根源,是企业内控制度缺失,客户信用额度审批不严,业务提成仅与销售收入挂钩,没有货物销售与资金回笼"两手抓、同监控";避重就轻的问责制度也不会对业务人员起到应有的制约。财务人员也仅仅只做事后反馈工作,不做事前防范。

第二,合同管理不够规范,法律意识淡薄,对不良账款的追缴乏力。企业的销售合同虽以格式条款为主,但对合同的具体条款、执行效力,没有结合实际情况做到以法律法规为约束,交易凭证有时也不够规范,这会导致企业在合同执行期间遇到具体问题需要诉诸法律时,有时会因证据不足而无法寻求法律保护,有时会因合同瑕疵难以从法律约束角度维护自身权益。很多企业在面对客户有意或无意拖欠应收账款时,因担心对簿法庭对客户关系造成影响,认为诉讼过程漫长烦琐,还要耗费大量的人力、物力、财力,宁愿"私了"也不愿采用法律途径予以解决,这导致很多应收账款最终变成坏账损失。有的企业则因其客户也是产业链的上下游对象,有时基于长期合作、持续交易的考虑,在催收账款时态度消极,不具备强制性的催款方式,会使客户继续拖延还款时间,从而导致企业现金流告急。

三、聚焦"应收快收、应收尽收",抓牢十项工作

企业要想把应收账款管好、管细,就要聚焦"应收快收、应收尽收"的工作目标,抓好事前介入、事中跟踪、事后处置的全过程管理,进一步强化风险意识、红线意识、法律意识、责任意识,抓牢十项具体工作,为改进应收账款质量、提高周转效率奠定坚实基础。

第一,要重视对客户的风险评估及信用评判,建立多维度的客户信

用档案。在激烈的市场竞争面前,虽然多数企业面对的是买方市场,但为了持续健康发展,在拓展业务、挑选客户时也要尽量避免踩雷,做好客户动态资源管理,将调查收集到的客户资料、信息纳入企业信息库,利用信息技术、数据分析等工具,提升客户信息的准确性、有效性。企业还要建立风险防范机制和企业信用机制,减少因应收账款回收困难形成的损失。应多专注于重点客户,特别是那些有较大交易金额、较长账期的重点业务的客户,要深入调查了解客户的信用及资金实力,建立客户档案,档案应包括客户的行业发展情况、自身成长情况、竞争实力、融资情况、信誉度等。要做业务的延展分析,结合客户前期的应收账款处置情况,考虑后续的信用额度安排,避免出现短视效应。企业集团的各子公司要打破壁垒,强化协同、加强沟通、共享信息、互融互通,避免在相同客户面前出现一损俱损的情况。

第二,健全客户信用评价分级体系,制订有针对性的营销举措。企业要结合自身实际,制定信用评价标准,对客户实施分类管理,制定对应的信用政策。在交易前,应有财务人员辅助业务人员测算应收账款占用的资金成本,衡量持有成本、管理成本,综合测算毛利水平,以优化销售决策,防止相关人员盲目地提供信用政策。围绕早日收款制定价款优惠政策。可执行"2/10、1/30、N/60"的现金折让制度,即交易完成后的 10 天内付款,享受 2% 的货款优惠;交易完成后的 30 天内付款,享受 1% 的货款优惠;60 天是付款的最后期限,无优惠。现金折让比例应结合企业实际确定,以促进客户主动还款,加快账款回收周期。同时,还应优化价款结算方案,当客户提出账期要求后,应优先选择有保障、流动快、周期短的结算方式。比如,银行承兑汇票优于商业承兑汇票。

第三,强化法务审核,规范合同管理,防范违约风险。赊销交易必须签订合同,并应当在合同中明确约定收款节点、收款条件及违约后的处理措施。在编制合同过程中,法务人员应与财务人员共同审核相关条款,以识别、防范财务风险和法律风险。合同签订后,涉及应收账款的交易合同及各种交易凭据应当及时交至财务部门,录入会计核算、资金结算系统。应加强对应收账款回收情况的梳理核对,按照会计规则进行账务处理,并定期按照账款数额多少、拖欠日期等因素分类排序,提供给催收业务部门及管理者。强化合同的规范性审查,保证合同内容详细完整、合法合规,特别是要保证重要项目准确无误,避免出现法律纠纷。

第四,内控管理,完善应收账款管理制度,控制应收账款规模。一方面,要严格控制应收账款的金额、笔数,规定业务人员的赊销交易额度,超过限额必须经上级审批,以进一步强化相关人员的风险意识和责任共担意识。比如,充分借助电子信息系统,通过合理设置流程、权限避免有关人员随意改变客户信用额度,也可设置应收账款规模的上限、红线。另一方面,要改进企业的绩效考核制度,除了重视销售业绩,也要重视现金回款率。比如,企业集团考核子公司业绩时,要把应收账款的增减变动数额、现金回款比率作为一项指标。构建相关部门协调配合的工作机制,财务部门应根据企业资金状况、经营状况设置合理的应收账款目标额度,努力降低呆账、坏账风险;销售、采购等业务部门应结合企业实际,考虑赊销期限、折扣率等,共同制定有针对性、操作性强的销售政策和激励机制。

第五,加强交易行为的过程控制,密切跟踪交易进展及履约回款情况。企业在经营活动中,要建立客户明细台账,密切追踪交易的执行情况,包括商品或劳务是否提供、客户是否签收确认、是否和客户对账确认账款数额、客户是否按照合同约定回款等数据,充分借助信息化手段进行显示设置、预警提醒,做到随时随地了解交易状况及资金动态,这便于督促客户及时履约还款,提高应收账款的回收效率。同时,企业还应加强客户动态管理跟踪。随着时间流逝,客户赊销记还款状态等都会发生变化,企业需要做好跟踪管理,及时更新、记录客户的最新信息,实现应收账款有效控制。一旦客户出现兑付危机,业务人员应及时反馈给财务部门,财务人员要按照规定计提坏账准备,真实反映应收账款的风险状况,给决策者提供数据支持。

第六,成立应收账款清欠组织,开展专项行动,加大清收力度。企业要成立应收账款清收领导小组,统筹推进各部门、各层级、各单位的应收账款清收工作。要自查摸底,定期汇总梳理企业的应收账款情况,摸清底数,建立台账,明确到人,明确清收时限和奖罚措施。对于确实回收无望的款项,要根据财务管理规定,依法依规确认为坏账损失,按照规定程序予以核销。建立月报督导机制,企业各部门每月应报送应收账款清收进度,公布清收成效,以激励先进、鞭策后进;相关领导、责任部门也要根据清收情况进行针对性督导。金额较大的业务应由企业主要负责人重点督促推进。应收账款的清收工作要纳入企业各责任部门、责任人员的考核体系。比如,取消应收账款清收完成率低于60%的主要负责人、相关责任人员及责任部门的个人、团体类评优评先资格。企业要定期召开应收账款管理工作会议,梳理问题、分析原因、总结经验、汲取教训,以改进工作方式方法,提高应收账款管理水平。应收账款特别是不良账款的催收工作,是一项非常重要也存在难度的工作。企业需要建设催收激励机制,将催收成果与薪酬绩效挂钩,加大催收力量。比如,设立不良账款催收小组,组织业务人员、财务人员、法务人员等,对超期不良账款进行催收。催收回来的款项在剔除资金占用成本后,要给予催收小组一定比例的奖励,以激发工作积极性。

第七,完善绩效考核制度,将应收账款回款金额与个人薪酬相挂钩,引导重视回款工作。企业的应收账款居高不下,根本原因在于绩效考核体系存在问题。由于账款回收与薪酬关联度不大,业务人员多关注销售业绩、少关注回款情况,从而把赊销作为交易的第一选择。建立完善的绩效考核体系,就要遏制重销售、轻回款的错误思想。比如,企业在制订业务人员考核规划时,除明确每个人的业绩目标外,还要明确现金回款任务,规定每个业务人员每年的现金回款数额不得低于某一固定数额。再如,可以将业务人员的奖励薪酬调整为,一半奖金依据销售金额,一半奖金依据实际回收金额;同时,如果实际回收金额低于销售金额的一定比例,就要扣发或缓发一定的奖金。

第八,夯实日常管理等基础性工作,为经营决策提供数据参考和信息支持。一是加强教育培训,倡导业财融合。业务人员不仅要学习产品知识和销售技巧,还要了解财务知识,增强财务风险意识,懂得不同结算方式带来的资本成本差异,遇到异常情况时要能够及时与财务部门沟通;财务部门则要制订合理的应收账款考核方案,做到有理有据、奖惩分明,减少沟通摩擦,实施正面引导。二是要求财务人员每天完成销售、收款、还款的日报编制工作,并按照每月一次的频率分析整理应收账款情况,一旦发现临期或逾期现象,应立即通知业务人员进行催收,必要时可要求领导协助处理。三是要求财务人员做好应收账款账龄分析,对应收账款数量、占用天数、超期款项占比等具体数据做到心中有数、了如指掌;评估坏账风险,必要时重新核查企业的信用政策。四是规范应收款项交接工作,确保在业务人员离职或转岗时能做到应收账款工作的及时交接,避免因人员调整、账目混乱而影响后续的账款回收工作。

第九,加强法制教育,提升法律意识,用好法律武器,保障合法权益。企业要注重对管理、业务、财务等岗位人员的法制教育,提升合法合规运营、保障自身合法权益的能力,确保企业资产得到安全处理。要加强对应收账款的账龄分析和对逾期应收账款的催收工作,重点追查违约客户,并落实到具体部门、具体人员上,还应发出要求客户列出归还计划并作具体约定的催款函。要定期和不定期地和客户对账,形成书面记录,确保企业的账务记录精确、完善。以客户为单位,做好日常催款工作,交易凭据、函询文件等应有企业和客户双方当事人的捺印签章,对账单的签认、上门记录及相关资料要做好收集存档工作,形成合理依据。面对故意拖欠账款的客户时,要采取财产保全措施,并通过仲裁、诉讼等途径解决问题。同时,要给业务人员的考核奖惩提供数据支持。

第十,认真筹划应收账款的风险转移工作。企业在应收账款数额较大、短期难以收回,且资金周转困难的情况下,要认真筹划风险转移工作,想方设法把持有的应收账款转化为可支配使用的资金,避免资金链断裂,保证正常经营,具体措施有:抵押,即将应收账款抵押给银行等金融机构,按照应收账款账面资产的一定比例换取资金;受让,即将应收账款出售给金融机构[①];保理,即将应收账款的管理权限转交给保理公司,让保理公司发挥其在人才队伍、收账监督等方面的专业优势,向客户追收账款,以减少自身人力、物力的投入和管理压力,降低坏账率。

面对瞬息万变的市场环境和日趋激烈的市场竞争,灵活运用营销手段,利用好应收账款等商业信用,不断丰富交易模式,对企业壮大规模、提升业绩,实现快速发展相当重要。企业在充分撬动应收账款杠杆红利的同时,要进一步增强风险意识,强化内部控制,抓好应收账款的事前、事中、事后全过程、动态化管理,完善措施,防范风险、减少损失,保障企业健康稳定发展。

---

① 具体包括有追索权、无追索权两种,虽然有追索权的转让并没有彻底转移风险,但可以实现一定的资金回笼,解决现实的现金流困境。

第九讲

切实重视和改进预算管理

【摘要】在社会经济快速发展的背景下,企业只有进一步加强内部管理,才能有效提升发展质量和水平。预算管理作为有效的管理手段,是企业提高管理质量和管理效率的有效途径。本讲探讨了预算管理的意义,对企业在预算管理过程中存在的问题进行了深入分析,理顺了预算管理各阶段过程,并提出有效的优化策略。

预算管理是企业对未来一段时间内整体经营工作的规划安排,对企业内部各部门、各单位、各业务链条资源的分配、考核和控制,能够提升企业的管理效能,推动完成既定的战略和经营目标。[①]

企业的业务预算、财务预算、投资预算与筹资预算共同构成了企业的全面预算。其中,企业的业务预算可降本增效、促进收入增长,保证利润目标的实现;财务预算可帮助企业盘活资产,实现保值增值;投资预算可使企业把握投资和发展方向,增加投资效益;筹资预算可统筹企业的融资安排,降低融资成本,确保资金链安全。

20世纪90年代以来,许多企业建立了全面的预算管理体系并取

---

① 张光辉:《坚持"3+2"原则　推动企业"预算革命"》,《中国报业》2020年第23期,第16—20页。

第九讲 切实重视和改进预算管理

得较大的发展成效,但有些企业则在认识上存在一定的误区,一些问题亟待解决。为此,笔者结合实际管理经验,就预算管理谈一些个人的体会和认识。

一、企业实施预算管理的意义

预算管理不仅仅是财务、会计或某个特定职能部门的管理行为,而且是一整套综合的、全面的管理系统,它能够将企业的决策目标及其资源配置以预算的形式加以量化,并使之得以实现,是具有全面控制力和约束力的一种管理机制。因此,对企业而言,实施预算管理具有重要的意义和作用。

(一)预算管理是企业实现战略目标的有力保障

简单来说,企业战略就是企业对未来前景的总体规划和发展纲领。企业战略源于企业的愿景、使命和价值观,一般较为抽象,不具有操作性。因此,为了确保企业战略能够有效落地,选择一款操作性强、适用性广的管理工具十分必要。预算作为企业价值管理的一个重要环节,可以有效地将战略与计划关联起来,将原本较难操作的战略规划转化为可量化、可执行、可评估的经营目标,并统筹分配给下属企业、各个部门以及每位员工,这样可使企业经营目标更为具体、落实路径更具操作性、执行过程更为可控、经营结果更利于考核,最大程度地保障战略目标的顺利实现。

比如,华为公司就十分重视在预算生成机制中执行公司战略。具体来说,就是将公司的战略目标分解为不同部门和经营单位的年度、季度等KPI指标,最终驱动公司战略的执行。又比如,中国化工进出口总公司定期根据国内外环境变化修订完善公司战略,同时也会根据公司战略变化调整每年预算目标,以确保做好战略分解、战略执行和战略落地。

(二)预算管理能够推动企业资源的优化配置

企业因发展阶段、战略方向、经营重点不同,对各项业务的重视程度也有所不同,因此需要在各下属企业和部门的层面上更加高效率地使用、调度、分配内部资源,从而更快地提升生产效率和经营效益。预算管理作为一种重要的企业管控手段,不仅是对经营指标进行计量和记录的工具,而且是站在战略高度对企业的人才、资金、信息、资产、技术进行的有效配置、整合和优化,它能调整企业在各项业务环节的资源投入,使企业能够在投入有限资源的情况下,进一步提升工作成效。

比如,中国化工进出口总公司在推行预算管理过程中,十分重视预算在优化资源配置方面的作用。公司总部在编制资金预算时,要求下属单位以最小的投入获得最大的产出,同时坚持收益与风险相匹配,对资金的流向、使用、占用等情况进行严格追踪,确保投入的资金能够流向有实力、有前景、高效率的企业和业务部门。

(三)预算管理是企业进行业绩评价的有效工具

企业能够通过定期的业绩评价,评定自己经营的好坏、发展速度的快慢和发展质量的优劣。业绩评价是以企业的经营财务数据为基础,依托一定的指标体系,按照一定的评价方法和程序,对企业一定时期的经营效益、资产状况、偿债能力、发展潜力等各方面进行的综合性评价。而预算管理则是通过收集和整理有关数据,在对企业下一阶段的经营活动进行合理安排和筹划的同时,通过严格的执行过程,将实际与预算目标进行对比评价,使得企业的各项经营成果可量化、可衡量、可统计、可对比,它是企业进行业绩评价最可靠最便捷的工具。

比如,神华集团基于预算完成数据,对下属各级企业和部门进行全面考核:既有年度考核,又有月度考核,既对企业主体考核,也对个人考核,并将考核的结果与企业奖惩、个人工资挂钩。

(四)预算管理是企业实现现代化管理的重要手段

现代化管理是一种较高水平的管理模式,企业可利用现代化的技术手段和管理理念,逐步优化整合人、财、物的配置方式,实现系统化管理、全过程控制和精细化提升。预算管理是现代企业管理的重要内容之一,也是许多大型企业常用到的管理方法。作为一种系统性管理方式,预算管理对企业的所有资源、所有活动、所有人员进行统筹整合,并实施全面的控制、约束和协调,最大程度地发挥管理效能,从而实现企业资源的高效配置、企业风险的有效管控、企业实力的有效提升。

中石油就通过加强预算管理,进一步提高了企业管理水平;通过严格控制对外担保和各类债务规模,着力提升对外投资和信贷融资质量,有效控制了企业风险,维护了出资人利益,也增强了下属企业的责任意识和效益观念。又比如,武钢集团通过构建预算管理体系,完善了财务治理结构,解决了过去存在的经理层与股东经营目标不一致、大股东过度干预、信息不对称等问题,损害出资人利益的行为得到了改善,管理成效逐步显现。

二、企业预算管理存在的问题

从企业管理运行实践看,许多企业已经意识到了预算管理的重要性,也已经建立起了相应的管理框架,但管理过程中还存在一些问题,导致预算构想与实际经营相背离,预算管理流于形式,不能有效发挥预算管理的作用。主要表现在以下方面:

(一)对预算管理的重视程度不够,理解不深入

有些企业对预算管理不够重视,导致预算工作没有得到有效的组织保障,没有得到下属企业、相关部门的支持;投入的人力、物力也存在严重的不足,影响预算管理的正常实施和开展。有些企业对预算管理理解不深入,看到别的企业实施预算管理后,就"为了有预算而去预

算",将预算管理与企业管理分割开来,未能充分发挥预算倒逼企业管理能力提升的作用。有些企业没有从发展的整体性、战略性高度去认识和理解预算的重要性,没有对下属企业进行相应的指导,导致各业务单位更在乎自身利益,将预算申报作为索取企业资源的筹码,影响甚至损害企业整体利益。

(二)预算组织体系不健全

预算管理的有效实施,需要权威的组织机构和完善的组织架构予以保障。当前,许多大型企业已经建立起了包含预算委员会、预算工作组、预算责任单位等在内的架构组织,从企业的最高领导、管理层到执行层、各级单位都能主动参与到预算制定和执行等过程中。但仍有许多企业认为预算是基于财务指标完成的,将预算管理交由财务部门完成,其他部门和单位的参与度较低,这会造成财务部门巨大的工作压力。同时,因预算管理涉及面广,需要基于对企业经营情况的足够了解和判断,和对宏观经济形势和行业特征的充分研究和预判,还要考虑预算考评和薪酬激励——仅依靠财务部门和财务人员无法保证预算管理的权威、效率和最终效果,也很难调动全体员工共同参与到预算管理中。

(三)预算编制不够科学有效

有些企业在确定预算目标时,对企业发展潜力和未来预期分析不透彻,制订的年度预算目标不符合企业经营实际,出现发展潜力大而预算目标低,或者发展潜力有限而预算目标过高的情况。有些企业通过低估收入、高估成本等方式虚报预算指标,使得整体预算指标不科学,企业资源配置不合理。有些企业没有处理好个体和整体的预算关系,没有考虑到部门之间、子企业之间的交叉预算,信息对接不到位,导致总体经营数据预估不准确。有些企业没有留出足够的预算调节空间,编制预算时未把预期的困难等因素考虑进去,导致编制的预算指标脱离实际,工作中执行难度较大,甚至变成空洞的数据游戏。有些企业不向市场和行业看齐,编制预算时只参考本企业的历史经营状况,没有进行同行业的横向比较,不清楚、不了解企业在行业和市场中的位置。有些企业编制预算指标时,较为重视企业的经营规模,对资金、资产投入效率重视不够,没有将投入的资金、占有的资源考虑进去,预算指标难以体现发展质量。有些企业在预算编制时,主要以业务量推导形成预算目标,但业务量一般需要与下属企业进行反复沟通才能最终确定,脱离沟通的预算无法保证时效性和导向作用。

(四)预算执行不到位

预算管理过程中,预算编制是基础,预算执行是保障。预算编制得再完美,如果不执行,就无法实现管理的目的。但在实际运行中,有些企业只重视预算编制,却忽略预算执行;编制一系列预算指标后,将预算的执行、分析、调整、考评等环节都流于形式。有些企业在预算编制后不能进行有效跟踪,不能及时预警预算任务与实际出现的偏差,预算调整也不够规范,不能合理解决出现的问题。有些企业在执行预算时会出现多种不道德行为。比如:为了不缩减下一年度预算开支,集中在年底购买原本不需要的物资;为了不增加下一年度经营指标,通过延缓开票等方式将本应计入今年的收入拖延计入下一年……这些行为均不利于企业的长期发展。有些企业没有做到预算的"刚""柔"相衡,有时候过于注重预算的刚性,严格禁止超预算行为,这不利于企业及时应对不断变化的外部环境;有时候过于强调预算的柔性,随意调整预算指标,无法保障预算的权威。

(五)预算考核未能与绩效薪酬挂钩

预算管理既要注重过程,又要注重结果;将预算执行的结果与业绩评价相结合,并最终体现在薪酬的增减上,才能激励下属企业和员工个人的发展积极性。然而,有些企业集团没有建立相应的考核机制,不会奖励超额完成预算的企业,不会处罚未完成预算的企业,各经营单位干多干少一个样,使得预算管理仅仅成了一种形式。有些企业集团建立了考核机制,但考核结果只是口头或书面通报,没有与薪酬利益挂钩,激励警示作用不明显。有些企业集团能够将下属企业领导层、员工的薪酬增减与预算考核结果挂钩,但薪酬结构较为死板,起到激励作用的份额较小、比重偏低,薪酬增减额度不多。有些企业管理层碍于关系情面,只去奖励完成预算较好的单位,却不去处罚完成预算较差的单位,或者惩戒效果不明显,最终也影响到预算管理的效果。

三、企业如何进行预算管理

企业如何能有效克服上述诸多难题,充分发挥预算的管理成效?笔者认为重要的是结合企业实际,强基础补短板,抓重点攻难点。找准并解决企业预算管理过程中的主要问题,理顺预算管理各阶段过程,才能有效发挥预算管理的重要作用。

(一)建立有效的预算组织体系

首先,企业高层管理者要对预算工作高度支持并担任预算组织负责人。预算管理关系到企业战略实施,又与企业日常管理紧密联系,同时还涉及企业筹集资金、采购、生产、销售等各经营环节和生产流程,需要企业各个部门和经营单位的全程配合参与。因此,只有企业最具权威的高层领导全程参与并全力推动,才能确保预算管理整个过程的落地实施。比如,上汽集团由总裁牵头制订预算目标,下达预算编制的总体要求,管理层也全程参与预算管控。五矿总公司则建立了由总裁任主席,主管财务、企划的副总裁任副主席,企划、财务、人事等职能部门参与的总公司预算管理委员会,从最高层保障预算工作顺利推进。

其次,要建立符合企业实际需求的预算组织架构。不是每个企业都需要建立预算委员会、预算办公室等实质性机构,企业要根据自身实际,划定预算管理的决策主体、工作主体和责任主体,推动企业从上到下落实预算目标。比如,万科集团的预算组织体系由3个部分构成,分别为预算管理决策层、职能部门和责任部门。其中,预算委员会属于预算管理决策层,主要负责制订预算方案、调节预算中的问题、审核方案等;职能部门主要指财务机构,主要负责预算的编制、分解、研究等工作;责任部门涵盖了企业所有业务主体,主要负责将预算指标落实到各个生产运营活动中。

(二)做好科学的预算编制

做好预算管理,重中之重是做好预算编制。预算编制是预算管理的基础环节。预算编制得科学、合理、可行,才能使预算管理更加顺畅、日常管理更加协调、战略目标更快落地;没有好的预算编制,预算管理就会多走弯路,日常经营就会缺少方向,生产效率就会大打折扣。因此,企业在编制预算时,要着重考虑以下几个方面:

一是预算编制要具有前瞻性。预算编制首先要确定预算目标。作为整个预算管理工作的起点,企业在确定预算目标时要具有前瞻性,要全面分析企业发展潜力,明确未来发展预期,还要对标行业和市场情况,使得年度预算目标既符合企业经营实际,又最大限度地挖掘出企业发展潜力,同时又不超出企业的能力范围。比如,有的企业在编制预算目标时,通过参考净资产规模、所在行业净资产收益率、近3年平均业绩等重点指标,测算出关键预算目标,形成了符合自身发展实际、与行业和市场接轨的预算管理体系,有效地增强了预算编制的科学性。

二是预算编制要选择合适的方法。目前,企业可选择的预算编制方法有很多。依据业务量的稳定程度不同,编制方法可分为固定预算和弹性预算;依据预算期是否固定,编制方法可分为定期预算和滚动预算;依据基础数据是否有大的变动,编制方法可分为增(减)量调整预算和零基预算;等等。① 企业在编制预算时,要综合考虑自身的业务特点、行业的分布范围、预算编制部门的业务能力等因素,选择合适的预算编制方法。有时,因企业的业务范围较广、涉及的行业较多,不能仅仅使用一种方法来进行预算编制,还要根据预算项目进行适当的调整,以便其更适应企业的经营实际。企业选择了合适有效的预算编制方法,才会使预算编制过程更加顺畅,预算指标更能反映业务水平。

三是预算编制要建立沟通机制。预算编制是个庞大的系统工程,参与部门多,参与人员杂,信息交流不到位、沟通不及时,就会导致预算数据不准确。同时,上下沟通不顺畅也会出现讨价还价的情况。财政部印发的《关于企业实行财务预算管理的指导意见》中,对企业预算编制程序进行了相应指导,提出了上下结合、分级编制、逐级汇总的思路。这就要求企业建立完善的沟通机制,向下能够完整地传达预算目标和相关支持信息,向上能够完整解释各项预算指标,使管理层能够充分了解业务信息。此外,各业务单位之间需要构建交流通道,避免部门单位之间业务数据的交叉重叠。

四是预算编制要注重关键细节。首先,预算编制要以业务部门为主,防止闭门造车。业务预算是预算编制的内容基础,一些预算指标的编制最终都会分解到各个业务环节。因此,财务部门在编制预算时应着重参考业务部门的意见和建议,做到数据有效有用。其次,为避免业务部门出现低估收入、高估成本等不道德行为,企业在预算编制过程中还要充分了解自身以及行业的发展情况,预防虚报预算指标,导致预算编制不科学的情况。最后,预算编制要选择科学的指标体系,不能只偏向于收入、利润、现金流等基础指标,要更加重视能反映资金、资产投入效率的指标,将投入的资金、占有的资源考虑进去。同时,预算指标的

---

① 张艳红:《浅论企业全面预算的编制方法》,《会计之友》2005年第1期,第29—31页。

选择也要尽量简洁明了,便于管理层的查验和判断。

五是预算编制要充分考虑不可控因素。企业在编制预算时,要把预期的困难、可能存在的问题等不可控因素考虑进去,留足一定的预算调节空间,从而减轻预算执行难度。企业在核定收入和利润预算指标时,要充分考虑到不可抗拒因素影响的特殊性,根据行业受影响程度,结合已经测定的预算收入和利润,按照一定比例扣减冲击对企业主要经营指标的影响,这样下达的经营任务才合情合理,更容易被下属部门接受,加强预算的权威性。

六是预算编制要兼顾企业的承受能力。对一些企业集团来讲,子企业涉及行业较多,发展质量参差不齐,个别企业与行业发展平均水平差距较大——全部按照行业标准编制预算,希望所有企业在一年内都达到行业平均水平不太现实。企业集团要深刻认识到子企业发展水平的差异,不搞一刀切,不追求一步达标,对亏损或者净资产收益率过低的下属企业,要充分考虑到其与行业平均水平的现实差距,按照"一企一策"的原则,立足实际、实事求是,可将长期目标拆分为短期目标,并在此基础上编制年度预算。

(三)注重预算执行

预算执行是预算管理的关键环节。预算执行有力,才能保障预算任务落地实施。企业在预算执行过程中,既要严格遵守相应的制度要求,又要创新执行方式,不断增强预算执行力。

一是强化对预算目标的持续跟踪、分析和反馈。下属企业在预算执行过程中总会出现各种问题,如何能够及时准确地了解这些问题,并积极反馈处理好这些问题,关系到企业能否保质保量完成预算目标。企业首先要强化跟踪监控,通过定期报告或者定期汇总等方式及时了解下属企业的预算完成进度、项目开展情况以及经营主要指标,防范经营风险。其次是做好分析预警,发现问题后要做好分析预判,搞清楚产生问题的深层次原因和症结所在,并对相关经营主体发出预警。最后要定期反馈整改,定期组织预算执行推进协调会,沟通问题、反馈意见、解决难题,确保各部门顺利完成预算目标任务。

比如,上汽集团在预算执行过程中,高度重视对预算目标的跟踪、分析与反馈工作。建立了滚动预测分析模板,既关注经营数据,又关注业务开展情况,还深度挖掘产生偏差的经营实质,以便及时发现企业经营过程中存在的风险和发展机遇,为管理层作出决策提供支持。又比如,西门子公司十分重视预算执行中的事中管理,实施了一套完善的预算反馈报告体系,该体系包含了报告制度、预警制度和例会制度。报告制度实现了对预算执行情况的定期和重点反馈,使企业能够及时准确地掌握各子企业的预算执行动态;预警制度使得西门子能够对预算偏差进行严密的监控,当经营情况出现偏差时,它会及时发出预警信号,以便相关人员积极采取措施防范经营风险;例会制度指企业集团会定期听取各子企业的预算完成情况,并研究相应的整改措施。[①]

二是预算执行要做到"刚""柔"结合。所谓预算的刚性,指的是预算对企业经营的约束和控制:预算收入要确保完成,预算支出要严格管控,同时明确约定预算内和预算外等事项的审批流程,做到预算管理严肃而规范。预算的柔性,指的是预算管理的灵活性:在考虑到个体差异的情况下,适当对预算指标进行调整,以适应不断变化的发展形势。企业在预算执行过程中要注重刚柔相济,不知变通、过分追求预算刚性,就会造成预算僵化,以至于企业再怎么努力也难以完成预算指标,从而影响发展信心;同时要把握预算调整的度,随意调整预算指标,不按相关程序完成预算审批,就会使预算管理形同虚设。

中铁大桥局集团的预算完成评价工作就充分体现了刚性与柔性的

[①] 郭菁晶、池国华、张玉缺:《绩效导向的西门子预算反馈报告体系及其启示》,《财务与会计(理财版)》2014年第7期,第15—17页。

结合:在预算偏离度考评中,对下属企业使用统一标准进行考核,体现了预算执行的刚性;在功效系数法下的对标考评中,根据下属企业的规模、业态、资源等,对部分指标设置了评价标准值范围,同时调整指标权数,体现了柔性原则。又比如,上海宝钢集团对整个预算管理体系强调"柔性控制",但对任务分解、责任落实等硬性指标则强调"刚性控制",两者相辅相成,共同推动企业经营发展。[1]

(四)建立基于预算的绩效评价与激励机制

实施预算考评、落实薪酬奖惩是完成预算管理的最后一个环节,也是预算管理能否显出成效的必要环节,它有助于解决员工的动力问题,充分激发下属企业的发展潜能。

一是重视预算考评。预算考评就是对各预算责任主体的预算目标落实情况和责任履行情况进行的检查、考核与评价,它为企业实施奖惩和激励提供依据,也为下一步改进预算管理提供意见和建议。预算如果没有考核评价,就会流于形式,失去管理的意义。时间上,企业的预算考评主要以季度和年度为主,针对日常管理和年度预算完成情况进行考核。内容上,不同企业的预算指标不同,考评内容也有所不同,一般以各类财务指标为主,一些非财务指标为辅。比如,华润集团就十分重视预算考核:专门引入平衡计分卡,多维度考核财务、顾客、流程等重要战略指标,同时测算考核多种财务指标,如营业收入、利润、净利润、总资产、净资产、净资产收益率等。[2] 又比如,上海宝钢集团建立了完整的预算考评体系,对生产责任单位的考核主要以价值贡献为主——具体来说,就是从生产成本、产品的边际贡献、部门占用的资本等 3 个

---

[1] 池国华、邹威:《关于全面预算管理的若干认识》,《财务与会计》2015 年第 1 期,第 17—20 页。
[2] 刘凌冰、张天昊、韩向东:《集团公司全面预算管理模式适配模型研究——基于神华、华润和国投集团的多案例分析》,《新会计》2016 年第 6 期,第 39—53 页。

方面进行相应评价考核。

二是落实薪酬奖惩。预算管理最终是由人来推动实施的,要通过落实薪酬奖惩制度,对预算完成好的单位和个人进行奖励,对预算完成差的单位和个人进行惩罚,实现奖罚分明;将预算考核落到实处,能够将个人利益与企业利益紧密相连。企业在薪酬核算时,如果没有参考预算考核结果,就会使下属企业和员工认为预算管理与自己无关,不重视预算管理过程中的各个环节,从而严重影响企业全面预算管理的运行效率。

比如,中国化工进出口总公司将下属企业的年度预算目标与薪酬指标挂钩,随着预算目标的高低调整薪酬额度,目的就是鼓励下属企业不断追求高效益高业绩。又比如,顺丰速递在绩效预算管理模式下,将奖金、利润分成、股票期权计划同预算目标相结合,进一步调动员工的积极性。

第十讲

从"账房先生"到"价值创造者"

——兼谈现代财务如何为经营赋能

【摘要】财务管理是企业生存发展和实现价值最大化的重要抓手。现代化企业对财务管理的要求也发生了很大的变化。本讲梳理了财务管理从"账房先生"到"价值创造者"的历史演进脉络,结合现代企业管理的要求,论述了当代财务管理应如何为企业价值创造活动提供支持,并结合具体案例,就改进企业财务管理工作提出了思路和建议。

任何一家企业,无论产权性质、规模、行业、所处地域有何差异,目标都是相同的,那就是在激烈的市场竞争中求得价值最大化。企业要实现价值最大化,途径有很多,其中很重要的一条,就是要紧紧抓住财务这个"牛鼻子",不断拓展财务管理的功能,把传统财务"账房先生"的角色转变为"价值创造者"。

一、账房先生:财务管理的源头

财务管理的基本功能,就是服务于企业设定的发展目标,对投资、筹资、营运资金、利润分配进行管理,通过专业化运作实现企业价值最大化。

19世纪末20世纪初,作为市场主体的企业如雨后春笋般出现,与此相伴随的,是显著活跃起来的筹资活动。设立专门机构来帮助自己筹集资本、扩大经营,成了很多企业的选择,财务管理由此成为独立的管理职业。

而在现代财务管理诞生以前,中国古代很早就产生了类似的职业。《史记·夏本纪》有这样的记载:"或言禹会诸侯江南,计功而崩,固葬焉,命曰会稽。会稽者,会计也。"意思是说,大禹在江南召开诸侯绩效评价考核的计功会议后死去,遗体安葬在会稽山。这里所说的"会稽",就是如今大家熟知的"会计"一词。西周时期就有专门核算官方财赋收支的官职——司会,官员对财物收支进行"月计岁会"。《孟子·万章句下》有这样的记载:"孔子尝为委吏矣,曰:'会计当而已矣。'"意思是说,孔子做管理库房的小吏时曾说:算账计数必须要准确才行啊!

到隋唐时期,地主庄园、商铺中产生了账房先生,他们所起的作用类似于现在企业中的会计,日常的工作就是管理资金的流通、进账、出账、统计。直到民国时期,账房先生都在社会经济生活中发挥着重要作用。今天,当我们走进河南巩义的康百万庄园,就会发现康家鼎盛时期有上百名账房先生;庄园里专门为这些账房先生建有账房、辨银室、理财室等办公场所。可以说,在古代客栈、酒馆、商号、庄园里,账房先生都是不可或缺的角色。

改革开放前,我国企业普遍缺乏经营自主权,与此对应,财务部门在企业中大致还是账房先生的角色。在企业员工的潜意识里,财务部就是发工资的,每个月一到该发钱的时候大家就想到财务部。而在企业管理者看来,财务部的工作就是定期制作各种报表,可帮助自己通过各类报表掌握经营情况。总而言之,在这个阶段,作为企业的一个职能部门,财务部门的作用还是辅助、被动的,基本工作是做好账务处理、财务审批、编制报表、纳税申报等,其功能并未得到全面发挥,也没有受到足够重视。

二、管理会计:财务管理的新境界

20世纪70年代末以来,随着改革开放的推进,我国企业的经营自主权得到逐步扩大,越来越多的企业通过资金市场筹措资金。于是,筹资管理、投资管理、收益分配管理越来越受到企业的重视,账房先生式的财务管理已经不适应需求,管理会计已经成为大势所趋。

管理会计是从传统的财务会计中分离出来的,两者既有联系又有区别。财务会计重在向企业的投资者、债权人、政府部门以及社会公众提供会计信息,属于"对外报告会计";而管理会计则重在为企业职能部门提供必要的财务与管理信息,以帮助企业决策者进行最优化决策,改善经营绩效,属于"对内报告会计"。

首先,按照管理会计业财融合的理念,财务部门要深度参与企业的经营业务,意味着财务人员将不再拘泥于职务本身,要立足于企业经营全局,更好地优化资源配置;业财融合可以将企业内部的财务管理工作从单纯的核算性工作转变为价值创造工作。业财融合的深化,进一步加快了财务部门与业务部门之间的信息传递速率,使其更加便捷与高效,可减少信息不对称的现象。换言之,财务部要有效即时地收集、处理、分析来自业务部门的数据和信息,依据这些数据和信息调整、更新经营策略,使得业务部门的经营绩效得以提升。

其次,管理会计通过业财融合,重塑了企业与客户、市场的关系。信息时代,得数据者得天下。财务部门作为数据信息的中枢,可通过掌握的数据分析消费者行为,对市场形势和动态作出更及时、更科学的判断,据以调整和优化企业的经营策略。从客户的角度来看,管理会计的作用如果能够得到充分发挥,就可以实现企业与市场的紧密对接,使企业更好地洞察客户需求、改善客户体验、维护客户权益,从而大大提高企业在市场上的竞争力。

最后,在加强企业风险防控能力上,管理会计的作用更加突出。风险管理与内部控制是企业价值创造活动得以实现良性循环的机制保障。管理会计承接企业战略规划,运用管理会计工具参与决策、控制、评价、考核,可更好地查找风险隐患,进而建立防控风险的长效机制,从而为企业价值创造保驾护航。

可见,管理会计的出现,把财务管理者从传统的账房先生提升为了企业的参谋长,为企业价值创造增添了新助力。

三、价值创造:财务管理的本质

管理会计的本质是价值创造。到了这一阶段,财务管理除了要履行传统的报销、报税、编制报表等基本职能,还要成为企业价值的直接创造者,深度参与企业的投资、融资、生产、销售等价值创造活动。

企业可以从筹资、投资、营运资金管理、成本控制等几方面入手,发挥好管理会计的价值创造作用,改善财务管理工作流程,争取以最少的资金投入实现最大的收益,从而为实现内涵式发展、提升价值创造能力开辟广阔天地。

(一)完善全面预算管理体系,优化价值管理的平台

全面预算管理是我国企业普遍采用的一种管理模式,它与企业的价值管理高度融合。但是,不少企业在实施全面预算管理时也暴露出一些问题。在实践中,不少企业在确定预算指标时主要以上一年的历史指标为基础,靠财务部门与下属经营单位"讨价还价"最终确定指标,在这个过程中,人为因素难以避免,使得预算指标的科学性、规范性受到质疑;据此进行的考核评价有时未必合理,难以充分发挥预算管理的作用。企业应结合实际情况改革预算编制和管理模式,如河南日报

报业集团有限公司就提出"3+2"预算编制原则,推动"预算革命"。"3+2"原则,即以净资产规模、所在行业净资产收益率、近3年平均业绩3项指标为依据,兼顾新冠肺炎疫情对经营工作的冲击和经营单位的实际承受能力,来测算年度预算目标。改革后,企业内部各项经济活动的决策目标与其资源配置规划得以优化,实现了企业对经营过程的有效控制,进一步发挥了全面预算管理在战略引领、资源配置和价值创造等各方面的支持作用。

(二)优化筹资渠道和方式,以尽可能低的成本筹集资金

企业在筹资管理活动中,需要科学、合理地确定筹资规模。企业财务部门要综合分析各方面情况,测算出资金需求量,依据资金需求量进行筹资,力争二者的基本匹配。筹资不足,企业的发展需求难以保证;超出需要的筹资,带来的必然是资金成本的增大和企业风险的增加。因此,财务部门要在企业目标和财务管理目标的指导下,统筹考虑风险和收益、需求和可能、长期和短期,确定筹资的合理数额。

筹资规模确定后,企业就面临着筹资渠道和方式的选择问题。一般来说,企业可以通过向银行和非金融企业借款、发行债券、发行股票和融资租赁等方式从外部筹资。不同的筹资渠道与方式筹集资金的成本是不相同的,企业面对多种筹资渠道和方式时,需要综合权衡各种筹资渠道与方式的利弊。比如:吸收直接投资有利于增强企业的财务实力、信用,有利于尽快形成生产能力、降低财务风险,但也容易造成企业控制权的分散;发行没有固定利息负担的股票,有利于降低企业的财务风险、增加企业的信誉,但资金成本高;向银行借款筹资速度快,但一般来说限制性条件较多,筹资数额受到企业自身实力和信用的制约;融资租赁使得企业在资金短缺时仍能引进设备,但所付的租金高,还需要支付额外的担保金;等等。可见,不同的筹资方式适应于不同的企业和拟投资项目,企业财务部门应结合自身情况、资金需求,合理使用不同的

筹资方式或者筹资组合,做到趋利避害。同时,筹资时还要考虑时间因素,力争将资金到位的时间与资金使用的时间衔接起来,以节省资金成本。

近几年,河南日报报业集团有限公司积极优化融资结构、丰富融资渠道,在降低融资成本上做了很多探索,取得了明显成效。比如,持续推进增信工作,提高企业的信誉度,以获得多家银行的授信和贷款利率优惠;跟踪关注银行信贷政策,把利率较高的贷款置换为利率较低的贷款;及时停止发行中票,转换为低利率的银行贷款;等等。

(三)当好参谋助手,提高投资成功率和回报率

首先,必须在企业发展战略的框架下来审视投资活动,投资项目也应符合企业发展方向并满足企业价值最大化这一根本目标。投资战略在企业整体战略中居于核心地位。所有的投资活动都应该以企业整体战略为指导并且要有利于整体战略的落地;要围绕企业核心竞争力布局项目,不能在非企业发展方向的项目上浪费人力、物力、财力,造成资源的分散和竞争力的削弱。

其次,投资项目要在确保安全的基础上追求回报率,这就要求企业事先分析论证,避免盲目投资和低效投资。为此,企业必须对新业务、新项目的投资额进行预测,对其生产成本、相关费用支出、资金垫付情况进行核算,同时还应该结合市场政策、利率变动、营运风险以及不可抗力等可能造成该业务、项目与预期产生背离的因素,估算成本,确保自己能够承担新业务、新项目的成本,并保证不影响企业原本的经营项目以及经营能力;还应该预测新业务、新项目在正常经营活动下能够为企业带来的收入。在预测收入和成本的基础上,计算新业务、新项目的利润情况,预测投资该业务、项目的可能结果,为企业决策层提供决策依据。

（四）优化流动资产管理，减少无价值的活动

一方面，要加强现金的日常管理，做到现金收支平衡。企业现金流量管理水平往往是决定企业存亡的关键。日益激烈的市场竞争使得企业面临的生存环境复杂多变，提升现金流的管理水平，可以让企业合理控制营运风险，提升整体资金的利用效率。企业可以采取以下措施管好现金流：科学编制生产、销售、投资、资产经营等部门的业务收支预算，对下属分公司实行严格的预算管理；对各部门实行备用金制；为分公司开立银行账户并进行严格管理，做到收支两条线；所有收入统一上缴，分公司所需资金，由企业总部统一审核和安排；关注现金流量和现金余额的动态变化，及时发现、处置异常情况，确保现金资产的流动性、收益性、安全性。

另一方面，要控制应收账款的规模，加强应收账款的回收工作。对于一个企业来说，建立包括客户信用评价制度、合同管理制度、账款回收责任制度等的应收账款管理体系十分必要。对已经形成的应收账款，要组织专门力量进行清理。针对部分经营单位应收账款金额较大的情况，河南日报报业集团有限公司开展了应收账款清欠专项行动，千方百计清收欠款；既加大力度清收账龄较长的历史欠款，也注重清收当年欠款，严控新增欠款。集团公司制订应收账款清欠工作方案，建立清欠月报制度，对欠款大户进行针对性督导，有效化解了坏账风险，大幅增加了集团公司的现金流量。

提高资金管理、运营水平，是企业财务管理的一个重要课题。在这方面，成立资金结算中心（也就是内部银行）是很多企业特别是企业集团的成功经验，此举可以达到多重效果：企业特别是企业集团可以管理所有经营单位的资金，集小钱办大事；原本沉淀在下属企业的资金结余可因集中使用而得以实现更大收益；减少费用支出。

(五)实施全过程成本管理,增强企业竞争力

加强成本管理,是提高企业经济效益的重要途径。企业要从采购、设计、生产、物流和服务上全方位控制企业供应链成本,以达到供应链成本最优,从而使企业获得较强的竞争优势。

全过程成本管理要求财务部门将生产经营的成本管理从日常经营成本管理延伸到战略性的成本管理,在整个生产流程上向两头延伸,即实现从源头的成本管理到生产与服务各个环节的成本管理,这其中包括市场开发、生产过程、产品与工艺研发、销售服务等方方面面,以此实现企业内部各个环节关联、各部门成员参与的全过程成本管理与控制。

当前,国际贸易摩擦加剧,逆全球化趋势明显,很多企业经营困难。此时,通过成本管控节流,守住企业生命底线,就显得异常重要。每一个企业都应该增强"过紧日子"的意识,建立全方位的成本费用管控机制,认真进行成本分析,针对不同情况采取相应的成本控制措施,比如通过招标比价降低采购成本、提高生产设备的利用率、降低物流成本、提高良品率、降低能源消耗、减少库存、严格控制管理成本等。只要措施得力,就能够大大压缩成本支出、扩大企业的利润空间。

(六)完善绩效考核,调动员工的积极性

想提高企业的价值创造能力,就必须设立一套能够调动各方面积极性的激励机制。在这方面,企业财务部门肩负着重要的责任,因为要进行绩效考核,就必然涉及各项指标的计量与比较,而在企业内部,财务部门对各项指标的掌握是最专业、最全面的;财务部门可以在制定经济责任考核办法和薪酬激励制度方面发挥重要作用。此外,财务部门可以通过税务筹划为企业节约纳税成本,还可以通过积极申报项目来争取上级支持,这些举措可为企业减轻负担、增添发展动力,进而提高企业效益。

"一子落而满盘活",对于企业管理者来说,抓好财务管理,对于企

业经营来说能够起到事半功倍的效果。为此,管理者要推动财务管理主动转型、蝶变升级,尽快将财务部门从核算型、记账型转为管理决策型,只有这样,才能为企业的价值创造插上强健的翅膀。

第十一讲

切实重视企业风险防范与化解

【摘要】 企业风险贯穿于战略制定执行、财务结构、市场环境、生产运营、法律合同等企业发展的全方位、全过程。企业发生风险的因素是多样的,有治理结构与制度流程的不完善,有员工道德素养和职业能力的不匹配,有企业内外部环境的不稳定。企业只有建立科学完善的治理结构、完善制度流程体系、提升员工道德能力水平、利用数字化技术进行数智化治理,才能避免潜在风险和降低风险损失,保证高质量发展。

风险对于任何个人和企业都是无差别、随时随地存在的,不会特别关照某个人或企业。一个人即使坐在家里也可能遭遇风险,例如房子裂缝倒塌、遭遇电信诈骗、歹徒上门抢劫等;企业在发展过程中也会遇到各种各样的风险,例如国家发生战乱、限制政策的出台、技术更新迭代、市场环境变化、生产过程发生爆炸、遭遇合同诈骗、重要岗位员工"吃里扒外"等。疏于风险防范会使个人遭遇不测、企业倒闭。因此,企业要想持续高质量发展,就必须采用各种措施预测、防范潜在的风险,化解、处置已经发生的风险。要对企业风险进行防范化解,我们就必须要认识到企业风险包括什么、发生风险的原因是什么,以及运用哪些措施可防范化解风险。

第十一讲 切实重视企业风险防范与化解

一、企业风险类型及危害

企业风险防范是一项十分重要的工作,关系到企业持续、健康、稳定发展。为了做好企业风险防范工作、提高企业管理水平、增强企业竞争力、促进企业稳步发展,国务院国资委制定了《中央企业全面风险管理指引》,将企业风险分为战略风险、财务风险、市场风险、运营风险、法律风险等。

(一)战略风险

战略风险是企业在追求中长期发展目标的过程中,因不适当的发展规划和战略决策而给企业造成损失或不利影响的风险。战略风险主要体现在四个方面:一是战略目标缺乏整体兼容性;二是为实现这些目标而制定的经营战略存在缺陷;三是缺少实现目标所需要的资源;四是难以保证整个战略实施过程的质量。战略风险是企业五种风险中危害最大的风险,因为企业战略具有指导性、全局性和长远性等特性。错误的战略会指引企业朝着一个错误的方向前进。更可怕的是:团队越努力、执行力越强,企业将背道而驰地走得越远,造成不可预计、不可挽回的后果。

中兴通讯成立于1985年,而后在香港和深圳两地上市,业务覆盖160多个国家和地区,年营业额达千亿元,是全球5G技术研究和标准制定的主要参与者和贡献者。但是,这个规模超大的通信设备供应商,就曾因战略风险防控做得不好,产生巨额亏损,导致其与华为的差距越来越大。

中兴通讯前总裁殷一民掌权时,倡导"现金第一、利润第二、规模第三"的稳健战略;但是由于华为以低价竞争策略迅速赢得市场规模,中兴处于落后态势,双方距离被逐渐拉大。为了改变这一现状,2010年3月,中兴通讯选择态度比较激进的史立荣代替殷一民出任公司总裁。史立荣上任不久后便提出了"大国大T"战略。所谓的"大国大T"战略就是：谁能从大市场和大客户手里拿到最多的订单，谁就能成为最大的赢家。"大国大T"战略制定后，中兴通讯开始将销售额作为事业部的重要考核指标，这意味着在中兴通讯内部，"规模效应"的重要性首次盖过了现金流与利润。为了达成收入快速增长的目标，中兴通讯承接了大量来自供应商的微利项目，有些项目还被业界形容为"赔本赚吆喝"。中兴通讯的"大国大T"战略很快收到了看似漂亮的效果：2011年中兴通讯合同销售额首次突破千亿元人民币大关。但是，销售额的突飞猛进只是公司快速成长的幻象，盲目地以牺牲利润为代价换取市场规模，必然只会带来大量的低毛利率合同，导致公司整体毛利率大幅下滑。中兴通讯2012年年报显示，全年出现巨额亏损28亿元。伴随着巨额亏损的是股价暴跌、评级下调，严重影响中兴通讯这一中国第二大通信设备提供商的发展。由此可见，企业战略能够决定企业生死存亡。要实现企业长久稳健发展，必须做好企业战略风险防范。

(二) 财务风险

财务风险贯穿于企业生产经营全过程，可以划分为筹资风险、投资风险、经营风险、存货风险和流动性风险等。筹资风险主要指的是企业为扩大生产经营规模而从企业外部进行筹资，但因市场利率变化、筹资方式不同和企业自身盈利能力，企业的筹资成本有可能高于资金利润，从而导致企业不能按时还本付息或达不到投资者期望的风险。投资风险主要是指企业对外投资后，由于市场形势变化或者人为因素，最终收益与预期收益产生较大偏差的风险。经营风险主要是指企业在生产经营过程中，因管理漏洞、管理人员责任心不强等而造成的资金周转率较低、应收账款较多、存货变现较困难等的风险。存货风险则主要提醒企业在生产过程中要确保最优的库存，因为存货过多会导致资金占压，存货过少会影响企业正常生产，影响信誉。流动性风险主要是指企业的现金流不足以支撑企业的正常运转,是筹资风险、投资风险、经营风险、存货风险导致的结果,也是企业发展过程中最为致命的风险。

四川长虹电器曾是"中国彩电大王"、全球第三大彩电生产基地,主导产品享有较高的市场份额。1994年,长虹在上海A股上市,1997年股价一度达到每股66.18元,净资产由上市时的3950万元迅猛扩张到133亿元,成为上海A股市场的龙头企业。从1998年开始,国内彩电企业开始打价格战,彩电企业的利润大幅下降。长虹为扩大市场份额,用赊销的方式作为招揽更多客户的竞争手段。2001年2月,长虹为开拓海外市场,与美国Apex公司达成合作协议,将彩电发往海外,由Apex公司在美国直接提货,提货后90天内付款;然而Apex公司却没有及时按照合同约定付款。因赊销和存在重大管理缺陷的内控制度,长虹的应收账款越积越多,现金流越来越紧张,坏账风险越来越大。截至2003年年底,长虹的应收账款高达50.84亿元,其中Apex公司的欠款高达44.51亿元。大量的应收账款集中于一家经销商,其风险不言而喻。长虹披露的2004年年报显示,其全年收入同比下降18.36%,全年亏损36.81亿元。至此,长虹开始走向衰败,中国彩电龙头老大走下神坛。

(三) 运营风险

运营风险主要是指企业制度不完善、内部文化不健康、业务流程存在漏洞、员工道德能力低下、技术产品落后等因素导致企业产生经济损失的风险,可以简单分为制度流程风险、企业文化风险、道德能力风险、技术风险等。制度流程风险是企业因管理制度或业务流程不完善、存在漏洞,而使得干部员工为自己私利钻空子、违规操作的风险。企业文化风险指不健康的文化环境而导致的员工人浮于事、企业没有竞争力的风险。不健康的企业文化包括小圈子文化、"大锅饭"文化、阴阳文化、谄媚奉承文化、"大饼"文化、PUA文化等。道德能力风险是指企业干部员工因为道德素养不高,或能力水平不够而错误决策给企业造成损失的风险。技术风险指企业运营过程中因技术不完善或有缺陷,而给企业带来经济损失的风险,例如因银行提款机故障而导致的钱款丢失等。

(四)市场风险

市场风险主要是指企业外部环境发生变化而使企业市场萎缩、达不到预期的市场效果,甚至使企业产生严重经济损失的风险,"灰犀牛"事件属于典型的市场风险。具体来说,产生企业市场风险的主要原因为:消费者的需求发生变动,例如随着新兴媒体的发展,报纸、电台等传统媒体的受众越来越少,传统媒体的影响力和传播力不断下降;科学技术更新换代,例如智能手机的兴起会导致老牌手机的折戟沉沙;金融市场系统风险,例如2008年全球经济危机导致众多百年老牌企业破产;地缘政治形势变化,例如俄乌战争会导致俄罗斯和乌克兰绝大多数企业关门,甚至影响全球经济发展。

2008年9月15日,享有"19条命的猫"之名的雷曼兄弟,在美国财政部、美国银行以及英国巴克莱银行相继放弃收购谈判后,宣布申请破产保护。同时,雷曼兄弟的破产作为第一块"多米诺骨牌",引发了全球金融危机。

经过深入分析研究,导致雷曼兄弟破产的根本原因是其追求高额利润、不断涉足高风险领域、无视市场风险。20世纪90年代,雷曼兄弟为攫取高额利润,放弃传统固定收入业务,把近乎所有资源集中到技术复杂、风险极高的金融创新产品上,将自己打造成为以结构金融、私募基金和杠杆借贷等新型金融业务为主的多元化金融机构。2006年,雷曼兄弟认购的次级贷款证券产品额占市场总额的比例达到11%。2007年,随着房地产次级贷款市场等高风险资产危机的爆发,雷曼兄弟引以为傲的金融业务也为其带来了致命的破产风险。2008年前3

个季度,雷曼兄弟股价暴跌90%——高风险金融创新产品最终拖垮了这家老牌投资银行。

(五)法律风险

企业法律风险,是指由于企业外部法律环境发生变化,或包括企业自身在内的法律主体未按照法律规定或合同约定有效行使权利、履行义务,而对企业造成负面法律后果的可能性。法律风险主要发生在企业设立、合同管理、知识产权、人力资源管理、企业税收、企业并购等方面。法律规章对企业的重要经营活动有明确的规定或限制,因此,企业法律风险具有强制性、可预见性。强制性是指,企业的经营活动如果违反法律法规,或者侵害其他企业或个人的合法权益,就必须承担相应的民事责任、行政责任甚至刑事责任等。可预见性是指,由于法律规定或合同明确约定了企业的权利义务,企业可以预先判断出哪些行为可能会给自己带来法律风险,以及风险发生后会给自己带来什么样的后果。由于企业法律风险具有可预见性,所以企业法律风险与人员的能力素质和主观意志密切相关。企业可能因为相关人员没有准确地了解法律、法规,或为实现个人利益而做出违法违规行为而被制裁或处罚。

娃哈哈集团作为我国家喻户晓的饮料生产企业,曾经差一点失去"娃哈哈"这一品牌。20世纪90年代,娃哈哈集团因急于上市,而引进法国达能等公司的先进技术,以吸引跨国公司资金来扩张企业版图。娃哈哈还和达能合资成立了一家合资公司,并在合作合同中签署了一份商标使用合同,合同中有一条看似不起眼的条款"中方将来可以使用(娃哈哈)商标,而这些产品项目已提交给娃哈哈与其合营企业的董事会进行考虑",简单地说,就是:娃哈哈集团其他公司要用"娃哈哈"商标时,需要达能的同意。后来由于双方合作时有诸多不愉快,达能便欲强行以40亿元的低价,并购娃哈哈某个总资产达56亿元的其他非合资公司51%的股权。达能强行并购的理由就是:娃哈哈集团旗下的其他公司使用了"娃哈哈"商标,违反了双方成立合资公司时签署的商标使用合同书。

二、企业风险原因分析

(一)缺乏制衡监督是产生企业风险的直接原因

①治理结构不完善,未能充分发挥作用。

当前,我国部分企业的法人治理结构仍不完善。有的企业治理主体健全但未能充分发挥作用。各治理主体之间权责不清、运行不畅、授权不足、缺乏制衡等问题较为突出。一些企业的董事会、监事会形同虚设,未能发挥应有的作用。例如,有的国有企业党委成员系非专业人士,但他既能决定企业"三重一大"事项,又能决策一般经营工作,代替了董事会、弱化了经理层,导致决策结果与市场偏离、与正确发展方向偏离。有的企业常年不召开董事会会议,或者没有制订科学的董事会议事规则,董事会研究事项由董事长根据情况确定,存在着"一言堂"的现象。有的企业为注册登记需要,形式上设立了监事会,但是监事会成员长期缺位,导致董事会、经理层的决策完全游离于监督之外。有的企业监事会健全,但监事会成员对企业生产经营过程不了解、不熟悉,难以有效地发挥监督作用。

长虹应收账款财务风险管理缺失的根源,就是公司治理结构的不完善导致高层管理决策的失误。国际货物买卖操作过程较为复杂,专业性较强,部分董事会成员不具备这方面的专业知识,因此,董事会所有成员需要在听取专业人士建议后作出决策。但是当时长虹集团"三会"制度形同虚设、重大决策"一言堂",缺少对掌握实权的高层决策者的约束和监督制度,这导致了决策的重大失误。

②制度权责不清晰,运营过程漏洞百出。

在制度建设方面,有的企业制度建设不完善,导致相当一部分经营工作没有约束机制,使得员工在工作过程中利用漏洞为自己牟利;有的企业已经初步建立了现代企业制度,但因为员工还习惯于原有的管理模式,使得许多制度被束之高阁,形同虚设,长期得不到落实;有些企业虽然已经将制定的制度应用于经营管理工作,但在落实中常常打折扣式地执行。在权责分工方面,有些企业管理层和管理部门分工不明、界限不清,职责相互交叉,有些业务甚至会被多个同级领导或多个部门管理,这不仅会加剧矛盾,还会造成部分管理者或部门"什么有利干什么,利大大干、利小小干、无利不干"的不良局面;有些企业给管理层和部门划定了职责范围,却没有明确给出权责清单、审批权限,导致管理者该决定的事情决定不了,使得管理成了一张"空头支票",管理责任落实不到位。

(二)能力素养欠缺是产生企业风险的根本原因

①职业道德缺失,主观行为导致企业风险。

受产权制度影响,一些企业尤其是由事业单位转企改制而来的企业,管理人员和一般员工容易产生"效益是公家的(老板的),身体是自己的"的心态,面对经营难题时不积极、不主动,责任心不强、上进心不足,"想干事""真干事"的意愿弱,对重要决策和关键工作不上心,这很容易导致战略规划、管理制度等事项的决策不科学、不合理,合同签署、资金支付等关键工作的落实不到位、打折扣。受利益驱动,一些企业为实现利益最大化,在生产过程中以次充好,使得产品质量不达标,这严重危害了社会公共利益,更甚者会严重影响消费者的生命安全。还有的企业员工缺乏最起码的职业素养,利用手中的权力和制度的漏洞,勾结企业外部人员,攫取巨额非法利益,为企业带来重大资金风险。

例如,前不久安徽省纪委监察委通报安徽省广播电视局原一级巡视员王民:"身为省属大型国企党员领导干部……擅权妄为,官商勾连,大搞权钱交易,公然置国有企业发展、国有资产安全于不顾,在代理进口等方面为他人谋取利益、吃里扒外、损公肥私、非法收受巨额财物，造成国有资产特别重大损失……"

②关键岗位人员能力不强，导致潜在风险无法识别。

当前，大部分企业都建立了较为完善的"三会一层"治理结构，但是"'一把手'说了算"的现象在一定程度上仍然存在，"一把手"的专业知识结构和水平决定了企业的发展质量和成长空间。

例如，中国航油（新加坡）股份有限公司的前总裁陈久霖作为公司的核心人物，对中航油的经营起决定性作用，但其缺乏期权等金融知识、对国际油价走势判断错误、拥有严重的"赌徒"心态，也因此导致中航油因从事石油衍生品期权交易而巨亏5.5亿美元——此事被称为中国版"巴林事件"。中航油巨亏事件直接推动了中央企业建设全面风险管理体系的发展。2006年国务院国资委下发《中央企业全面风险管理指引》，拉开了央企开展全面风险管理体系建设的序幕。

(三)环境变化是产生企业风险的重要原因

①对外部环境变化反应迟缓，会出现市场淘汰风险。

企业运行的外部环境是客观的、不以人的意志为转移的，是不为企业高层管理者所控制的，而且也是处于不断发展变化之中的。如果外部环境稳定不变，那么企业风险就会大大降低。但是，外部环境是处在不断发展变化之中的话，情况就大不一样了：就像猎狗追兔子，再精明的猎狗也有追丢兔子的时候，兔子选择逃离路线时不会和猎狗商量，猎狗追逐路线选择失误也就在所难免。因此，管理者、决策者只有不断增强责任感，善于主动识别发现、深入研究判断外部环境的变化趋势，并不断调整企业的战略、技术、产品种类、营销方式等，才能使企业持续健康发展。如果企业对自己的产品、技术、模式等盲目自信，迟早会被市场淘汰。

例如，曾经稳坐摄影行业龙头老大位置的柯达公司，业务遍布150

多个国家和地区,全球员工约8万人,在影像拍摄、分享、输出和显示领域一直处于世界领先地位。但是数字成像技术诞生后,柯达仍沉溺在传统胶片带来的丰厚利润中不能自拔,对数码相机视而不见。此时,日本厂商开始大力发展数码相机业务,实现弯道"大超车"。2001年,摄影行业出现大拐点,数码相机企业井喷般出现,传统胶片市场遭遇毁灭性打击。经过12年的挣扎,2012年柯达公司在迎来自己132岁生日的时候宣布破产。

②企业文化环境不尽如人意,会导致决策运营风险频发。

优秀的企业文化环境可以凝聚企业上下各级员工共同的价值、信念及利益,可以促使所有员工为了完成同一个目标而共同奋斗,可以增强所有员工的责任心、使命感,从而减少决策运营中的各种风险。但是在实际运行中,部分企业的企业文化环境不尽如人意,各领导、各部门之间勾心斗角、相互拆台,自私自利、以权谋私现象严重。具体表现有:高层派系众多,思想不统一,决策难以做到科学合理;员工绕着程序走,把规章制度当挡箭牌,只管程序不管效果,导致企业"奇经八脉"不通;企业关键岗位被"圆滑官"霸占,导致事事不顺、上堵下阻,长时间后"老实人"也都变成了"圆滑官"。

例如,当年全球最大的能源交易商安然公司,为获得巨额利益不择手段,在企业内部奉行"赢者获得一切"的经营理念,对员工采取残酷的优胜劣汰制度:取得最大交易订单的员工可以获得百万美元奖金,犯错或没有交易订单的员工会被立即解雇。这种经营理念导致各员工之间相互提防、互不信任,公司内部处处尔虞我诈、弱肉强食。为保持股价持续上升,高级管理者在投资和会计程序方面冒险违规,虚报收入、隐瞒债务,公司内部形成互相欺骗的工作环境。安然公司畸形腐朽的企业文化,最终把自己送上断头台:一年时间内市值由800亿美元疯狂缩水至2.68亿美元,最终不得不申请破产保护,成为美国有史以来最为经典的由于企业文化糟糕而导致的破产案例。

三、企业风险防范对策

企业在发展过程中可能会遇到的战略、财务、运营、市场和法律等5类风险,既与决策的科学合理程度相关,也与制度流程的完善程度相关,更与人的道德素质、能力水平息息相关。因此,企业在发展过程中若要避免潜在风险、降低风险损失,必须建立科学完善、约束制衡的公司治理结构,从决策层面构筑风险防范的屏障;必须完善制度流程体系,让制度成为企业经营行为的硬约束;必须全面提升员工的道德素养和能力水平,从根本上降低发生风险的可能性;必须推进企业数字化治理,用数字化技术规避风险漏洞。

(一)建立约束制衡的治理结构,构建风险防范的第一道防线

实践证明,各司其职、各负其责、协调运转、有效制衡的公司治理机制,是企业健康长久高质量发展的重要保障,也是企业防范重大风险的第一道防线。因此,企业在构建约束制衡、高效运转的治理结构时,必须明确党组织的职责定位,优化现有董事会结构,发挥经理层经营管理作用,强化监事会监督防范作用。

明确国有企业党组织在法人治理结构中的职责定位,发挥"把方向、管大局、促落实"作用。根据"把方向、管大局、促落实"的要求,国有企业党委在公司治理中的职责定位就是监督保障:监督董事会和经理层的行为,保证党和国家的方针政策在企业得到贯彻落实。企业经营过程中涉及的专业决策和专业操作,由董事会或经理层等具有专业素质的人员进行行权。

优化董事会结构,充分发挥其"定战略、做决策、防风险"的作用。董事会成员多数为本企业内部人员或股东单位人员,决策行为受股东或职务因素影响较大,在决策董事会议题时无法真正独立自主分析判

断并行使表决权。因此,为保证董事的独立性,企业应优化董事会结构,提高独立董事或专职董事比例,尽可能保证董事会人选职业化、专业化,真正发挥董事会"定战略、做决策、防风险"的作用。

保障经理层依法行权,使其发挥"谋经营、抓落实、强管理"的作用。严格划清董事会与经理层的权责边界,减少董事会与经理层之间交叉任职的可能性。明确经理层是董事会聘任的决策执行者,经理层必须勤勉尽责地执行董事会的决策,不得越权决策执行;明确董事会对经理层的授权原则、管理机制、权限条件等主要内容,确保经理层在授权范围内能够充分发挥主观能动性和行使经营管理权利,以强化企业日常管理,及时防范、处置经营过程中的潜在风险,确保董事会决策得到充分落实。

完善监事会任选、监督机制,强化监事会监督防范作用。如果说党组织监督的内容是,从行为流程角度监督董事会和经理层的行为,保证党和国家的方针政策在企业得到贯彻落实,那么监事会就是从专业技能角度监督董事会和经理层的决策执行内容,确保董事会和经理层的决策执行行为符合企业利益和企业制度。在完善监事会成员任选机制方面,要确保作为监事的任选人员是既懂法律法规,又懂会计财务,还要懂企业管理的德才兼备式复合型人才。在完善监督机制方面,既要确保监事会的有效权利,保证监事会能够监督董事会和经理层,又要建立监事开展工作的规范流程,坚持集体行使职权原则,避免相关人员由于权力过大而滥用职权、玩弄权术,影响企业的正常发展。

(二)完善内部制度流程体系,强化风险防范的重要保障

当今世界变局百年未有,国际形势复杂多变,市场经济环境瞬息万变,"黑天鹅""大白鲨""灰犀牛"事件频发,企业发展面临的不确定性越来越多,市场风险越来越大。企业只能不断完善内部制度流程体系,善于运用制度流程优势应对风险挑战冲击,以自身制度流程优势的确

定性来应对内外部环境变化的不确定性。

完善制度体系,优化工作流程。制度是企业健康发展的保障和依据,流程是明晰职责分工、提高运行效率的手段。在当今复杂多变的环境下,企业应进一步对经营管理各个环节、各个流程、各项制度进行再完善、再优化、再改革、再调整,增强制度流程全面性、科学性、合理性和可操作性,明晰各部门、各层级的权责边界,进一步提升精细化管理水平和堵塞风险漏洞,为企业更高质量发展提供基础支撑和有效保障。

强化制度执行,提升规范水平。制度流程的影响是根本而又长远的,制度流程的生命力和优越性,归根结底要靠执行成效来说话。企业管理者要带头执行制度,维护制度权威,做好制度执行的表率,带动全体员工自觉尊崇制度、严格执行制度、坚决维护制度。企业监事、审计、纪委等要加强对制度流程执行的监督工作,坚决杜绝在制度流程执行过程中做选择、搞变通、打折扣的行为,以不断增强制度流程的权威性和执行力,不断提高企业运行管理的规范水平。

(三)提升道德能力水平,增强风险防范的意识与能力

企业的5类风险都与人相关,有的是因为员工道德品行不够,将企业发展的资源据为己有,损公肥私、监守自盗;有的是因为员工能力素质欠缺,决策内容或职责权限超越了其能力素质的界限。因此,提升员工的道德品行和能力素质,是企业防范风险的根本途径。

夯实企业文化建设,提升职业道德素养。优秀的企业文化除了能够发挥凝聚人心、导向指引、塑造形象等,还可以通过企业文化氛围、群体行为准则等,给员工形成必须遵守规章制度的心理压力,在潜移默化中影响员工的职业道德素养,对员工做出的不利于企业长远健康发展的行为进行"软约束"。因此,企业要不断通过廉政教育等途径夯实企业文化建设,从而提升员工职业道德素养,进而防范企业发展过程中可能出现的人为主观性风险。

多措并举增强能力,提高岗位决策水平。市场环境不断变化,新业务、新模式应运而生,企业经营过程中的新情况、新问题、新矛盾也逐步增多。企业应根据发展需求,结合实际工作中的痛点和难点,积极抓好员工的新兴技术、专业技能等培训,不断增强工作能力和决策水平。员工专业能力强很重要,企业管理者知人善任更加重要。企业管理者务必要把合适的人放在合适的位置,用专业的人干专业的事,才能保证各个岗位作出正确、高效的决策,才能防范风险隐患。

(四)构建数字化治理体系,减少企业风险的人为因素

如果说造成企业风险的主要原因是人能力的不足或道德的缺失,那么构建数字化治理体系、减少人为干预,就能够很大程度上避免企业风险,尤其是财务风险、运营风险和法律风险。

建立智能化分析模型,及时监控预警经营风险。在传统企业治理中,决策者根据定期的财务报告等资料进行决策,当决策者察觉到风险并作出应对决策时为时已晚,这会导致企业出现较大的损失或潜在风险。随着数字化治理体系的发展,企业应构建数字化治理体系,建立智能化分析模型,动态全面展示、监控企业的各项财务、合同、项目进度等信息,确保企业决策层能够根据各项指标的变化及时作出决策,防患于未然。

运用数字技术推动管理革新,减少人为因素风险。综合运用随机森林、随机梯度法提升决策树、知识图谱等人工智能和大数据技术,结合政府、企业、协会外部数据,建立智能决策模型,对企业重大决策提供辅助。运用OCR、机器学习等技术,实现卡、证、财务报表、票据、合同等多类文件的准确识别,以通过自动填单和智能比对等功能来减少人为故意或失误导致的风险。

第十二讲
抓住 6 个关键环节有效控制企业成本

【摘要】成本控制是影响企业经济效益的重要因素。本讲绕过传统纯财务视角从成本控制出发,提出企业要树立经济学的"大成本"管控理念的话,可深入价值链全环节,从标准、预算、结构、效率、技术、机制、规模和政策等角度,多管齐下,综合运用多种方法,全面协同开展成本控制。同时,企业还需要从体系层面入手,将成本控制形成一个闭环的管理系统,共同推动全面成本管理工作。此外,要真正实现降本增效的目标,企业必须制订切实可行的降本增效行动计划,并做好执行过程的管控工作,注重激发员工的能动性,从而保障行动效果。本讲还从企业管理的实际出发,提出了企业要从可持续的高质量发展角度看待成本控制,绝不可为了降低成本而降低成本,要坚决避免在降本增效过程中出现的一些误区。

当前,企业的总体经济效益和运行质量得到了极大提高。但是,我们也不可否认,一些企业的运行质量还不高,这其中有个重要原因:这些企业的经营成本居高不下。由于体制机制约束、内部管理等,部分企业在成本控制方面还存在很多挖掘空间。新形势下,如何有效地降本增效,增强企业的综合实力和市场竞争力是摆在各个企业面前的重要课题。

成本控制是对企业在生产经营全过程中发生的各种耗费进行计算、调节和监督的过程。成本控制是一项系统工程,在空间上涉及企业的方方面面,在时间上贯穿了企业生产经营的全过程。企业成本控制的好坏直接关系到企业的生存与发展。相对于其他要素,成本控制较好的企业在经营上能掌握更大的主动性,因此,加强成本管理,是提高企业经济效益的重要途径。当前,国际贸易摩擦加剧,逆全球化趋势明显,很多企业开源困难,只有通过成本管控节流来在价格不变的基础上相对扩大利润空间。此外,低成本还能减少资金占用,防止资源浪费,增强企业的抗风险能力和竞争力。

在实践中,企业往往从纯财务的视角进行成本管控,管控效果不理想,主要表现在:成本控制责任集中在财务部门,而财务人员又不太懂公司的具体业务,对成本的理解偏"会计化",这会导致业务部门缺少积极性、产生排斥感。在控制过程中,大部分企业主要关注核算成本、分析成本、考核成本等传统财务指标,没有深入业务的全流程——事实上这些成本也无法完全涵盖成本的内涵。基于此,企业想要有效地开展成本控制,必须走出纯财务视角的误区,从企业发展的全流程出发,进行全方位、全过程控制,并重点做好6项关键工作。

一、树立"大成本"管控理念

理念不清则行为不明。如果将纯财务角度的成本看作"小成本"的话,那么从投入产出的高度考虑的成本,则可被视为"大成本"。"小成本"将成本分为生产环节的料工费和非生产环节的期间费用等;企业主要关注利润表,而利润等于收入减成本,因此成本在传统会计核算里被视为利润的减项,降低成本就是在想方设法减少消耗。"大成本"理念则从经济学角度出发,跳出会计思维看成本,将成本分为无价值资源耗费和资源的低效率,该理念认为企业降低成本的核心不应只单纯地降低浪费、削减开支,还要考虑资源的投入产出率。

首先,在"大成本"理念下,企业将消耗的资源区分为有价值的消耗和无价值的消耗;有价值的消耗是一种投资,可以带来更多的产出,不属于成本管控范围。企业想降低成本就要重点关注那些没有价值的消耗。这些消耗有些是显性无价值的,如办公费、差旅费等超标浪费的消耗;有些是隐性无价值的,如不符合客户需求的设计和功能、非增值的流程环节等的消耗,这些消耗徒增成本却没有带来价值产出。

其次,企业想要降低成本,还要防止资源使用的低效率。因为从经济学的角度看,低效率会带来机会成本,如库存过多、应收账款过多、资金资产人员闲置、无效资源未及时处理导致周转率降低,经营周期长导致垫付资金增多,集团资源未整合、重复投资导致综合利用率低,程序过多导致流程烦琐等,这些都会拉低企业的资产回报率,从侧面抬高了成本。

企业要有效提高成本管控效果,就要从理念上开始改变,将成本管理从日常经营管理延伸到战略性管理,逐步由"小成本"走向"大成本";要站在投入产出的高度看待利润,站在利润的高度看待成本。

二、深入价值链环节实施全过程成本管控

企业的价值链包括基本价值链和辅助价值链:其中,产品的营销、开发、生产运营和供应链构成基本价值链;而人力资源、财务管理、组织结构、企业文化、基础设施则构成辅助价值链。辅助价值链服务于基本价值链,协助基本价值链创造价值。企业可以通过全价值链的管理实现战略目标,以最终提高企业的利润和价值。以上提到的价值链的全部环节均会产生成本,因此,企业成本管控应当渗透到价值链的全环节,这些环节的负责人应与财务负责人一起成为成本控制的直接责任人——这一点是很多企业弱化的地方。很多企业一谈成本就只能想到财务部门,然而体现在财务方面的成本只是一部分,企业绝大部分的成本、消耗和低效率产生在业务中,体现在价值链的各个环节。这就要求企业实施全过程成本管理与控制时,要将成本管理向流程两头延伸,即成本管理从源头开始并延伸到生产与服务各环节的,这其中包括市场开发、生产过程、产品与工艺研发、销售服务等方方面面,以此实现企业内部各环节、各部门的全过程管控,从而达到成本最优,使企业获得较强的竞争优势。

全过程成本管控,要求企业深入研究经营的全过程,细分价值链,在每个流程建立成本管控标准和关键指标。以制造业为例,企业研发设计环节包括研发对象成本、过程成本、机会成本;生产环节包括材料成本、人工成本、生产费用、效率成本;采购环节包括购买成本、订货成本、持有成本、短缺成本;营销环节包括销售结构成本、市场拓展费、市场销售费、售后服务费、资金占用成本;项目投资环节包括投资失败成本、投资项目成本、项目建设周期;人力资源管理环节包括取得成本、开发成本、使用成本、离职成本;财务管理环节包括资金成本、税收成本、风险成本;质量管理环节包括预防成本、鉴定成本、外部损失、内部损失;日常管理环节包括管理费用、效率成本;战略环节包括结构不合理成本、战略定位不当成本、外部竞争成本、内部重复投资成本;等等。企业在审视价值链的各个环节的成本时,均要从经济成本的视角出发,找出每个环节的无价值资源消耗和资源的低效率,采取有针对性的措施进行管控。

三、综合运用多种成本控制方法

传统财务管理主要采用目标成本管理法、作业成本管理法、标准成本管理法等方法进行成本控制;事实上,除财务角度外,企业还应当考虑从管理、技术和政策方位，多管齐下，综合运用多种方法，全面协同开展成本控制。

（一）标准降本

标准降本又叫标准成本管理法、定额降本，核心是建立成本控制的标准和设定额度，对成本进行全面控制。标准降本要思考几个方面的问题：

①企业有没有建立成本定额标准？如原材料、人工、管理费用等有没有标准？如果没有，首先要建立标准。

②由谁来建？仅依靠财务人员是不够的，标准应当由财务部门协同其他各部门共同建立，同时还应明确各类定额标准的归口管理部门。

③如何建立标准？对于重大工程项目，通常可以采取技术测定法，深入一线运用专业技术手段测定；对于日常费用，一般运用统计分析法，结合往年指标制定；也可与行业标准对标，建立企业自己的定额标准。还要注意，建立标准的同时要建立相应的修订机制，以便企业根据环境变化及时修订，确保企业的成本标准始终处于有效状态。

④如何使用成本定额标准？企业设定了成本定额，就要真正将已设定的成本定额融入企业的内控中去，使其在业务和考核中切实得到执行。标准成本管理是最基本的成本管理方法，运用得当可有效助力企业进行成本控制。

（二）预算降本

预算降本，即运用预算来控制成本开支。预算降本和标准降本是"总"和"分"的关系。标准成本主要控制单位消耗，预算成本则是从宏观角度整体把控。总耗的编制要以单耗为依据，两者结合起来才能使企业的总成本得到有效控制。例如，单耗符合定额，但频次没有控制好，总预算可能会超标；或者总耗在总预算内，但单耗超定额，这也不利于成本管控。所以，单耗和总耗两头都要控制住。

2020年是河南日报报业集团有限公司开启全面预算管理的元年。河南日报报业集团创新提出"3+2"预算编制原则,以预算经营单位的净资产规模、所在行业净资产收益率、近3年平均业绩3项主要指标为重点,增强了预算编制的科学性和可行性;充分兼顾疫情对企业经营的影响,将预算目标按一定比例调减,在兼顾企业实际承受能力的基础上实现了分期达标,增强了预算编制的合理性和权威性。通过改革预算编制办法,集团公司资源配置得到了进一步优化,进一步提升了资源运行效率,有效激发了企业的内生动力与发展活力。2021年,集团公司总体成本费用率下降了2.8个百分点,子企业全年预算指标完成率由2020年的70%上升到80%。

在编制预算时,财务部门一定要与企业高层达成默契,在预算标准内严格控制成本,特殊审批超出预算项目。预算降本与标准降本双管齐下,可有效将企业的成本控制由"人治"转化为"法治"。

(三)结构降本

结构降本强调从优化企业组织结构、产业结构、客户结构、产品结构等方面入手,进行优化和调整。从表面看,调结构与降本无关,实际上二者具有紧密的联系。从经济学角度看,如果企业结构不完善,那么同样的投入下产出会减少,或者同样的产出下将消耗更多资源。例如,优化产品和客户结构能够使企业的生产和销售资源用在最能产生价值的产品和客户上,从而为企业带来更高的利润。又如,不合理的组织结构会产生人浮于事、重复投资、内部矛盾等问题。企业要通过组织结构扁平化改革,来健全信息共享机制,使企业反应更灵敏,从而提高企业运营效率——从这个角度上讲,也降低了企业成本。

(四)效率降本

效率降本主要探讨的是企业应如何通过提高效率来降低成本。提高效率包括很多方面,如通过减员、控员、加薪等,提高人均劳动生产率;通过存货管控、应收账款治理等措施,增加现金流,减少资金占用,提高资金使用效率;通过科学管控企业的设备、厂房、土地、仓库等资产,严格把控工程项目周期等途径,提高资产使用效率;通过缩短管理层级、引进管理ERP流程,提高流程效率;等等。

(五)技术降本

技术降本包含两层含义:一是企业要考虑在产品的研发、设计、技术规划等技术环节上控制成本,二是要考虑在生产运营的各环节上,综合运用机械化、自动化、标准化、信息化等技术手段降低成本。随着信息技术的发展,数字技术将以前所未有的方式推动企业的生产成本、人工成本发生深刻变革。例如,采用智能调光、节能灯具、无纸化办公技术等降低办公能耗,运用数字化技术和自动化能力减少人为操作带来的非必要损害,通过技术消除业务流程中存在的阻碍,等等。技术的运用将为企业的降本带来更大的确定性,它可减少沉没成本,使企业总成本得到进一步控制。

(六)机制降本

所谓机制降本,是指企业要建立机制保障,真正激发起员工降本增效的内生动力。机制是企业为适应外部经济环境和发展而具有的内在功能和运行方式。企业可以从5个方面的机制改革来推动降本增效:一是细化责任机制,其核心是责任下沉,即细化到车间、工作组乃至每一个员工身上,细化到收入、成本、费用、投资等各个中心环节上,这要求财务部门提高精细化核算程度;二是完善奖励机制,降本增效不能单纯依靠员工的自觉性,一定要同步跟进有效的奖罚机制;三是建立竞争机制,外部竞争包括推行各类采购公开招标机制以降低采购成本,内部竞争即在各子公司、各部门之间开展评比,对节能、降本、消耗等进行打分、排序,以竞争机制促使和倒逼每个员工产生降本的压力;四是创新内部市场化机制,集团化企业的子公司之间,采购和生产、销售、设备维护之间,人力资源管理、财务管理和生产部门之间都要进行市场化变革,建立内部市场价格体系,使每个经营单位都由收入和成本中心转变为利润中心,以增加员工降本增效的能动性,诸如阿米巴经营模式、海尔的自主经营体等都是内部市场化思想的体现;五是建立必要的内部控制机制,如仓库的独立设置机制,资金流、物流和信息流的相互印证机制,单据的记录机制等,以调整企业和员工的行为。

(七)规模降本

规模降本的核心是利用规模经济和范围经济效应,减少企业边际成本。这就要求企业在产品设计、生产和管理等各个核心环节,采取多种措施实现规模经济效应,如订单批量化、生产组织批量化、设计批量化、管理标准化、采购集中化、资金集中化、人员集中化、市场集中化、设备购置通用化等;非核心环节可考虑外包甚至众筹,以实现内外部资源共享等。灵活运用以上措施可以很好地得到规模降本的效果。

(八)政策降本

政策降本,指企业充分挖掘政策红利,将政策红利作为降低成本的重要抓手,切实把政策礼包转化为"真金白银"。近期,国家和地方层面密集出台了多项助企纾困政策和举措,力度极大,且大多是阶段性的,机会稍纵即逝,在此前提下,企业更要增强紧迫感,抓住难得的政策机遇以充分降本增效。

政策红利一般包括财政补贴、金融类政策(如各种低息贷款)、科技创新奖励政策、降税减费政策等。企业想要享受当地各种利好政策,就一定要善于总结所在行业、地区及核心税种的创新或优惠政策,形成企业优惠政策目录并进行定期更新。对照目录逐一对比研究,审查企业符合哪些优惠政策、已经享受了哪些政策,分析无法享受利好政策的原因,从而创造条件争取福利,这些举措都能使企业享受更多政策红利。有一些大型企业集团甚至成立政策研究部,抽调懂技术、懂财务、懂法律的人员,专门研究国家政策,甚至可以委托第三方咨询机构,协助自己找到享受国家政策红利的最佳路径。

2022年7月,河南日报报业集团有限公司专门召开了落实政府助企纾困政策工作推进会,相关部门梳理出与集团产业相关的9大类67项政策。经初步估算,如果工作得力、措施到位,集团能够享受的政策红利将超过5000万元。毫不夸张地说,企业如果能够利用好政策优惠,一年节省的资金甚至比业务利润还要高;所以,政策降本是不容忽视的,企业一定要像重视经营工作一样重视政策红利,想方设法地利用好优惠政策。

需要注意的是,企业在综合运用以上8种方法时,还要注重其与价值链的结合点,从而产生更多具体的控制点,以寻找最佳运行策略,进而达到更好的控制效果。

四、健全成本管理6大体系

全面成本管理包括全员、全过程、全方位、全环节的成本管理。企业要从体系层面入手,建立一个闭环的成本控制管理系统,以推动全面成本管理工作。

一是设立成本标准体系。成本标准体系与前文提到的标准降本是同一概念,即企业要通过建立成本定额标准,进行分工与建设,细化责任归口部门,建立标准与管理规范,共同搭建起企业的整体成本定额标准体系。

二是细化成本核算体系。首先,企业核算必须由粗放化走向精细化。现实中,有很多企业的核算是非常粗放的:利润表中只进行总成本的核算,缺失一些细化的指标。企业核算要从单一维度走向多维度,细化到每一个客户、每一个订单、每一个项目、每一个销售组织、每一台机器等的成本,以满足管理决策的要求。企业核算要从准成本走向全成本。准成本是会计科目中归入制造环节的成本,加上一般核算在"费用"科目中的非制造环节的成本后,核算出来的成本才是全成本。全成本的概念要求企业全面考虑产品的生产成本、营销成本、管理成本和研发成本,因为这样才有助于企业进行产品定价的决策——而这一点在准成本中是无法得到全面体现的。企业可通过以上两个方面的转变,实现从财务会计思维向管理会计思维的转变。其次,要健全基础性财务工作。完善的基础性财务制度是企业实现成本精细化核算的前提,否则精细化核算将成为空中楼阁。健全的基础性财务工作需要企业:划分到各部门和员工的成本控制责任尽可能清晰,同时赋予其相应的权能;单据记录尽可能进行多维度的细化,方便日后责任追踪;为各考核单位配套相应的计量工具,科学进行成本测量和记录;做好统计工作,透过会计数据挖掘背后的深层次原因;改善管理信息化系统,通过ERP系统实现业财融合及数字一体化,使得成本的精细化核算更加便捷。

三是改革成本预算体系。预算管理体系一般包括预算的确定、编制、分析和控制体系,其中最关键的是预算的编制和控制体系。预算编制要科学、合理,同时注意上下结合,自上而下设定目标、自下而上编制预算,防止直接自下而上造成的预算超标。完善的预算编制是预算控制的基础和前提;编制不好一定控制不好,但编制好预算之后,还需要企业进行得力的控制。企业控制预算时一定要严肃、严格和严厉,否则预算将进入"不控制—不重视—不认真—不编制—难控制"的死循环中。严格控制预算才会让员工重视预算,从而认真编制预算;预算也就相对准确,同时也更容易控制。编制和控制相辅相成,才能达到更好的效果。

四是搭建成本控制体系。成本控制方法,需要结合前文提到的8种控制方法来进行综合运用。围绕成本控制目标采取具体的行动,则包括制订降本增效方案和具体的行动计划——这是至关重要的。如果企业只是规定了降本的控制指标，那么每个部门就很难有动力去思考具体的执行计划，它们很大程度上还只按照过去的思路进行工作和生产，这样是难以实现降本目标的。健全成本内控制度包括建立健全流程管理制度、节能降费制度、审计制度、仓库管理制度等。

五是完善成本分析体系。成本分析体系的核心本质是找差别，即企业实际成本和应该成本的差别。应该成本包括两个尺度：其一是定额标准，它是衡量单耗的"尺子"；其二是预算标准，它是衡量总耗的"尺子"。这两把"尺子"结合在一起就可解决标准问题，而核算则是为了解决实际问题。企业成本分析归结起来就是三个"找"，即"找差、找因、找法"：将实际成本和这两把"尺子"进行比较，找到差异，寻找造成差异的原因，并对原因进行层层剥离和分析，直到找到根本原因，最后针对问题提出解决方法并加以改善，从而堵塞成本漏洞。值得一提的是，财务成本分析仅靠财务部门是难以做好的，财务部门主要解决"找差"问题，但是不擅长"找因"和"找法"。最规范的流程是：财务部门将差异结果报告给各个业务部门，由业务部门自己去"找因"和"找法"，而后两个部门共同完成企业成本分析报告。当然，实践中业务部门可能因为业务工作繁重，难以亲自参与报告的编制，这就要求财务人员下沉到各个部门，走入一线生产现场，与业务部门人员进行沟通交流，想方设法找到差异存在的原因和消除差异的方法，而后形成分析报告。此外，企业还可以定期开展成本分析会议，让财务部门在会议上公布"找差"结果，让业务部门讨论存在问题的原因和解决办法，这样也可以达到较好的成本分析效果。

六是健全成本考核体系。成本考核主要解决激励机制问题。企业要将成本考核指标与价值链各个环节的成本表现联系起来，站在"大成本"角度综合设定考核体系。很多种成本考核方法，如将成本考核与绩效工资挂钩的传统KPI法,目前来看效果不是很好,主要原因是将成本指标放在整个KPI指标体系中进行考核的话,其增减变动对绩效工资的影响有限,激励力度较弱。实践中,企业可以采取成本专项考核、专项评比、阶梯式成本奖励等方式,以取得更为理想的效果;同时还可以探索更多更具激励作用的考核形式。

五、制订切实可行的降本增效行动计划

现实中,大多数企业的成本控制只停留在算算成本、下下指标的程度,重考核而不注重具体行动,这样很难收到良好的效果。成本控制要想真正发挥作用,归根结底就是要企业动起来,把成本降下去、资源利用效率提起来的真正方案、计划拿出来,然后严格地管控整个计划的过程,这样才能将降本增效工作落到实处。制订并实施降本增效行动计划,可以分层级进行,即分别制订公司级、部门级和员工级计划。公司级计划一般针对重大项目,需要公司管理者牵头,多个部门协同完成;部门级计划,一般由部门负责人牵头,在各部门责权范围内自主实施;员工级计划通常针对小型项目。在公司级和部门级计划的总框架下,员工可自发设计没有被纳入总框架的要素降本增效的改善方案和行动计划,以此来实现与降本相关的薪酬奖励目标。

与降本增效行动计划相配套的是,计划执行过程的管控工作。组织方面,成立成本改善专项领导小组,设立降本目标;机制方面,建立成本改善奖励机制,明确责任部门,并提报相应的成本改善行动方案,包括解决现状与问题的具体方法、降本增效目标、资源投入、业绩贡献、影响因素等,这些方案需经过公司管理者审议后方可得以执行;执行中,企业要进行全过程督导,也可以考核执行过程本身的情况;经过一段时间的执行,公司集体应对改善结果进行认定和评价,将优秀成果和制度固化下来并加以推广,改善不利之处后进入新一轮的降本增效行动。

如此循环往复,不断发现成本控制环节的漏洞及改善措施,方可推动企业的高效率运行和高质量发展。

2020年下半年,河南日报报业集团有限公司为应对各种客观因素对集体各业务板块带来的冲击,果断"加强经营管理,开展七个专项行动",成本控制作为专项行动之一被纳入。通过3个月的统一行动、分类管理和精准施策,集团成本控制与效益提升取得一定成效。2021年、2022年集团连续印发《成本控制专项行动实施方案》,分别提出降本总目标与价值链各环节的分类目标,将降本目标、年度考核和企业管理质量争先达标评价紧密挂钩,在全集团形成了"过紧日子"的良好氛围,实现了成本费用率的有效降低。

六、激发全员降本增效的能动性

前文提到的降本增效理念、方法、环节、体系和行动,均有助于企业的降本增效,但是如果企业的激励机制支撑不到位,仅靠员工的自觉或者是公司的搞大棒政策是远远不够的。企业一定要打开员工的心门,让员工真正认为自己是企业的主人;将降本增效成果与员工自身利益挂钩,才会使员工主动去做这个事情——这就要求企业必须建立薪酬激励机制、专项奖励等体系来激发全员降本增效的能动性,从而保障行动效果。

企业可以在激励方面做很多工作。

企业可建立利润分享机制,例如,将生产中各环节人员的绩效薪酬与产品未来3—5年的利润挂钩,按利润额进行提成,这样就会促使员工主动重视成本控制,考虑利润空间,即企业要建立和员工分享的利润池。近年,国企改革一直在倡导和探索的高级管理人员和技术人员持股及利润分成也都可以看作降本增效的激励机制之一。企业还可建立专项降本奖励机制,倡导以奖为主、以罚为辅。企业可拿出专项资金对采取降本措施和效果显著的单位和个人进行嘉奖。基层的成本改善创新举措、子公司主动降低无效活动的举措,员工提出合理化建议的行为等,如都能得到奖励,就会激发全员降本增效的积极性。这些激励机制和政策引导至关重要,能够逐步使降本增效理念在企业形成全员认同感,使降本增效成为员工"要做"的事情而不是"要我做"的事情。企业还要善于激发基层员工的能动性。企业的降本增效工作,不能只靠管理层,越是在一线工作的员工才越清楚降本增效的空间在哪里;员工们也行动起来,才能降本增效得更显著。所以,激发基层员工的能动性十分关键。有管理者说过,企业不仅要雇佣员工的"手脚",还要雇佣员工的"大脑"。激发员工的能动性,概括起来要做到"赋责、赋权、赋能、赋名、让利",首先是责任下沉,同时赋予员工适当的权利,使员工在某一方面可以自主决策;还要通过加大培训力度,赋予员工能力,向员工传达降本增效最基本的技能、理念和方法;此外,要注重赋予员工名誉,例如,将员工提出的降本增效方法以其姓名命名,开展"降本增效之星"竞赛,这会增强员工的荣誉感,激励员工比、学、赶、超,提高员工工作的积极性;最重要的一点是,要学会让利于员工,节约的成本费用一定要按照一定的比例分成给员工。企业的管理者应该明白,给员工奖励是以小博大之举,员工降本增效的积极主动性一旦被激发出来,就将给企业带来无限的潜能。

总之,企业要通过持续不断的降本增效,获得可持续的提高投入产出比,以提升精细化管理水平,增强核心竞争力和市场竞争力,从而实现利润最大化和可持续的高质量发展。

企业的经营管理者应当认识到,降本是为了增效,绝不可为了降低成本而降低成本,要坚决避免在降本增效过程中踏入以下几个误区:一是以牺牲品牌和质量为代价来降低成本,这样企业将会失去市场的信任;二是以牺牲员工成长和福利为代价来降低成本,这样企业将会失去员工的信任，不但于降本增效无益，还可能进一步提高成本，甚至为企业发展埋下风险隐患；三是以牺牲必要的可持续投入来降低成本，必要的技术、研发、培训等投入是为了更高的回报，这方面的投入是必要且不能吝惜的，它们有利于增强企业的综合实力，否则企业就很难发展壮大。

第十三讲

努力构建科学的绩效考核体系

【摘要】建立科学的绩效考核体系,有助于企业上下激发动力、压实责任、增添活力,激活发展的"一池春水"。具体要做到"四个抓好":一是抓好指标设定,强化考核重点,明确考核规则;二是抓好结果运用,有效传导压力,培育内生动力;三是抓好分类考核,科学精准施策,提升管理效能;四是抓好组织实施,优化制度供给,动态跟踪评价。企业可通过发挥绩效考核的"指挥棒"作用,激活企业发展的新动能,跑出发展的新速度。

进行经营绩效考核,既可传导压力、激发动力、释放活力,也可激励先进、鞭策后进、推动中间。[①] 在现代企业治理中,构建科学的绩效考核体系,能够帮助企业取得较好的经济效益,从而实现快速发展。绩效考核已成为推动企业实现高质量跨越式发展的指挥棒、风向标和助推器。

[①] 游静:《善用考核"指挥棒"跑出发展加速度——经营业绩考核助推省属国企做强做优做大》,《江西日报》,2019年3月5日,第5版。

一、建立科学的绩效考核体系对企业发展颇为重要

（一）明晰绩效考核的目的和实质

绩效考核是企业在生产经营过程中，结合内外部环境和企业自身实际，采用科学的方法和特定的标准，对各级员工工作业绩和任务完成情况进行的综合性、系统性评价。科学的绩效考核体系可以帮助企业建立完善激励约束机制、提高工作质量效率、实现组织任务目标，是企业实现战略目标、增强竞争力的有效办法。

首先，绩效考核的对象是人，即企业的各级各类员工。企业组织的经营业绩考核，主要分两个层次：一是考核子公司的主要负责人；二是考核一般员工。在企业集团内部，绩效考核的对象是全资、控股子公司的主要负责人。在单一主体企业中，绩效考核的对象是各业务板块、生产单元、职能部门的主要责任人。在企业的生产班组中，绩效考核的对象是具体责任人员。绩效考核通常以人为考核对象，因此，企业的人力资源部门也往往是承担绩效考核职责的具体部门。

其次，绩效考核的方式是对标管理，即目标导向下的考核评价。预算目标是企业进行绩效考核的前提和基础。无论企业设定预算目标的具体依据是什么——根据既往经营数据也好，参考行业先进水平也好，或是深入研判形势下的认真研究测算也好——目标管理都有助于管控效率提升，实现更好的发展。在构建绩效考核体系的过程中，企业一方面要注重完善绩效考核的制度设计和工作流程，另一方面也要注重持续优化预算目标的制订过程，实现目标引领发展，让绩效考核有据可依、有的放矢。

（二）充分发挥绩效考核的优势和作用

随着市场经济的发展和现代企业制度的建立，企业的治理体系日趋完善，治理能力日益提高。运用考核、激励和压力传导机制有效提高

企业的效率效益的绩效考核,已成为企业科学管理的重要工具和手段。构建科学有效的绩效考核体系也越来越受到企业管理者的重视。

首先,绩效考核公司服务于企业的整体战略。集团可以通过绩效考核指标来了解、评价子公司的经营情况,也可以根据集团的战略目标来调整子公司的发展方向、目标定位。基于集团整体战略制订的绩效考核指标,有利于各级员工明确工作内容和岗位职责,把企业目标转化为行动自觉。

其次,绩效考核有助于管理层进行科学的决策。企业的发展离不开科学的决策,而绩效考核能给管理层提供一定的决策依据。结合绩效考核结果,管理层既可以通过调整关键岗位的人员安排,提升履职胜任能力,也可以通过绩效考核结果调整子公司运营方向,提高子公司的核心竞争力和员工的整体能力。

再次,绩效考核有助于企业激发内生动力。集团可以通过绩效考核来激励或约束子公司的行为,根据子公司的业绩表现来调整分配资源,推动子公司自我加压、发展创新,从而实现集团利益最大化。

(三)理性看待绩效考核存在的偏差和误区

随着生产规模的逐步扩大和经营领域的不断拓展,很多企业呈现出跨地域、跨行业、延伸产业链条等多元化发展特征,在任务目标达成和绩效考核实施方面,也做了大量有益的探索。比如,在任务目标分解方面,努力做到主次分明、权责明晰;集团有自身发展的总方向、总目标,各子公司、各单位、各部门也都有具体清晰的工作任务、业绩目标。再如,在设计考核指标方面,努力做到分门别类、统筹兼顾,按投资中心、利润中心、成本费用中心等不同划分设定差异化的考核指标。同时,还有企业根据生命周期、成长阶段、市场环境,结合企业实际,设定了不同的考核指标。但建立和完善绩效考核体系是一个长期的、动态的过程,企业在实践摸索中往往还存在一些普遍性的问题。

一是过分注重短期效益而忽略长期发展,这样做难以及时反映出经营风险与财务风险。集团要想实现长远健康发展,就既要着眼于全局的、长远的发展方向,制定明确的目标、任务和政策,也要不断优化资源配置,改进决策管理。而绩效考核往往是较短周期内的目标考核,一些子公司为了在规定期限内完成生产经营业绩而不惜降低商业信用,这使得单纯的经营业绩指标并不是其经营状况的真实反映——这种情况对集团的长远发展非常不利。集团需要设定一些非财务指标、长远性指标等,帮助子公司与集团达成一致目标,使子公司保持长期竞争优势。

二是子公司绩效考核指标与企业集团战略目标紧密度较差。受传统业态模式、管理模式及固化思维的影响,集团及子公司对战略目标规划的指导引领作用和重要性认识不足,有时甚至只注重年度考核指标预算情况而忽视过程跟踪管理、项目储蓄和项目开发,对资产总量增长情况预估不足,这会导致预算编制与执行不够全面,不能与集团战略达成有效融合;且子公司由于所处的经济周期不同,地位作用也不完全相同,有的以利润为中心,有的以成本为中心。着重以以往业绩为参考来设定考核指标,容易使得子公司绩效考核与集团发展战略关联度不高,甚至出现背离的情况。

三是集团在设置绩效考核指标时对子公司的实际运营情况考虑得并不周全,目标设定不够合理。比如,在实际编制预算时,往往会根据历史经验及往年经营数据测算年度数据,较少关注流动资金不足、资产负债率偏高、企业筹融资能力受限、项目建设进度缓慢、业务开展市场拓展受挫等企业实际困难和环境变化,使得预算目标的设定缺乏足够的合理性和科学性,会导致预算偏差较大、绩效考核结果不尽如人意。再如,没有充分考虑投入情况、市场形势与经济环境等的影响,只是单纯制定收入、利润等方面的考核指标,既有失公允,也不利于子公司科学规划方向、合理布局业务,损害根本利益。同时,对一些子公司"鞭打快牛",设置过高的业绩增长率,并不利于其健康发展。

四是绩效考核的过程还不够科学合理。这体现在以下两个方面。第一,预算执行力度不够。集团层面往往对整体预算情况关注较多,而对具体构成比例、指标分配等情况关注较少;监督考核机制也不够完善。比如,子公司只关注收入、利润指标的完成情况,而随意调整业务预算指标和成本费用指标。再如,集团在预算指标分解层面,往往要求有能力、有条件的子公司多承担一些,而对于执行预算任务存在困难的子公司,则适当放松要求、弱化管理。第二,加大预算监督考核的难度。企业注重整体经济效益而忽略具体业务预算执行情况、费用执行情况、预算执行率情况,会导致全面预算管理本应承载的计划、控制作用难以得到充分体现,也相应增加了全面预算监督和考核的难度,在一定程度上降低了预算目标编制的准确性、权威性。

二、科学绩效考核应遵循的原则和导向

企业实施绩效考核,就是要对各子公司业务板块的工作过程、工作效率、工作效果进行考核,根据实际情况运用定性和定量的办法来确定考核指标以及权重,从而构建科学的绩效考核指标体系。

(一)绩效考核过程要坚持的五个原则

一是坚持公平公开的原则。绩效考核的对象是企业的各级各类员工,涉及不同产业领域、不同板块条线等。绩效考核要充分考虑这些因素的影响,从制度设计、目标设定等方面着手,努力做到公平、公正,让不同层级、不同岗位、不同身份的员工都感到平等,增强他们对绩效考核行为的认同感。

二是坚持全面系统的原则。设定考核指标时既要抓住影响企业经营发展的主要矛盾,也要认真分析次要矛盾带来的影响,努力做到统筹兼顾、全局系统,使得考核指标能够全面检验企业的各项工作。同时,要结合企业的发展阶段、业务特点等实际情况,实施分类管理,提高考核的科学性、针对性和有效性。

三是坚持简明实用的原则。绩效考核的目标要简明扼要,执行方案更要设定地便于操作。考核体系中的每个指标都应当有明确的含义,方便各级各类员工理解、接受,也便于相关考核人员来收集、整理、分析、使用相关信息资料,以此保证数据的及时性、准确性和充足度。绩效考核指标体系既要做到精炼,又要做到重点突出,既要全面反映企业经营情况,又要方便操作。

四是坚持量质结合的原则。企业是营利性组织,开展经营活动时要努力提高经济效益。在绩效考核上,企业要注重提高资本运营效率,注重量化考核,兼顾定性分析,充分考虑不同指标的特征,合理确定权重,避免生搬硬套。在考核周期上,要注重高质量、可持续发展,实行年度考核与任期考核相结合,立足当前、着眼长远。

五是坚持激励约束的原则。绩效管理的基础是关键业绩指标的选取,而最能直接反映子公司主要负责人绩效的指标就是经营业绩。一方面,在薪酬分配上要建立与子公司负责人选任方式相匹配、与经营业绩紧密挂钩的差异化激励约束机制;另一方面,要兼顾子公司经营业绩与发展质量,坚持创新驱动发展,健全问责机制,引导子公司管理者科学决策。

(二)考核目标的确定应充分体现引领作用

构建科学的绩效考核体系,就是要充分发挥指标引领作用,推动子公司加快发展、科学发展。确定考核目标时应体现出以下几个方面。

一是体现"跳起来摘桃子"。在科学分析研判宏观形势、市场环境的基础上,结合所处地域主要经济指标增长情况,应保持合理的增长幅度设定子公司的主要业绩指标;通过签订任期责任书,明确任期指标目标值,努力实现资本保值增值和业务收入稳步提升、稳中有进;通过强化目标管理,鼓励子公司"跳起来摘桃子",变目标压力为发展动力,切实发挥目标的引领和导向作用。

二是体现短板考核。在具体指标设置方面,要突出短板考核,防控经营风险,提升发展质量。[1] 一些企业集团的产业板块较多、综合实力较强,设置考核指标时除了设定一些共性指标,还要结合行业特点和子公司实际,设置一些个性化、针对性指标,发挥好考核引领作用。比如,金融投资子公司、房地产开发子公司要重点关注资产负债率和筹融资能力,商品销售子公司要重点关注应收账款在销售收入中的占比情况、存货变现能力,非主业的股权投资子公司要重点关注股权投资规范与否、合规运营与权益保障情况等。针对子公司经营发展中的管理短板,相应调整绩效考核指标,增加资产负债率、应收账款占销售收入比重、长期投资管理、市场拓展等指标,引导子公司增强成本意识和风险控制意识,增强资金管理能力,提升盈利水平。

三是体现分类指导。企业集团的各子公司、各业务板块往往在功能定位、发展阶段、行业特点、管理弱项等方面存在差异且各具特色,实施绩效考核就要突出不同的考核重点,一企一策,进行针对性、个性化考核。要通过分类管理、分类考核的指标设置,确定差异化考核标准,使绩效考核更加贴近子公司实际,更加体现子公司特征和个性特点,推动绩效考核逐步向科学化、精准化迈进。比如,制造子公司重点关注生产任务完成率、产品质量合格率、成本费用控制率等;投融资子公司重点关注投融资计划完成率、渠道拓展达成率、融资成本降低率、融资周期等。

四是体现可持续发展。树高千尺,源自根深。企业发展要立足于

---

[1] 游静:《善用考核"指挥棒" 跑出发展加速度——经营业绩考核助推省属国企做强做优做大》,《江西日报》2019年3月5日,第5版。

提升核心竞争力和可持续发展能力,经营绩效考核也要重点从创新驱动、改革攻坚、开放合作、绿色发展和转型升级等方面入手,有针对性地设置研发投入、人才引进、科研成果转化、新产品(新业务)收入等考核指标,引导子公司更加注重转型升级、实现发展新旧动能转换。经济增加值是在考虑子公司债权、股权等全部投入成本基础上形成的经营业绩评价指标,是对子公司创造价值能力的真实客观体现,已成为企业改进绩效考核模式的重要手段。企业绩效考核要以新的考核方式促进子公司创新经营理念,转变发展方式,提高战略管理水平。

三、构建科学的绩效考核体系要做到"四个抓好"

企业要实现高质量跨越式发展,需要从内生需求驱动和外在压力引导两方面入手,发挥好绩效考核的"指挥棒"作用,把建立科学的绩效考核体系融入企业发展的全过程,建立制度、参与引导、提出要求、强化考核,促使集团内部各领域、各板块、各条线责任人员强化担当、主动作为、改革创新,促进集团加快发展步伐,进一步做强做优做大。

(一)抓好指标设定,强化考核重点,明确考核规则

子公司的经营业绩考核实行百分制,考核指标主要分为基本指标和重点工作两项;对子公司规范管理等基础性工作,实行奖励加分、降级扣分的考核机制。

子公司经营业绩考核得分=基本指标得分+重点工作得分+管理加分-管理扣分。具体指标分值结合子公司实际设定。

第一,基本指标选取要突出价值创造能力和资本运营效率,主要考察利润总额、净资产收益率和经济增加值。

利润总额是指经核定的子公司利润总额。在实际计算时,要综合考虑国家和地方重大政策及战略规划调整、历史遗留问题处理、资产处置、清产核资、不可抗力等非经营因素的影响,并进行调整确认。

净资产收益率是子公司净利润与平均净资产的比率。针对资不抵债或净资产数额较小的子公司，可以使用总资产收益率予以代替。

经济增加值是子公司税后净营业利润减去资本成本后的余额。

第二，基本指标的得分要实行上下限额管理和对标管理。

在基本指标得分的上下限额方面，结合子公司实际，酌情设定相应指标的限额得分。若属于市场竞争类子公司，其基本指标的考核总分值为60分，具体指标为利润总额25分、净资产收益率20分、经济增加值15分；对其利润总额进行考核时，可设置得分上限为30分，得分下限为20分，完成值每高于目标值1个百分点，加0.1分，最多加5分，完成值每低于目标值1个百分点，扣0.1分，最多扣5分；对净资产收益率、经济增加值的考核也同理。

在净资产收益率的考核方面，既要加强行业对标，也要加强自身对标。对净资产收益率处于行业优秀水平的子公司，考核得分可直接加至得分上限。对标企业指标数据应当公开可查，可选择行业平均值或中位数、上市公司平均值或中位数。行业对标企业一经选定，原则上3年内不进行调整。

第三，对于重点工作应当结合实际予以明确、分档考核、计分。

子公司可根据实际，有针对性地选择并确定当年急需解决的、关系长远发展的重要工作和管理问题，比如项目开发、投资、退出、资产证券化等资本运营类工作，生产运营管理、工程项目建设管理、板块绩效考核体系建设等运营管理类工作，安全环保、采购、销售、资金、法律等风险防控类工作，发展战略、优化决策管理体系、优化流程、市场化选人用人、人才素质提升、绩效考核、薪酬激励机制等自身能力建设类工作。再如，绩效考核时要注重强化高质量发展内涵，加速推动新旧动能转换，将年度新增的研发投入部分合并计入利润考核项目。

子公司确定的年度重点工作需要在经营业绩责任书中进行明确。

对于每项工作的具体情况，考核时可以从完成的数量、时间、质量、效果等方面综合考虑，分完成、基本完成、没完成三档；完成得满分，基本完成按满分的80%计分，没完成根据进度按满分的0—50%计分。

第四，以奖励加分、扣分降级为手段促进子公司夯实基础性工作，强化规范管理。

一是对子公司的风险管理、内部机制、党建、纪检、协同管理等工作的规范性进行考核。其中，将协同工作作为加减分项，其他规范管理工作作为扣分项。

二是对承担重大专项工作任务且取得突出成绩的子公司，获得重大科技成果的或获得"五一劳动奖状"等综合荣誉的子公司，视具体情况给予一定加分奖励。

三是对考核期内子公司发生重大决策失误、重大安全事故、重大环境污染事故、重大违法违纪案件，造成重大不良影响或国有资产损失的，对考核结果给予扣分，对主要负责人给予降级、撤职等处理。

(二) 抓好结果运用，有效传导压力，培育内生动力

绩效考核结果分为优秀、良好、合格、较差等四个级别。实施绩效考核，就是要将考核结果与计分评级、职务任免、薪酬待遇等紧密衔接起来，"强激励""硬约束"相结合，以"考"促"干"，传导压力，激发动力，实现经营绩效考核目标和考核结果的有机统一。

第一，做到考核结果与班子等次挂钩。坚持绩效考核结果与班子考核结果直接挂钩，提高经营绩效考核在子公司班子考核中的权重（如60%以上）。经营绩效考核结果不是优秀等次的子公司，班子考核结果也不能评定为优秀。绩效考核结果为优秀的子公司，领导班子和主要负责人在年度考核时优先评优，且相应增加其班子成员优秀等次的名额。绩效考核结果为较差的子公司，其主要负责人取消年度评优的资格，且相应减少其班子成员优秀等次的名额。

第二,做到考核结果与薪酬待遇挂钩。树立"多劳多得、优绩优酬"的绩效考核思想,将子公司经营绩效考核与工资总额、个人薪酬待遇直接关联,切实将压力传导给子公司主要负责人、班子成员,乃至业务骨干。由考核结果和考核得分确定子公司主要负责人考核评价系数,计算绩效薪酬。借鉴对国有企业班子成员的考核办法,合理优化子公司副职考核体系,考核结果体现业绩贡献,初步计算出副职分配系数,由子公司主要负责人根据各副职的工作业绩、工作责任和风险,对分配系数进行修正确定。比如,可设置优秀等次子公司主要负责人的薪酬待遇为合格等次的110%,子公司副职薪酬待遇为正职的90%等。通过量化考核,进一步引导推动企业集团对子公司开展全员绩效考核。

第三,做到考核结果与职务任免挂钩。在同等条件下优先提拔使用、晋升在年度绩效考核中获得优秀等次、表现突出的子公司主要负责人、业务骨干,并为他们提供技能培训、对外交流等能力提升机会。至于绩效考核结果较差的子公司主要负责人,一方面上级要对他们进行约谈,另一方面要结合具体情况对他们进行提醒、批评,必要时给予岗位调整、免去职务、降低职级等处理,还可根据绩效考核结果适当增减子公司的领导职数。

第四,做到考核结果与职业发展挂钩。实施绩效考核,既是对子公司以往经营业绩的梳理确认,也容易帮助其查找与优秀、先进者之间存在的差距,发现工作标准层面的问题。对绩效考核连续优秀的员工予以晋升,对连续绩效不良的员工,予以降级调岗。结合绩效考核结果,进行培训需求分析,帮助员工提高技能、改善绩效、实现成长,有助于在子公司实现战略目标的同时,使员工职业生涯得到有序发展;员工和企业相辅相成、共同发展。

(三)抓好分类考核,科学精准施策,提升管理效能

近年,国务院国资委在深化国有企业改革的过程中,按照分类改

革、分类发展、分类考核、分类监管的思路,推动国有企业完成功能界定与分类。分类改革取得了积极进展和成效,也给企业集团自身优化绩效考核提供了有益借鉴。

第一,根据考核对象的角色定位、岗位特点实施分类考核。企业集团对子公司经营业绩进行绩效考核时,要重点考核全资、控股子公司的主要负责人。在考核内容方面,要将对子公司主要负责人的绩效考核,重点放在收入总额、利润总额、净资产收益率等经营业绩指标上。普通员工的主要考核指标是任务完成率、决策执行力、学习能力、考勤状况等;对营销岗位员工的考核,还要增加现金回款率等指标。在考核实施层面,子公司负责对其下属企业主要负责人的经营业绩进行考核。对控股、参股公司的主要负责人开展经营绩效考核时,要邀请其他股东方参加。对子公司党组织书记、专职副书记、纪委书记、工会主席等的考核另有规定的,从其规定。对子公司职业经理人的考核,由子公司董事会具体实施。对普通员工的考核,由子公司经理层或授权的中层实施。

第二,根据子公司的功能定位、发展阶段实施分类考核。对充分竞争类子公司,重点考核资本回报和专业化管理水平,适当提高利润总额、净资产收益率等基本指标的考核比重,引导企业强化自身能力建设、提高资本运营效率、提升板块运营管理水平、注重风险防控;对运营期控股子公司,重点考核企业经济效益和管理水平,引导企业提升效益、规范管理、防控风险,提高市场竞争力;对基建期控股子公司,按照建设项目目标责任书内容进行分解,重点考核工程建设情况,包括工程质量、安全环保、工程进度、投资额、廉政建设等,确保建设项目按计划投产;对兼有建设项目和生产经营的控股子公司,视建设项目情况而定;对建设项目较小的生产经营子公司,按照生产经营企业进行考核,将建设项目作为一项重点考核内容;对建设项目投资额较大且签订建设项目目标责任书的生产经营子公司,将建设项目类指标和经营业绩类指标分别设置不同权重,同时列入绩效考核指标体系进行考核。

第三,根据子公司组织形式和绩效考核周期实施分类考核。集团要在综合研究宏观经济形势、行业运行态势、行业对标情况、经营实际等因素基础上,合理确定子公司经营绩效考核目标。从组织形式这个角度,对独立的企业法人子公司,侧重经济效益考核,绩效考核的基本指标为利润总额、净资产收益率和经济增加值;对兼顾社会效益或承担特定功能的子公司,除财务性基本指标外,适当增加一些社会效益评价等辅助性、专项性指标;对非法人经营单位,绩效考核的基本指标为收入总额、利润总额。从考核周期这个角度,对于年度绩效考核,子公司业绩目标要根据上年完成值、前三年完成值的平均值和外部因素、行业对标情况综合确定;对于任期考核,子公司业绩目标要根据上一任期完成值和上一任期第三年完成值,结合行业情况综合确定。对行业周期下降的子公司,本着实事求是的原则,可以适当下调业绩目标值。考核目标一经确定,一般不做调整。如遇重大政策、行业形势、清产核资、企业运营等客观因素确需调整的,履行报批手续,研究后确定。

(四)抓好组织实施,优化制度供给,动态跟踪评价

企业绩效考核的对象是人,实施绩效考核就是要重点提升关键岗位、关键人员管理使用的科学化水平,充分调动员工队伍的积极性、创造性,打造企业发展的源动力。

第一,注重制度设计,强化制度保障,使之成为实施绩效考核的"标尺"和"准绳"。首先,通过建立可量化、多样性的绩效考核标准来适应企业集团内部不同机构、不同岗位间存在的差异性,让业绩评价比较成为可能,要积极探索信息技术在绩效考核中的应用,加强日常绩效积累,提高考核的透明度和公正性。其次,要定期修订绩效考核标准。绩效考核本身就是一个动态过程,既体现在适时的双向沟通上,还体现在随战略调整的修订改进上,因此,集团层面需要根据实际运行情况及

时调整。再次,要丰富绩效考核评价的主体。企业员工既是绩效考核的对象,也是执行者,只有充分参与其中,通过信息交流增强对任务目标分解和绩效考核标准的认同感,才能最大限度发挥个体创造力和潜能。最后,绩效考核制度应尽量去繁就简、简便易行,对于共性的、常规性的工作可以粗线条呈现、基本固定,对于关键指标要分门别类、合理设定、重点突出。

第二,按照绩效考核计划和流程有序开展相关工作。首先,构建绩效计划。在绩效考核前,由集团与子公司共同构建绩效计划。集团下达工作任务后,子公司的管理者以此为基础提出业绩与发展目标、设计工作方案,并制定衡量业绩的标准。集团要根据历史业绩和市场形势来确定考核指标的目标值,并在与子公司深入沟通后予以确认。其次,实施绩效计划。想要绩效计划得以顺利完成,就需要集团与子公司的共同配合、通力协作。再次,开展绩效考核。考核期限截止后,集团的管理者要根据之前的绩效计划做总结、做复盘,根据考核目标与考核标准来评价子公司绩效,并就考核结果、问题以及需要改进完善的方面进行沟通交流,提出有针对性的行动计划,在下一阶段的绩效计划中贯彻落实。最后,运用考核结果,结合集团实际,将考核结果运用到子公司关键岗位、关键人员的职务任免、薪酬分配、技能培训等事项中去。

第三,明确绩效考核的周期、内容、程序,强化全过程监督。首先,年度绩效考核应以公历年为考核期,一般应在年度结束后4个月内完成。任期考核以3年为考核期,一般在任期结束后6个月内完成。其次,集团的管理者应与子公司的负责人签订经营业绩目标责任书,主要包括双方的单位名称、职务和姓名,考核内容及指标,考核与奖惩,责任书的变更、解除和终止,其他事项等内容。再次,明确经营业绩目标责任书的签订程序,即考核期初由子公司将考核目标建议值和必要的说明材料报送集团,集团层面管理者组织审核,并就考核目标值及有关内容与子公司沟通确定后,与子公司主要负责人签订经营业绩责任书。最后,绩效考核应贯穿企业经营全过程,即在考核期中,通过经营分析会、定期检查考核、中期督查等形式对子公司经营业绩责任书执行情况实施动态监控,进行预评估,对评估结果不理想的提出预警。子公司发生重大事故对经营业绩产生重大影响的,应当及时向上级报告。考核期末,集团的人力资源管理部门应制订子公司负责人年度和任期经营绩效考核实施方案,组织考核组进行考核。

  基于发展愿景和发展战略构建的绩效考核体系,是企业管理水平和领导能力的直观体现。面对百年未有之大变局,经济社会发展的不稳定、不确定性因素明显增多,企业经营也面临着内部发展和外部竞争带来的双重压力,更需要不断完善优化绩效考核体系,大胆改革、勇于创新、敢于实践,充分发挥绩效考核的"指挥棒"作用,进一步激发创新高质量发展的动力和活力。

第十四讲
股份制企业要千方百计做好股权设计

【摘要】股权犹如企业大厦的架构，需要根据企业的战略需求和商业模式提前做好设计。在股权设计中，我们要充分考虑各种股权要素形式和股权分配比例，既要利用好资本、技术等资源，又要保证创始人能够在任何情况下都拥有公司的控制权和决策权。拥有股权不一定拥有控制权，控制权在某种程度上比股权更重要。因此，企业要充分利用个性化公司章程、AB股、特殊协议、有限合伙企业持股、多层控股公司架构等方式，以合适的股权掌握企业的控制权。

对股份制企业来讲，如果企业是一棵树，那么股权就是树根；如果企业是一栋建筑，那么股权就是地基；如果企业是一艘船，那么股权就是发动机。随着市场经济向纵深发展，虽然完善的公司治理结构、合理的管控模式、良好的资产质量、可控的风险机制在企业发展中具有十分重要的作用，但是从根本上讲，科学优秀的股权设计才是保证股份制企业健康持久发展的根基。

一、股权设计的重要性

公司的顶层设计包括商业模式、利益模式和治理模式。商业模式是基本商业逻辑,讲的是公司怎么赚钱;利益模式指价值分配方式,讲的是公司赚钱后怎么分钱;治理模式则是股东、董事会和管理层之间的分权制衡关系,讲的是如何确保公司健康持续运行。其中,利益模式和治理模式与企业的股权设计密切相关。

真格基金创始人徐小平曾说过:合理的股权设计的重要性超过了商业模式和行业选择,比你是否处于风口更重要。随着公司的发展,股东必然有进有出、有强势弱势之分,必然会在利益分配、决策权利上产生种种冲突。同时,实际运作中,隐名股东、干股等特殊股权,这些不确定因素也会加剧公司运作的风险。合理的股权结构是公司稳定的基石。当公司股东出现矛盾或意见不一致时,股权比例和股东权利就是股东维护自身利益的依据。

科学合理的股权设计,可以明确股东的权利、义务和责任,确保企业各治理机构运行稳健而高效;能够使创业团队成员、技术骨干人才享受到公司发展红利,从而保证创业团队的稳定性;可确保公司的核心创始人能够在任何情况下都拥有公司的控制权和决策权;有助于公司在发展壮大过程中获得社会资本的青睐。

二、股权设计中常见误区

一是简单按照出资额分配股权。在现实中,许多企业在成立时,完全按照各个股东的出资额比例分配股权,也就是说在分配股权时只考虑了资本要素,没有考虑到资源、技术、管理能力等生产要素在不同类型企业中的重要程度,即只考虑"金股",没考虑"身股""资源股""技术股"等股权要素形式。这种股权结构,只注重资本对价值创造的索取权,不注重人的才能、特有资源获取能力、技术、影响力等非资本要素对价值创造的享有权。这种股权结构,将影响出资少但资源能力、经营能力强的股东的创业积极性,将在一定程度上制约公司做大做强。

二是股权均分。在企业创立时,按照创始人数量均分股权的现象比较常见,比如两个创始人五五开,3个创始人每人33.3%,4个创始人每人25%。但是,均分股权是经典的"创业必分裂"的股权结构。因为在企业发展壮大的过程中,一定会有一个创始人成为真正的"老大",而创业团队股权均等会导致公司在股权层面没有核心人物,可能出现控制权失灵的情况。一旦股东各有想法,思路不一致,难以达成共识,甚至在公司决策上达不成统一意见,就可能使公司经营陷入僵局,出现治理瘫痪。

三是小股东拥有决定权的股权比例结构。一些公司在创业初期会采取股权比例为49∶49∶2或40∶40∶20等形式的股权设计。《中华人民共和国公司法》规定,公司一般决策和重大决策分别需要51%、67%的表决权通过才能生效。上述两种股权结构,会产生大股东必须依靠小股东才能形成有效决议的情况,提高了小股东的实际决策地位,导致公司实际决策要根据小股东的意见来决定。

四是没有设置股权退出机制。创业的时候,大家都觉得,等蛋糕做大了,再来说怎么分蛋糕。但是在公司发展过程中,经常存在公司尚未走上正轨,某一原始股东就选择退出的情况。如果公司成立之初没有设置股权退出机制,就会导致"人走股留"、股权不合理转让等现象的出现,严重影响其他股东干事创业的激情,甚至造成股东内部的纷争。

1994年,潘宇海、蔡达标、潘敏峰(潘宇海的姐姐、蔡达标之妻)三人在东莞开了一家甜品店,股权结构为潘宇海占50%,蔡达标、潘敏峰夫妻二人共占50%。甜品店发展到一定阶段后,引入"电脑程控蒸汽柜",实现了中式快餐的标准化、规模化加工,原来的甜品店也蜕变为标准化的中式快餐连锁店,并改组为"东莞市双种子饮食有限公司"。潘宇海担任双种子公司董事长、总裁,股权结构不变。

在初创阶段,大厨出身的潘宇海始终掌握着餐厅的主导权,但"电脑程控蒸汽柜"实现了中式快餐的标准化之后,潘宇海的控制力就越来越弱。反之,随着企业规模的扩大,蔡达标在谋篇布局、制定战略、策划及经营方面的才能得以充分体现,并逐步强化了其在公司的地位。2003年,双种子公司的总裁改由蔡达标担任,蔡达标与潘宇海口头达成协议,总裁位置5年换届一次,轮流"坐庄"。次年,双种子公司走出东莞,进入广州和深圳。在遭遇了开局不利之后,公司启用"真功夫"新品牌取代"双种子",并迅速蹿升为中式快餐连锁的一线品牌,蔡达标被外界视为真功夫的真正代言人——这让潘宇海受到了极大的伤害。最让潘宇海感到不满的是,蔡达标的亲属逐渐地控制了真功夫的重要部门:弟弟蔡亮标垄断了真功夫的电脑供应、大妹妹蔡春媚掌控了真功夫的采购业务、大妹夫李跃义垄断了全国门店的专修及厨具业务、小妹夫王志斌垄断了真功夫的家禽供应。

双方权力的失衡令昔日的合作伙伴嫌隙渐生。随后蔡达标与潘敏峰婚姻的解体则令蔡、潘两家的关系雪上加霜。2006年,蔡达标与妻子潘敏峰协议离婚,潘敏峰所持有的25%公司股权转归蔡达标所有,其他的房屋、现金以及一对儿女的抚养权则归潘敏峰。财产分割之后,蔡达标获得了与潘宇海同等的股权比例。

2007年开始,蔡达标开始为上市做准备。他一方面从肯德基、麦当劳等快餐连锁店引进一批高管,此举使真功夫早期创业的一些元老先后离去,这也被外界解读为"去潘化"策略;另一方面,在同一年他引入了今日资本和中山联动两家风投。自此,真功夫的股权结构变为蔡达标、潘宇海各占41.74%,双种子公司占10.52%(其中蔡、潘各占5.26%),今日资本和中山联动各占3%。后来,蔡达标通过控股中山联动,股权比例反超潘宇海。

2008年,蔡达标未兑现5年前的口头承诺——让潘宇海做总裁,这致使两人的矛盾和争斗公开化。而在前妻潘敏峰的眼中,蔡达标也逐渐变成了侵夺潘家财产的掠夺者。她告诉媒体，蔡达标以"为了真功夫，为了孩子"为由，在离婚财产分割时骗取了她25%的股权，她要夺回来。按照潘宇海的说法，姐姐潘敏峰"受到欺负或者不公正的待遇，我一定会去帮她讨回一个公道"。蔡、潘两家由此陷入了旷日持久的家族内斗。

我们回头看真功夫的案例，在真功夫成立时，假若潘宇海、蔡达标与潘敏峰夫妻不是按照各占50%平分股份，而是给作为大厨掌握生产技术的潘宇海分配较多股权，就可能不会发生现在这种情况；假若一开始就对股权退出作出了特殊约定，潘敏峰的股权退出和今日资本、中山联动资本的进入就不会很顺畅，潘宇海也就可能不会由大股东变为了小股东。

三、股权设计的4个关键比例

要做好企业股权设计，首先必须了解相关法律法规中关于67%、51%、34%、10%等影响控制权力的常用股权比例的特殊规定。

67%代表完全控制权。《中华人民共和国公司法》规定，当一股东拥有公司67%及以上的股权时，他就拥有了股东决策事项的一票通过权。

51%代表相对控制权。除修改公司章程、增加或减少注册资本，以及公司合并、分立、解散或者变更公司形式等7项重大事项外，拥有相对控制权的股东拥有对融资、发债、董事监事任命、利润分配等其他重大事项决策权。

34%代表一票否决权。如果某一股东在公司的股权占比为34%以上，但是不足51%，他就可以对修改公司章程、增加或减少注册资本，以及公司合并、分立、解散或者变更公司形式等7项重大事项作出一票否决。拥有一票否决权的股东一旦未来与其他股东出现纠纷，可以通过一票否决权来否定公司章程修改等重大事项,从而保证自身利益不受损害。

10%代表申请公司解散权和临时股东会召集权。《中华人民共和国公司法》规定,拥有公司10%股权的股东,可以在公司出现经营困难且难以扭转时请求人民法院解散公司,或提议召开临时股东会。因此,在参股公司中,股东持有10%以上的股份就能够有效参与公司治理,充分表达权益诉求,积极维护自身利益。

持股比例权益相关介绍可见表14-1。

表14-1 常见能够影响控制权的特殊持股比例权益表

持股比例	含义	权益
67%	一票通过权	享有股东会所有决策事项的一票通过权
51%	相对控制权	除修改公司章程、增加或减少注册资本,以及公司合并、分立、解散或者变更公司形式等7项重大事项外,享有一票通过权
34%	7项重大事项一票否决权	对修改公司章程、增加或减少注册资本,以及公司合并、分立、解散或者变更公司形式等7项重大事项,拥有一票否决权
30%	实际控制权	认定拥有控制权
10%	申请解散权	公司若出现严重困难,继续存续会使股东利益受到重大损失,通过其他途径无法解决的,可请求人民法院解散公司
	召开临时股东会权	享有召开临时股东会的权利
3%	股东提案资格	单独或合计持有公司3%以上股份的股东,有权在股东大会召开10日前提出临时议案

续表

持股比例	含义	权益
1%	股东代表诉讼权	大股东操纵董事、高级管理人员损害公司利益以及中小股东利益时,有限责任公司的股东以及股份有限公司连续180日以上单独或合计持有公司1%以上股份的股东,有权提起诉讼
	独立董事提议权	单独或合并持有上市公司已发行股份1%以上的股东可提出独立董事候选人

四、股权与控制权的关系

持有67%股权就意味着拥有公司绝对控制权吗?答案:不一定。因为,从股权与控制权的含义中可以看出,股权与控制权存在一定的关系,但不完全相关。股权指股东权益;股东在企业成立时进行了出资,而享有对企业的所有权,但是不再对所出资本享有所有权,公司资产属于公司。控制权是指,企业的股东会、董事会、高级管理层等决策主体按照相关约定,享有对企业经营事项、财产、人事进行决策的权利。

一般情况下,根据同股同权原则,拥有较多的股权就拥有较大的控制权。但是在现实情况中,企业创始人能够在不违背法律法规的情况下,通过巧妙的股权设计、个性化制定公司章程和签署特殊协议等方式,实现股权与控制权的分离,达到用较少股权实现较大控制权的目的。因此,持有67%股权的只能说是绝对控股股东,但这并不意味着他拥有对公司的绝对控制权。刘强东曾在央视《对话》节目中说过,如果不能控制这家企业,我宁愿把它卖掉。由此可见,在某种程度上,控制权比股权更加重要。

在股权设计的现实操作中,以较少股权实现较大的控制权,主要有两种路径:

①同股不同权的情况下,采用AB股、个性化设计公司章程等方式,实现创始人或目标股东以较少的股权享有较多的表决权,从而实现对企业的控制。

②同股同权的情况下,通过有限合伙企业持股、多层控股架构、签署一致行动人协议或委托投票协议等多种方式,使他人出资享有的表决权为自己所用,从而获得更多的企业控制权。

五、股权与控制权分离操作方法

通过以下方式,可以以较少股份实现较大的控制权:

一是个性化设计公司章程。小小章程,大有乾坤。公司章程载明了公司组织和活动的基本准则,是公司运行必须遵循的"宪法"。《中华人民共和国公司法》对公司章程的制定进行了规范,但是也留下了"公司章程另有规定的除外"的空白地带。因此,公司在制定章程时,可在不违反法律法规的情况下,结合公司的实际情况进行个性化设计,使各股东利益平衡,保障核心股东或创始股东在持股比例不占优势的情况下,亦不丧失公司控制权。

约定表决权与出资比例不一致。《中华人民共和国公司法》规定,"股东会会议由股东按照出资比例行使表决权;但是,公司章程另有规定的除外"。即有限责任公司的股东会表决权与出资比例可以不一致,各股东的表决权可通过公司章程进行个性化约定。

例如:甲、乙、丙、丁4人出资设立公司,股权比例为1∶1∶1∶1。若在4人出现分歧的情况下按照出资比例行使表决权,重要决议可能无法通过。若在章程中约定"甲作为创始人,享有51%的表决权,但是丁作为投资人,对某些重大事项拥有一票否决权",生产、技术、经营等重大事项则可以由甲独立决策,当出现损害投资人利益的特定事项时,丁只要投反对票,股东会决议就无法通过。

约定分红权与出资比例不一致。《中华人民共和国公司法》规定："股东按照实缴的出资比例分取红利……但是全体股东约定不按照出资比例分取红利或者不按照出资比例优先认缴出资的除外。"需要注意的是，在公司成立时制定的公司章程中对分红比例进行特别约定的，须取得全体股东签字同意；对公司章程进行修订时，若对特别约定的分红权比例进行了调整，也须经全体股东签字同意。未经全体股东一致同意向个别股东单独分红的行为，侵犯了其他股东的合法利益，应认定其为抽逃出资的行为。

约定股权转让、继承特殊事宜。《中华人民共和国公司法》规定，"经股东同意转让的股权，在同等条件下，其他股东有优先购买权。两个以上股东主张行使优先购买权的，协商确定各自的购买比例；协商不成的，按照转让时各自的出资比例行使优先购买权。公司章程对股权转让另有规定的，从其规定……自然人股东死亡后，其合法继承人可以继承股东资格；但是，公司章程另有规定的除外"。即公司可在章程中对股权转让、继承、离婚分割等事项作出特别约定，避免因离婚、继承等因素影响有限公司的"人合性"，进而影响公司正常经营。

约定股东会、董事会的议事方式和表决程序，董事会成员的委派等特殊事宜。《中华人民共和国公司法》规定："股东会的议事方式和表决程序，除本法有规定的外，由公司章程规定……董事长、副董事长的产生办法由公司章程规定……董事会的议事方式和表决程序，除本法有规定的外，由公司章程规定……公司法定代表人依照公司章程的规定，由董事长、执行董事或者经理担任，并依法登记。"即公司可以在章程中对股东会、董事会的议事方式和表决程序，董事会成员的委派、法定代表人的确定等特殊事宜作出特别约定，从而实现对公司经营管理权的控制。

我们以阿里巴巴集团为例，了解马云如何通过公司章程掌控对董事的选任权,从而增强自己对公司的控制力。

首先,阿里巴巴集团的章程中规定了马云作为永久合伙人,始终有权提名董事,而阿里的股东大会只能从提名董事候选人中选举董事。

其次,公司章程规定了当董事会成员人数少于阿里合伙人所提名的简单多数时,阿里合伙人有权临时指定不足数量的董事会成员,以保证董事会成员中简单多数由合伙人提名。

最后,公司章程规定了如果要修改章程中关于合伙人的董事提名权和相关条款,该修改事项必须要在股东大会上得到出席股东大会的股东所持表决票数95%以上的同意。阿里上市时披露,马云、蔡崇信所持有的阿里股份合计不低于10%,因此在马云、蔡崇信不同意的情况下,不能改变合伙人的董事提名权。

通过以上的公司章程设计,马云保证了自己和自己所代表的阿里合伙人对公司管理层万无一失的控制权。

二是双层股权结构。双层股权结构又称AB股,是指将公司股票分为两种形式:一种是低投票权股票,实行一股一票,由一般股东持有;另一种是高投票权股票,实行一股多票,主要由创始人或管理层持有。当前,运用AB股的公司多是发展前期需要较多资本投入、较多融资次数的创新型企业,例如京东、小米、百度、优刻得(科创板第一家同股不同权公司)等。

AB股的优点是,赋予不同种类股票不同的投票权,可以保证创始人或管理层以较少的股权实现对公司的实际控制;缺点是,在现行条件下,适用范围较小,仅适用于科创板上市公司、有限责任公司、赴境外上市的公司等。

2019年3月1日,证监会批准了《上海证券交易所科创板股票上市规则》,对表决权差异安排作了规定。2019年3月17日,优刻得召开的股东大会通过了AB股方案。优刻得股票分为A、B两类,每份A

类股票对应的表决权是 B 类股票的 5 倍。创始人季昕华、莫显峰、华琨分别持有 13.96%、6.44%、6.44%的 A 类股票,享有 64.71%的表决权,其他股东持有 73.16%的 B 类股票,享有 35.29%的表决权。

三是一致行动人。《上市公司收购管理办法》对一致行动的定义为,"投资者通过协议、其他安排,与其他投资者共同扩大其所能够支配的一个上市公司股份表决权数量的行为或者事实"。通过协议约定,某些股东就特定事项采取一致行动,意见不一致时,跟随一致行动人投票。在实际操作中,一致行动协议的签订旨在明确、维护公司实际控制权的稳定,也存在部分第二大股东、第三大股东为取得公司实际控制权而签订一致行动协议的情况。

2017 年,金宇车城(北清环能集团前身)股东南充市国有资产投资公司,与北控清洁能源集团旗下 5 家全资子公司签订了《上市公司股东一致行动人协议》,该协议的期限为 2017 年 11 月 7 日至 2020 年 11 月 6 日。北控清洁能源集团下属 5 家全资子公司合计持有金宇车城 17.72%的股份,南充市国有资产投资公司持有金宇车城 12.14%的股份,上述两大股东阵营合计所持金宇车城股权比例达到 29.86%,超过公司当时控股股东成都金宇控股集团 23.51%的持股比例,成为新的控股股东和实际控制人,拥有金宇车城的实际控制权。

四是委托投票权。委托投票权是指在股东大会召开前,公司部分股东就某些问题进行了投票,或者将其持有的投票权委托给出席股东大会的其他特定股东。《中华人民共和国公司法》规定:"股东可以委托代理人出席股东大会会议,代理人应当向公司提交股东委托授权书,并在授权范围内行使表决权。"股东委托投票权本质上是针对上市公司的小股东专门设计的制度,也是非常有效的外部治理制度;委托投票可以将小股东的投票权集中起来,从而有效地影响公司决策,对大股东、董事会、监事会和经理人进行制约,避免大股东恶意侵害小股东利益。

通过委托投票权参与公司治理的案例在国外较为普遍,国内也有类似案例。2000年,上市公司ST康达因经营业绩不佳,令中小股东对董事会产生怀疑。广西索芙特股份有限公司以中小股东的身份公开征集投票权,要求罢免ST康达董事。最终索芙特公司因为征集到的投票权不足,导致罢免事项失败。但是此事项在中国证券市场掀起极大波澜。在此基础上,索芙特又联合大股东旧事重提,最终使自己成为第一大股东,掌握公司控制权,使公司经营走上正轨。

五是有限合伙持股。有限合伙企业由普通合伙人和有限合伙人共同组成,普通合伙人对合伙企业债务承担无限连带责任,负责合伙企业的经营管理,有限合伙人以其认缴的出资额为限对合伙企业债务承担责任。《中华人民共和国合伙企业法》对合伙人的合伙协议约定较少,可以根据合伙人的意愿设计合伙协议,但一些特殊事项除外。例如,合伙协议可以约定不按照出资比例分配利润,普通合伙人可以完全拥有合伙企业的表决权,等等。

因此,通常可将创始人作为普通合伙人,外部资本或管理层作为有限合伙人组建合伙企业,并将合伙企业作为公司的大股东,来实现以较少资本控制公司的目的。

有限合伙企业控制公司的典型架构图如图14-1:

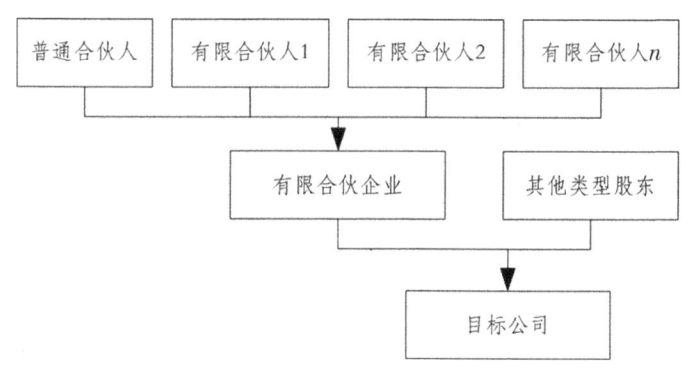

图14-1 有限合伙企业控制公司的典型架构图

贝达药业是目前国内为数不多的有限合伙企业作为控股股东、自然人普通合伙人被认定为实际控制人并成功IPO的案例。截至2021年9月30日,贝达药业控股股东为宁波凯铭投资管理合伙企业(有限合伙)、浙江济和创业投资有限公司、温州特瑞西创企业管理合伙企业(有限合伙)、WANG YINXIANG和浙江贝成投资管理合伙企业(有限合伙),这些股东分别持有公司19.28%、13.08%、6.93%、3.96%和3.54%的股份。自然人丁列明作为凯铭投资、贝成投资的普通合伙人和执行事务合伙人,分别持有凯铭投资、贝成投资份额比例的33.33%、59.43%,相当于丁列明间接持有贝达药业的8.53%股份,享有22.82%的表决权(仅考虑股份因素)。

六是多层控股公司架构。多层控股公司架构又称金字塔股权结构,是指公司实际控制人通过间接持股,形成一个金字塔式的控制链,以实现对该公司的控制。即公司控制权人控制第一层公司,第一层公司再控制第二层公司,以此类推,通过多个层次的公司控制链条,控制权人可取得对目标公司的最终控制权。

据统计,我国IPO企业中,75%的企业股权结构呈现出金字塔式的特点,特别是在民营上市公司中,有94.51%的企业采用金字塔式股权结构,以达到用较少自有资金控制更多资源的目的。

多层控股公司架构控制公司的典型架构图如下页图14-2。

多层控股公司架构的优势是:利用杠杆原理,实际控制人能通过较少的自有资金,实现对目标公司的实际控制。例如图14-2,实际控制人仅需认缴出资1327万元,就可以控制注册资本为1亿元的目标公司。

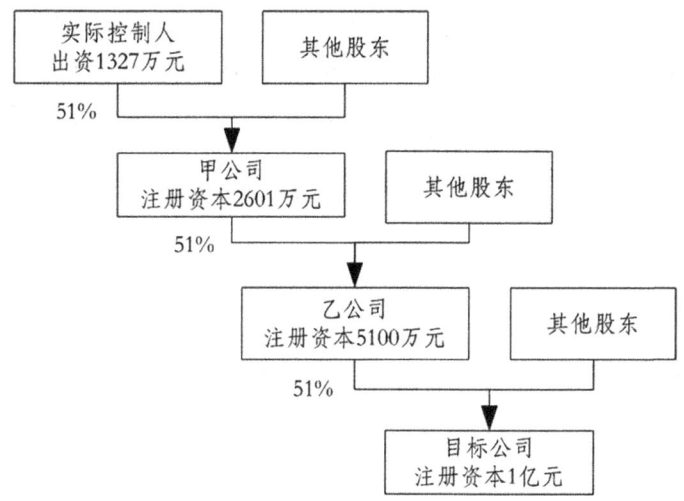

图14-2 多层控股公司架构控制公司的典型架构图

六、经典案例分析

我们以蚂蚁金服股权结构为例,分析优秀的股权结构是如何设计的。

蚂蚁金服有32个股东,阿里巴巴通过一家子公司持有蚂蚁金服33%的股权,为第一大股东。杭州君瀚股权投资合伙企业(有限合伙)持有28.45%的股权,杭州君澳股权投资合伙企业(有限合伙)持有21.53%的股权,其他股东持有17.02%的股权。马云通过杭州云铂作为杭州君洁、杭州君济两个合伙企业的普通合伙人,执行合伙事务,从而实现对杭州君洁、杭州君济的绝对控制。同理,杭州君洁、杭州君济分别作为杭州君瀚、杭州君澳两个合作企业的普通合伙人,执行合伙事务,从而实现对杭州君瀚、杭州君澳的绝对控制。

马云如何通过多级股权架构及有限合伙企业形式控制蚂蚁金服,值得我们深入研究。首先,有限合伙企业由普通合伙人执行合伙事务,有限合伙人不执行合伙事务——因此,即使出资最少、占股最小的唯一普通合伙人,也能够掌握合伙企业的控制权。其次,《中华人民共和国合伙企业法》等法律法规规定,合伙企业不用缴纳企业所得税,可以减少税费。最后,马云通过多级股权架构,运用较少资金控制了市值超万亿元的巨无霸企业。图14-3是蚂蚁金服的股权结构图。

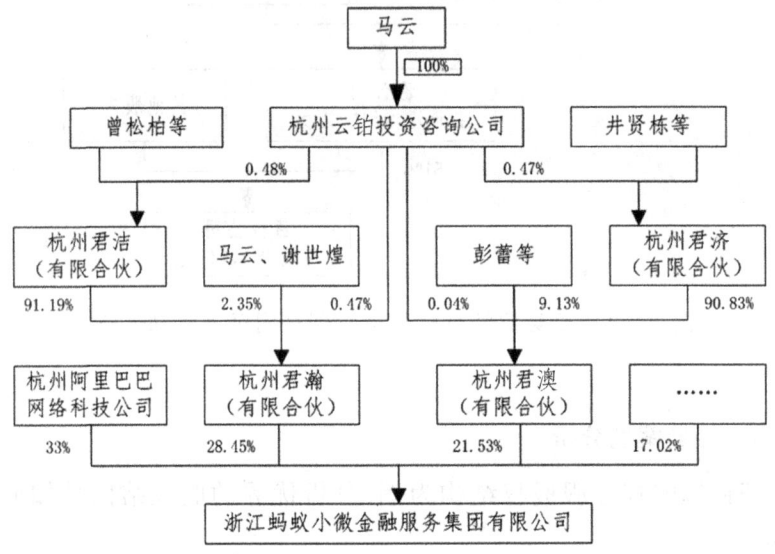

图14-3　蚂蚁金服的股权结构图

通过蚂蚁金服公司的股权架构形式,我们可以分析出通过多级股权架构及有限合伙企业形式控制公司的几点优势:

一是有效增加激励股东人数。《中华人民共和国公司法》规定,有限责任公司的股东最多为50人,将合伙企业作为持股平台能够便捷、高效增加股东人数,为用股权激励核心员工打开通道。例如,杭州君澳作为合伙企业持股平台就有24个自然人股东。

二是有效隔离公司经营风险。直接持有公司股权的股东,哪怕股权比例再低,也享有公司的股东知情权。股东与公司发生矛盾、股东行使知情权查询公司账目时,往往会诱发各种矛盾。持股平台的设计,能有效隔离股东的知情权,使其知情权仅局限于持股平台即合伙企业内,不涉及蚂蚁金服公司。除了知情权,股东对转让的股权和增资有优先购买权和优先认购权,但同样限定在持股平台。

三是降低了马云的控制成本。不同于有限责任公司以所占股权比例作为控制权的实现方式,在合伙企业当中,实现控制权的方式是通过普通合伙人对合伙事务的控制。杭州君澳、杭州君瀚以及其上一级持股平台杭州君济、杭州君洁的执行事务合伙人均为马云控制的杭州云铂。马云仅向杭州云铂出资了1010万元人民币,就控制了市值高达2万亿元人民币的蚂蚁金服的50%股权。

四是有效隔离控制人个人风险。《中华人民共和国合伙企业法》规定,合伙企业的普通合伙人对合伙企业的债务承担无限连带责任。《中华人民共和国公司法》规定,有限公司以其出资对公司承担责任。因此,目标公司的实际控制人可出资成立一家有限公司,以有限公司作为合伙企业的普通合伙人;这样,作为目标公司的股东,就可以既实现对目标公司的控制,又可以隔离个人风险。

五是减少股东变动对公司的影响。将流动性较强的员工股东放在持股平台,可有效避免因为股东的变化对公司稳定性造成的影响。这样,收回离职持股员工所持股权时,就不需要在公司层面进行操作,仅需在持股平台上进行转让操作。同时,给新的员工做股权激励,也只需在持股平台上操作,大大减少了对公司治理的影响。

本讲结合大量的正反两方面股权设计案例,分析了股权设计中存在的一些典型误区,对企业如何做好股权设计进行了深入探讨。但是,世界上没有两片完全相同的树叶,每个企业的发展情况、股权结构、股东诉求等都不尽相同。因此,企业必须充分考虑各自发展实际、股东意愿、法律法规等因素,有效运用好各种股权设计方法,构建科学合理的股权结构,实现企业和股东价值最大化。

第十五讲

生意是"谈"出来的,不是"评"出来的

【摘要】在经济活动中,买卖双方交易达成离不开对于标的物的评估。评估自身存在的短板,需要我们以谈判的形式参与交易的前、中、后期来补足。谈判能以其无可比拟的弹性、灵活性和多样的方式,解决关于价格的核心问题,也因此成为越来越多"经济人"谋取长远经济利益所必备的选择。只有科学掌握买卖双方交易动机,明确要实现的谈判目标,制定切实可行的谈判策略,树立谈判人员的责任心和无私奉献精神,才能为实现既定交易目标奠定扎实基础。

在吉利汽车众多并购的经历中,最著名的当数收购沃尔沃汽车,这也是中国汽车业跨洋出海的成功案例。吉利集团董事长李书福从2002年起便锁定沃尔沃汽车,并与福特公司沟通谈判了3年多,但吉利向福特发出的多次正式邀约都被回绝了。2010年深陷金融危机的福特公司打算出售沃尔沃时,首先就想到了吉利汽车,而此时收购价格也从最初的80亿美元谈到了18亿美元,吉利因此获得了沃尔沃汽车公司100%的股权以及包括知识产权在内的相关资产。作为中国汽车业最大规模的海外收购案,吉利上演了中国车企"蛇吞象"的完美大戏。当初价值18亿美元的沃尔沃,如今市值已达197亿美元。由此可

见,吉利的并购"大戏",不仅依靠金融危机创造的机遇、强大的资金后盾,更依靠李书福谈判团队多年来所做的各种精心准备——这一群富有经验的并购团队的长期真诚的沟通,才使得福特公司看到了吉利公司的真诚、专注和实力,促使并购顺利完成。

企业在经营活动中,经常会遇到对外合作,股权转让与收购的情况,也经常会遇到购买原材料与商品、销售自己的产品或转让其他资产的情况。买与卖的市场行为,是企业在对外交往的过程中天天都会遇到的,这种买卖生意由市场供需状况和企业自身经营需求而定。

所以,在买与卖的关系中,自然要借助谈判与评估这种商业行为以促成生意。既然谈判与评估对于生意如此不可或缺,那么如何正确把握两者就成了关键。从商业实践来看,何时谈判或者评估何事、怎样谈判或者评估、如何把握谈判或者评估的辩证关系,是做好经营工作的重点。

一、充分认识评估

生意是"谈"出来的,不是"评"出来的,这里的"评"是评估的意思。"评估"一词,不同的教材书籍给出的解释不尽相同,按照中国资产评估协会给出的专业解释:评估是指评估机构及其评估专业人员根据委托及特定的评估目的,按照法律、行政法规和资产评估准则要求,依照规定程序,选择适当的价值类型,运用科学的评估方法,对评估基准日的资产价值进行评定、估算,并出具评估报告的专业服务行为。

在日常工作生活中,我们经常能遇到公司价值评估、股权评估、房地产评估、二手车评估、环境评估等。可见,伴随着经济社会发展,各行各业都有了评估应用的场景,有时是交易双方为了确定交易价格的基准而使用评估,有时是公司为了提升管理需要而使用评估。但不管是哪种使用主体,树立评估的意识、科学看待评估,成为参与经济活动的必备修养。

（一）评估的积极因素

首先，评估是投资决策的前提。企业在开始投资决策之前，往往需要对所投标的开展尽调和评估。评估就是对价值进行具体化的体现，因为企业价值包含了有形价值和无形价值，比如对知识产权、土地厂房、人力资本、商标权、商誉等众多元素进行综合评估量化。例如，虹软科技是2019年第一批成功上市科创板的人工智能企业，隶属的技术层是人工智能产业链的核心层；主营业务是研发计算机视觉技术，并将技术授权给客户使用并收取相应的授权费用；业务重心主要在智能手机行业；华为、OPPO和三星等智能手机制造商是其主要客户来源。在科创板首批上市公司中，虹软科技是少有的近3年的毛利率均在90%以上的企业。此外，虹软科技还拥有较强的研发能力。公司近3年的研发费用在营业收入中所占比例均超过30%，研发人员占总员工数量的65%以上，在计算机视觉领域的发明专利数量截至2019年年中已经积累到144项。[①] 对于这种科创板人工智能类企业，投资机构结合其轻资产运营、研发投入高、高风险与高收益并存等特点，用REVA估值模型对虹软科技的企业整体价值进行评估，评估结果与行业市场分析合理估值范围接近，进而作出了投资决策。

其次，评估是企业开展并购活动的需要。在经济活动中，经常出现把企业作为一个整体进行转让、并购等现象，或者企业将某个业务板块进行转让、出售等现象。例如：吉利收购沃尔沃汽车公司、青岛海尔收购通用电气家电业务资产、清华同方吸收合并鲁颖电子等。在这些并购活动中，都涉及对收购的企业进行价值评估的问题。投资方评估一家企业，是希望从该企业现有经营能力出发，比照同类型同规模"参考

[①] 曹梦蝶、林东杰：《科创板人工智能企业价值评估研究——以虹软科技为例》，《中国资产评估》2019年第9期，第24页。

坐标",从而了解目标企业的价值,以便确定交易价格。人们选择并购一家企业,或者是出于打通产业上下游的目的,进而降低交易成本;或者是出于消灭竞争对手,获取对方的市场份额和核心技术等目的。但不管是基于何种动机,企业追求的根本是希望借助企业资源去实现价值最大化。所以,企业价值评估就是要对企业的方方面面进行评估,为并购活动提供全面参考。

最后,评估是企业强化影响,优化管理的需要。如今,随着互联网技术的快速发展,网络媒体展示出惊人的能量,越来越多的企业增强了对互联网的敏感度,开始重视自身软实力建设。从企业自身强化管理需要出发,管理者需要确切知道企业价值几何。除对有形资产做好管理外,像人力资源、制度设计、管理模式等无形资产也成为企业之间竞争的核心要素——这些要素也逐渐被认为是企业的核心财富。对无形资产进行评估,有助于企业家充分摸清家底、优化对企业的管理。比如,企业的管理理念、品牌建设、社会形象等应根植于企业自身,以产生更多的有效价值。因此,无形资产可以给企业创造出超越生产资料、生产条件所能产生的巨额利润——但是在账面上的信息是无法充分反映出这些情况的,企业需要借助评估的手段对综合价值进行评定,以促进品牌影响力的建设。

(二)评估的不足之处

我们从经营实践或新闻报道中,可以了解到评估存在的不足之处。

一是评估方法不同可能会导致评估结果有较大差别,致使生意失败。评估中对同一件标的物选择市场法、收益法、成本法等不同方法,会得到千差万别的价值。如市场法是以参照物的市场交易价格为基础,但要想找到一模一样的企业作为参照物实属困难,市场价格波动影响评估结果的准确性。收益法以被评估资产未来预期收益的折现值为基础,主观性强。成本法以评估基准日重新构建或建造资产的重置成本为基础,但不适用于特殊机器、设备、大部分无形资产、部分受地区和环境严格限制的资产的评估。估值问题,成了并购活动中最大的障碍。选择的不同评估方法,会导致买卖双方对估值结果的分歧,这中间如果缺少必要的沟通协调和谈判,大概率会"创业未半而中道崩殂"。例如,森马服饰收购中哲慕尚71%的股权失败,就是因为双方未就估值达成一致意见,导致框架协议书自动解除。

二是评估中人为干预因素较多导致评估结果无法科学准确反映价值。在评估实践中,评估机构会根据业主需要刻意去评低或评高价值。如在企业股权转让过程中,原股东希望将企业价值评高,以使转让的股权价值增加,来取得更多的股权转让款;而新进入的股东则希望企业价值评低,以使转让的股权价值相对较低,来减少支付的股权转让款。

三是评估行业相关法律法规不健全、从业者素质良莠不齐等。当前的《中华人民共和国公司法》《中华人民共和国证券法》没有对评估师具备的权利、任职资格作出相应的明确规定。尽管有《中华人民共和国专利法》《中华人民共和国合同法》《中华人民共和国商标法》等法律法规,目前我国许多企业在无形资产的运营及管理中仍存在或多或少的制度漏洞,缺乏监管的现象也普遍存在。所以,在资产评估缺少更有针对性的准则和相关配套制度的前提下,主观判断在评估过程中起到的分量就会较重,这会使得评估机构和工作人员在利益驱使下,按照有关方面的授意,违背客观公正的原则,对资产价值作出不公允的评定。

二、全面看待谈判

谈判,在经济活动中可以表述为商务谈判,是买卖双方以价格为核心,为了促成交易而进行的活动,是一种取得各自经济利益的手段,商务谈判贯穿企业经济活动的始终。

第十五讲 生意是"谈"出来的,不是"评"出来的

在我国文化企业海外并购中,最值得称道的当属凤凰出版传媒股份有限公司并购美国出版国际有限公司的案例。凤凰传媒于2012年上市,主营业务涵盖出版、发行、印务、游戏、影视、软件、数据等。美国出版国际有限公司业务涵盖出版和销售儿童、烹饪和大众图书,它在儿童图书方面做得尤为出色,拥有完善的海外运营体系和众多卡通形象的出版权,像米老鼠、唐老鸭、忍者神龟等。

2008年美国出版国际有限公司打算出售儿童图书业务,已与一家美国公司完成前期的谈判,初步达成协议。但天有不测风云,一场突如其来的全球金融危机,使得这场并购以失败而告终。随后,凤凰传媒敏锐地捕捉到了这一关键信息,并认为这家美国出版公司将是自己拓展海外业务的有力抓手。于是凤凰传媒高层牵头成立谈判并购小组,前往美国进行接洽。美国出版国际有限公司在与凤凰传媒的多次沟通交流中,充分领略到凤凰传媒的诚意。凤凰传媒清晰的战略目标、对业务的未来发展规划,终于打动了美国出版国际有限公司——它们最终达成一系列共识,顺利完成本次并购活动。[①]

谈判具有评估不可比拟的弹性与灵活性。在商业活动中,特别是处在买方市场或卖方市场时,买卖双方对于成交的期望值不同、地位不同、实力也不尽相同。如果仅将评估结果作为交易的唯一依据,那么卖方或者买方至少有一方会无法认同该结果,照此下去,几乎不可能达成交易。这就需要借助谈判这双"巧手",把不可能变成可能,把交易无望的商业项目从悬崖边拉回来。苏州飞利浦公司的股东分别是荷兰飞利浦公司东南亚分公司、孔雀集团,主要从事生产显示类产品。后期为加强科研能力建设,孔雀集团欲向荷兰飞利浦公司东南亚分公司转让29%的股份,就此,双方围绕转让价格展开多轮谈判。在谈判过程中,

---

① 汤婷婷:《文化企业海外并购绩效研究——以凤凰传媒并购美国PIL公司为例》,安徽财经大学2018年硕士学位论文,第21页。

双方围绕股权转让价格的测算方法进行多次谈判协商,最终确定以现金流折现法来确定最后的股权转让价格。①

谈判能以多种方式解决关于价格的核心问题。商务谈判涉及许多方面的内容,包括技术、专利、人员、品牌等,但最核心的还是价格问题,所有谈判的内容最终都要落脚到能被双方接受的价格。就像美团收购摩拜单车、滴滴收购 Uber 中国、阿里巴巴收购饿了么、融创收购万达文旅项目等,参与收购交易的双方在各自赛道上都有较强的渠道、品牌、用户资源等优势,它们在收购的过程中围绕产品、技术、组织、品牌、运营、债务等问题进行反复磋商,最终要达成能被双方接受的交易价格——这就需要各谈判团队充分发挥优势了。所以,谈判是解决生意场中几乎所有问题的最佳途径,尽管并购交易离不开前期的价值评估,但谈判发挥的作用还是要远远超过评估。就像飞利浦集团和孔雀集团在围绕折现率争执不下、谈判眼看陷入僵局时,双方决定聘请专家成立谈判专业小组,进行具体问题和细节的沟通对接。谈判专业小组介入以后,谈判进展很快,双方在拟定了详细的步骤和方式后,很快就完成了股权转让。由此可以看出,在解决价格问题时,双方能够以直接或间接等多种谈判方式,也可以聘请谈判团队,以专业水准、高效服务,达成令谈判双方业主都满意的结果。

谈判已经成为企业谋取长远经济利益所必备的战略工具。企业如果能借助谈判来维护自身良好的社会关系,就能稳固自己的行业地位,依靠平稳的运行获取丰厚的收益,进而利用圈层生态关系不断扩大经营的规模。上述目标的实现很大程度上靠的是消弭冲突和规避风险,建设性的谈判是维持良好商业关系的正确途径。

---

① 徐征、王自豪:《当孔雀遭遇飞利浦……——从苏飞公司股权变更看并购中的谈判技巧》,《工厂管理》2003 年第 2 期,第 66—67 页。

三、怎么进行高质量的商业谈判

商业谈判的基础在于有卖方和买方的存在,以及双方对实现经济目的的强烈渴求。所以,想成功谈判,要先充分摸清交易对方的动机,掌握科学谈判的方式方法,组建一支高素质的谈判队伍。

(一)了解卖方选择出售的动机

一般情况下,卖方与买方的出发点往往是不同的。卖方选择出售的动机主要有以下三个方面。

一是基于公司业务转型,抛弃与原有经营理念、核心赛道不相符的业务领域。比如神州数码为了加快向产业互联网战略转型,出售了旗下低增长低毛利的系统分销业务,在全国多个城市展开智慧城市建设,通过汇聚起庞大的数据资源和服务接口,吸引大批互联网巨头,像腾讯、阿里等互联网企业也纷纷选择与神州数码开展合作。

二是因不看好前景,选择出售。比如金蝶国际宣布出售3项亏损互联网业务的股权,将业务重点放在核心的企业资源规划(ERP)业务之上。作为企业服务平台,舍弃不能扭亏为盈的项目,及时止损、保留生机,是一项正确且理智的选择。

三是由于企业经营困难,为了降低负债率,缓解资金压力,选择出售。2017年7月,深陷债务危机的万达分别与融创、富力签下了一笔大单,融创和富力以总计631.7亿元的价格,收购了万达旗下13个文旅城以及76家酒店。其中,文旅产业归融创,酒店产业归富力。这样,万达得以抛售重资产,回笼百亿资金,降低了资产负债率;融创获得了大量土地;富力也获得了大量酒店。

(二)明白买方选择购入的原因

买方选择购入,往往是基于实现自身利益最大化的角度,以此进一步在市场上"攻城略地"。

一是因为企业有富余资金,为了扩大再生产。比如海尔集团从

1991年起就实施资产扩张战略,先后兼并了原青岛空调器厂、冰柜厂、武汉希岛、红星电器公司等18家大中型企业,盘活存量资产约15.2亿元,这使得海尔从一年亏损147万元的冰箱厂成长为营业额超过3000亿元的全球化企业。

二是为了提高市场占有率。五粮液为了不断提升公司品牌价值、提高市场占有率,选择并购小公司,制定"走出去"战略,相继收购兼并了邯郸永不分梨酒业股份有限公司、河南五谷春酒业股份有限公司,并研发中低价位系列产品,低度系列产品,适合年轻消费群体的白酒、果酒系列产品,消费者普遍反映较好。

三是为了壮大企业实力,做大做强。为了实现高铁"走出去"战略,把高铁打造成我国新的出海名片,同时为了防止中国南车与中国北车之间恶性竞争,国资委主导推动以南车换股吸收北车的方式进行合并,成立中国中车。2015年3月5日,中国南北车合并且正式获国资委审批通过。合并后的中国中车一跃成为全球高铁技术的最大供应商,更加巩固了全球最大轨道运输设备制造商的地位,规模效益更加凸显,研发实力不断壮大,市场议价能力不断增强,国际竞争地位更加牢固,加速中国轨道交通装备从"中国制造"向"中国创造"的转变。

四是为了建立起完善的上中下游产业链。比如苹果公司早在2005年4月就收购了一家原本专门研究手势操作/手势识别的Finger-Works公司。2007年,苹果手机1代正式上市,其触摸屏功能是手机业的横空出世之举,远远超前于同时代的按键手机,且仍影响着现在的智能手机。2010年苹果收购Siri,开始了它在语音识别上的征程。为了完善Siri的客户体验,苹果又收购了一家语音识别公司Novauris Technologies。在2012年,苹果以3.56亿美元收购指纹传感器厂商Authen-Tec——随后一个成熟的指纹加密解决方案在iPhone 5s上亮相,并带动了整个产业在指纹识别上的进步。

(三)明确要实现的谈判目标

谈判要以实现的目标为根本准则和行动指南,只有确定了谈判目标,才能在谈判过程中张弛有度、游刃有余。制订的谈判目标,要确保其具有上下浮动的区间,如果没有浮动空间,那么想要取得谈判的成功几乎不可能。所以要将谈判目标设定为底线目标、折中目标、最高目标3个层次。底线目标,是谈判的底线,没有任何妥协余地,哪怕谈判不成功也不能对该目标作出让步。折中目标,是谈判方综合分析计算出的能够达到期望值且获取利益的目标,其本身也具有弹性,在谈判陷入僵局时可进一步让步。最高目标,是理想状态下的目标,实现该目标可使乙方获取额外收益,想达成该目标需要对谈判双方进行充分优劣势分析,并综合多种因素进行分析。

(四)制定切实可行的谈判策略

谈判双方对于标的物的认识不同、诉求不同,期望值也不尽相同。比如对于同样一种商品,急切的购买者和一般的购买者的心理预期就会不一样,所出的价格自然不同。基于此,在谈判过程中要根据企业的诉求,摸清心理预期、争取利益最大化。所以,制定好的谈判策略在谈判中处于关键地位。谈判策略是讲究因人而异、因事而异、因地制宜的,要根据谈判对手的态度、实力等,制定出不同的谈判策略。若对方具有合作精神,有良好的合作态度,且能以双方共同的利益为出发点,那么我们可以采取相应的满意策略、时间策略等。若对方不具备合作精神,过于强调自身利益而忽视共同利益,那么我们就要采取迂回策略、调停策略等。

(五)谈判人员应具有责任心和无私奉献的精神

在商务谈判中,谈判人员的表现对谈判成败起着至关重要的作用,若谈判人员缺少必要的责任心和无私奉献的精神,则会被对方抢占先机,致使己方的利益受损。责任心是谈判人员应具有的最可贵的品质,它可以起到充分维护己方利益、争取最大权益、实现谈判目标的作用。无私奉献的精神是底线,它要求谈判人员能以己方的大局为重,不掺杂个人私利,也不易为对方私下开出的条件所诱惑。谈判人员只有具备这两种素质,才能严格执行谈判的策略,保守住谈判秘密,克服种种困难,最终实现既定的谈判目标,促成经济利益的实现。

通过以上论述,我们能够明白在企业经营管理过程中,既要看到评估重要性的一面,因为它在企业进行投资决策、开展并购、优化管理等方面发挥着独特作用,又要看到评估存在的一定局限,选择评估方法不一致、人为因素干预、行业相关法律法规不健全、从业者素质良莠不齐等因素的确会影响企业经营目标的实现。所以,企业既要重视评估又要不完全迷信,更不要一评了之,要辩证看待评估和谈判之间的关系,要将评估和谈判进行有机结合,贯穿到企业经营活动当中,在评估的基础上谈判,通过谈判实现企业的发展目标和利益的最大化——只有这样,才能在激烈的市场竞争中,积极灵活地应对各种困难,实现既定目标,不断巩固优势,逐渐做大做强!

第十六讲

聚焦主责主业,推进高质量发展

【摘要】聚焦主责主业,是企业实现可持续发展、高质量发展的基础,是企业趋利避害、稳健经营的需要。本讲从主业的核心地位、重要作用出发,阐述了主业对于企业不可替代的重要性,分析了主业与多元产业之间的关系,并结合案例论述了盲目多元化的危害性。本讲提出在实践中要处理好"有为"与"不为"的关系,做大与做强、做优之间的关系,快与慢的关系,进与退的关系,为企业的健康发展提供了借鉴。

无论是国企还是民企,持之以恒聚焦主业,拿出真正有竞争力的产品、服务,是赢得市场、赢得消费者的基础,也是企业实现高质量发展的根本保证。

一、聚焦主业是经营管理的基石

经营一家企业,选择什么样的路子,是专注主业还是搞多元化经营,不同企业对这个问题的回答不尽相同。

专业化是指企业聚焦于自己的优势领域,把资源集中于该行业。与之相对,也有很多企业不把业务局限在某一个行业,而是进入多个领域,推动业务多元化发展。

专业化可以成就一个优秀的企业，多元化也能够造就一个卓越的公司。但是在现阶段，对于不具备集团化经营条件的单个企业来说，我们更强调聚焦主业的重要性。

第一，主业代表着企业的核心竞争力，主业不突出、不集中，将弱化企业的竞争力。万科创始人王石说过，无论是个人还是企业，拥有的资源总是有限的，因此，做企业不能片面追求规模，应该把资源集中在核心业务上；否则，四面出击，八方应付，很可能会从整体上降低企业的竞争力，这是得不偿失的。在有限资源约束的条件下，促进企业发展最有效的方法是聚焦主业——这并不是反对多元化经营。企业拥有了强大的核心竞争力后，围绕主业延伸产业链条，扩大经营规模，能够产生协同效应，实现集团化发展，可降低经营风险。这种情况下，多元化会有利于企业巩固和壮大主业，而不是分散资源、削弱主业。

第二，聚焦主业可以使企业行稳致远，实现持续发展。几乎所有企业的经营管理者，都在心心念念打造"百年老店"。然而，现实却是，我国企业的平均寿命普遍不长，民营企业平均寿命仅为3.7年，中小企业平均寿命只有2.5年，大公司的平均寿命也不过7—9年。观察国内外的百年老店，我们不难发现，它们都有一个共同的特点，那就是始终专注于自己的优势领域，并且在这一领域内深度挖掘、做到极致——这是值得我们学习的。

第三，聚焦主业是企业实现高质量发展的必然要求。财政部数据显示，全国国有及国有控股企业（不含金融企业）资产总额从2013年的91.1万亿元增加到2018年年底的178.75万亿元，年均增幅达14.4%，而同期利润总额从2.41万亿元增加到3.39万亿元，年均增幅为7.1%。可见，国有企业资产规模的快速增加未能带来利润总额的同步增长，国有企业发展质量不高的问题日益凸显。2019年，119家中国企业（不含中国台湾地区）进入"财富世界500强"榜单，它们的平均销售收益率为5.3%,低于世界500强平均水平的6.6%;平均净资产收益率为9.9%,低于500强平均水平的12.1%。国有企业发展质量不高,一个重要原因是企业涉猎的范围太广、投资效率不高。可见,大不等于强、也不等于优,盲目扩张规模,企业的收益未必就能够提高。

第四,聚焦主业,在当前国际、国内经济形势复杂的背景下,对于企业来说有着特殊的意义。从国际上看,全球化趋势正在逆转,国际贸易环境趋于恶化,这对相关企业的抗风险能力提出了更高的要求。从国内环境来看,当前我国宏观经济政策、金融政策处在不断调整变化中:经济上行时,企业融资较易,经营压力似乎不大;而在经济下行时,政策、市场约束更加明显,企业的资金安全问题很可能就会暴露出来。显然,在经济疲软的市场环境中,专注主业,避免乱铺摊子、乱上项目,有助于企业防控风险、做到稳健经营。

总之,多挖几口井不如深挖一口井,专注于自身擅长的领域、坚守主业,是企业生存发展的根本。

二、盲目多元化是企业的大敌

2023年3月6日,习近平总书记在看望参加政协会议的民建工商联界委员并参加联组会时指出,对于新兴产业,一定要搞好统筹规划,搞清楚市场有多大、风险在哪里,要防止一路所向披靡、孤军深入,最后却被人兜了底、全军覆没。

面对高质量发展的际遇和挑战,企业的发展不能走规模化扩张的老路,而是要紧紧依靠创新把实体经济做实、做强、做优。一方面,坚守主责,聚焦主业,做强实业;另一方面,实干担当,苦练内功,发挥好主业的带动作用,推动产业链上下游强链、补链、固链、延链,激发创新活力,提升核心竞争力。

从理论上说,多元化经营有利于企业分散风险,扩大企业规模和提升经济效益。但从实践看,多元化之路也充满陷阱,有些企业的多元化并没有创造额外的价值,反而成为企业衰败的诱因。著名医药企业三九集团的多元化之旅就是典型例证。从1995年到1997年年底,三九收购企业近50家,而这些企业大多与医药业无关。最终,三九集团由于债务负担太重而陷入困境。

部分企业的失败,并不是多元化本身的过错,而是因为它们缺乏战略思考,没有认真分析自身优劣势并做好多元化经营的准备。究其失败原因,主要体现在以下几个方面:

①偏离主业、损害核心竞争力的多元化使企业成为无根之木。

首先,多元化有可能导致企业发展方向的分散,新旧产业互不协调会使企业丧失市场地位。企业要进入一个新产业,一是要考虑这一产业能否与原有产业相适应,应起码做到不相互冲突;二是要考虑新产业的市场状况如何、是否处于饱和状态,企业是否能够顺利进入、站得住脚并有较好的发展前景。如果计划进入的新产业与原有产业相互冲突,并且会削弱原有的核心业务,那么风险就难以避免。多元化经营也会使得企业资源和资金分散,不利于企业集中力量去发展一项产品,也很难实现产品研发和品质功能的提升;企业的资源都是有限的,进入新的产业,就很容易导致原有产业所拥有资源的减少,使原产业受到挤压。

其次,盲目多元化可能会削弱企业的核心能力。企业多元化战略失败,往往是因为忽视了企业核心竞争力的培育。多元化的目的应该是进一步增强企业的核心竞争力,但是多数企业的多元化会削弱企业原来的优势,若此时又没有形成新的核心竞争力,企业最终会走上覆灭的道路。如春都在采取多元化战略的同时,把原来的看家武艺——屠宰工序完全淘汰,"下放"给了原料供应商们。而作为一个肉类加工企业,春都的核心竞争力无疑是在肉类产品的生产和经营上。基本上什么都要做的春都显然已经完全迷失了方向,日渐模糊了好不容易在消费者心目中培育起的品牌形象。一个丧失了核心竞争力的企业,在市场上就不会再有竞争力,所以春都节节败退,最终几乎从市场上消失了。

而围绕主业不断深耕,做精、做细、做深,打造独特的竞争优势,也能够创造出骄人的业绩。郑煤机自1964年产出我国第一台液压支架后,60余年间始终专注装备制造业,经历了从无到有,从引进国外技术到完全自主研发,在关键领域解决"卡脖子"问题,成为我国制造业单项冠军企业之一。

②多元化时机不成熟,条件不具备。

俗话说,隔行如隔山。一般来说,企业只有已经在某个领域做优做强、形成核心竞争优势之后,才能够考虑进行多元化布局。而且,在实施多元化经营之前,企业必须进行充分研究和评估,制订好方案和战略。企业进入新领域的优势是什么?不足和短板是哪些?采取什么办法补足这些短板?遇到困难应该怎么应对?对于不利于壮大主业、不能提升核心竞争力、企业资源难以支撑的非相关多元化,应果断放弃。如果不考虑自身条件,仅仅因为前期经营成功而产生盲目自信,或者看到别人赚钱就急匆匆地跟进去,就很可能掉进陷阱。

坚守主业,适度多元,锻长板、增新品、延链条,则是对企业主业的巩固和支撑。近年,河南航投的快速发展使其成了河南国有企业的一张亮丽的名片。它融入国家"一带一路"建设,先后发展了航空运输、航空物流、通用航空、金融、航空制造、航空培训、民航基础设施、文化旅游等产业板块,其成长路径也紧紧依托"航空"主业,做到了重点突出、多元发展。

③企业管理的难度和成本加大,企业决策层的规划和协调能力经受不住多元化经营的挑战。

多元化经营意味着企业要面对多个产业和多个市场,这对企业管理者的管理能力提出了新的挑战,也就要求企业的管理和决策层转换角色,成为掌握多领域知识的多面手;只有这样,他们才能胜任新业务、新要求,掌握企业经营发展的主动权。问题是,这种转换非一时一日之功。很多企业选择的多元化方向未必错误,但是,再好的业务、项目没有行家里手的操盘,就很难避免失败。

从以上分析可以看出,在条件不全、准备不足时盲目推行多元化,很可能导致灾难性的后果,这种多元化不但实现不了预期目的,还会给企业带来新的风险。

三、要处理好几个关系

聚焦主责主业,在工作中要坚持辩证思考、整体谋划,处理好"有为"与"不为"的关系,做大与做强、做优之间的关系,快与慢的关系,进与退的关系。

要处理好"有为"与"不为"的关系,做到"有所为有所不为"。我们要清楚:企业的能力是有边界的、企业的资源是有限的,什么都想做,觉得满眼都是机遇,最终就可能什么都做不好。有舍才有得,敢于不为,才更有为,在作决策、上项目时,要坚持:不做与主业争资源、影响主业发展的,与主业关联度低的,不熟悉、不擅长的,不利于企业做优、做强的,处于价值链低端的项目及行业。

要处理好做大与做强、做优之间的关系,就不能盲目追求规模。企业的大、优、强具有一定的内在联系,但是"大"未必一定"优"和"强"。有专家发现,日本企业除任天堂外,都实行了多元化经营,但是这些企业的纯利润却并不高;同期美国 500 强企业的平均利润率就远远高于日本企业。比如,索尼旗下有手机、照相机、电视机、电脑等多品类产品,2007 年的营业收入达 704 亿美元,但是,利润率却只有 1.7%。同期的任天堂,虽只有游戏机一个品类,营业收入也只有索尼的6%,利润率却达到了惊人的22%。我国企业也是如此,一些规模不大的企业,往往会因其"专精特新",在市场上赢得丰厚的利润。

要处理好快与慢的关系,就要沉下心来下笨功夫、慢功夫。中国的企业家中,有人数十年如一日坚守自己的核心业务,心无旁骛地耕耘,慢工出细活;也有一些企业家什么来钱、什么容易赚钱就做什么,最终却损失惨重。格力多年来一直坚守主业,坚守实业,不因为现金流充裕炒快钱。董明珠说:"当别人都向往着挣快钱的时候,我要摸一摸我的社会责任心,既然我们已经迈入了制造业,迈入了实体行业,就应该奉献。我想做的是百年企业,打好百年企业的基础,不能局限于短期的快钱盈利。今天赚快钱公司盈利了,明天快钱没有了公司业绩就下滑了,这对股东是不负责任,甚至对社会的稳定也是不负责任的。"

要处理好进与退的关系,果断剥离非主业、非优势业务,处置僵尸企业,瘦身健体。一般来说,企业经营"进"比较容易,"退"则较难;但是,为了持续健康发展,有时也必须主动后退,这样才能更好地进。有生有死、优胜劣汰,这是市场法则。"好想你"就出售了网上坚果销售平台"百草园",继续聚焦到红枣业务,并在去核红枣的高端路线上持续发力。河南日报报业集团有限公司关停并转长期亏损、规模较小的企业,2020年就确定关停3家子公司,2021年确定关停1家子公司并退出1家参股公司,此举退出了低效资产、提高了资源使用效率、提升了集团净资产收益率。

从根本上说,聚焦主责主业,就是要求企业转变发展理念,摆脱"跑马占地"的粗放式经营,转为苦练内功的内涵式发展。依靠核心技术和科学管理求发展,依靠创新求突破,只有这样,企业才能真正走上康庄大道,做优、做强、做大。

第十七讲

加强知识产权工作,增强企业核心竞争力

【摘要】企业是创新的主体,更是形成知识产权的主体。我国企业还普遍存在知识产权意识淡薄、管理粗放、运营能力不足等问题。加强知识产权保护,实现知识产权的高质量创造、高效益运用、高标准保护,不仅是增强企业竞争力、创新力、控制力、影响力和抗风险能力的需要,也是深入贯彻新发展理念、推动高质量发展的内在要求。

创新是引领发展的第一动力,保护知识产权就是保护创新。党的十八大以来,党中央就把知识产权保护工作摆在了更加突出的位置,为我国知识产权保护工作指明了方向、提供了根本遵循。我国知识产权保护体系不断健全,保护力度不断加强,全社会尊重和保护知识产权意识明显提升,知识产权保护进入新时代。

企业是创新的主体,更是形成知识产权的主体。一个企业的决策者,若没有强烈的知识产权意识,企业未来发展之路会越走越窄。如何深刻认识和把握知识产权保护的新形势新任务,打通企业知识产权创造、运用、保护、管理全链条,推动企业在市场经济的大潮中奋楫扬帆稳驭舟,是企业领导者需要深入思考的问题。

第十七讲 加强知识产权工作,增强企业核心竞争力

一、知识产权对企业生存发展影响重大

知识产权对企业生存发展有多重要?我们可以从华为公司的成长之路中找到答案。

华为这家于 1987 年在深圳成立的民营企业,2021 年实现全球销售收入 6368 亿元,净利润 1137 亿元,同比增长 75.9%。面对美国的多轮制裁等不利情况,华为表现出了惊人的生命力和抗压性。

华为能在逆境中凤凰涅槃的原因有很多,但保护知识产权的价值观居功首位。截至 2021 年年底,华为在全球范围内的发明专利累计申请量已经超过 20 万件,累计授权量超过 11 万件。过去 5 年里,超过 20 亿台智能手机获得华为 4G/5G 专利许可。在汽车领域,每年约有 800 万辆获得华为 4G/5G 专利许可的智能汽车被交付给消费者。毫无疑问,知识产权已成为华为持续发展的不竭动力。华为的知识产权价值观,对中国企业来说,具有很强的针对性和指导意义。

(一)加强知识产权工作,是企业适应数字经济发展的重要举措

数字经济已经融入人们生活的方方面面,成为现代市场体系的重要组成部分。数字经济的发展给知识产权保护同时带来了机遇和挑战。一方面,网络平台的零售、直播、短视频营销不仅能使企业有机会触及更广泛的目标受众,把握不断变化的客户偏好和市场趋势,也能使企业降低经营成本、扩大利润。随着网络营销成为中小企业主流营销方式,商标、专利等知识产权也成为一些优势平台衡量企业能否进入的必要条件,比如天猫旗舰店要求入驻企业必须满足一定的资质,京东自营店也要求入驻的产品必须有一定的品牌影响力。另一方面,互联网是侵权现象多发的领域,如果不加强商标、专利、著作权等知识产权的保护,那么竞争对手便会通过模仿、复制、反向工程等不正当手段参与市场竞争,进而极大地损害自己企业的利益。

(二)加强知识产权工作,是企业满足消费新需求的必然选择

2021年我国人均GDP已经达到12551美元,超过世界人均GDP水平,接近世界银行发布的高收入国家门槛值。随着我国发展阶段的变化,居民消费能力不断提升、消费预期持续增强,中国消费正从"有没有"向"好不好"转变。消费者选择商品时会更加注重有没有商标品牌,有没有新外观、新功能、新理念。这就需要企业不断开拓创新,顺应消费升级趋势,从拼数量、拼规模转变为拼创造、拼质量、拼品牌。这些年,伊利、李宁、安踏等企业通过产品创新,收获一批又一批年轻粉丝;大白兔、回力等老字号品牌也通过产品迭代焕发新活力。这一点也在相关报告中得到印证。京东消费及产业发展研究院发布的《2021年度消费趋势盘点报告》显示,多样化、个性化消费需求的持续升级,智能类、潮流类、健康类等产品在内的个性化消费产品成交额同比大幅增长。14亿人口规模的市场优势和消费潜力使各企业大有可为。

(三)加强知识产权工作,是企业赢得市场竞争的重要武器

专利、商标、著作权、商业秘密等是企业在生产经营中创造的智力劳动成果,也是企业的核心竞争力和战略资源,具有垄断性、排他性——除非企业许可或法律规定,任何其他人都无权无偿享有。知识产权作为市场竞争中的一把利剑,既能推进企业高质量发展,又能促进竞争和合作,抵御竞争对手的挑战。20世纪初,中国的DVD产业曾居全球第一,日本、韩国的企业根本无还手之力。然而,好景不长:欧、美、日、韩后来便组建了专利联盟向中国DVD企业收取昂贵的专利费,其专利费甚至超过DVD的成本,中国DVD企业在其联合绞杀下走向衰落。正如这句话所说:"专利是企业的金丝软甲,是企业拓展的武器。"

(四)加强知识产权工作,是企业高质量发展的重要法宝

如果说企业像一棵树,那么知识产权就是企业的根;树根扎稳了,大树才能枝繁叶茂。市场上有一个判断企业实力强弱的标准,就是企

业的知识产权拥有量。知识产权拥有量多,一定程度上说明企业科技含量高、创新能力强、市场前景好。企业的知识产权价值高不仅能给企业带来巨大的经济效益,也能给企业带来更多的发展上的扶持。2022年,国家对高新技术企业给予15%的税收优惠;很多地方政府也参考国家相应标准给予资金奖励。一个技术含量高的专利、一个信誉良好的商标、一个高价值的商业秘密,其蕴含的市场价值是不可估量的。山东九阳股份有限公司发明的"快速制浆的豆浆机"专利,便使其赢得了国内市场70%的占有率,该产品还远销美国、新加坡等40多个国家和地区。美国的可口可乐公司,靠着一个配方打遍天下,成长为全球品牌价值最高的企业之一。

总而言之,知识产权是企业的战略资源和核心竞争力,没有知识产权的企业,仅靠廉价劳动力等低成本竞争优势,是很难有市场的。在激烈的市场竞争中,企业拥有知识产权的优势地位,就意味着掌握了行稳致远的"王道"。

二、企业知识产权工作普遍存在的问题

知识产权工作是链条性的,包括创造、保护、运用、管理等环节。创造是源头,运用是目的,保护是核心,管理是关键。波士顿咨询公司全球高级副总裁兼董事麦维德曾说过:最成功的企业将是那些有能力创造并管理知识产权宝库的企业。我国的企业知识产权保护虽取得了很大的进步,但整体而言,普遍存在以下几个方面的问题。

①知识产权概念、观念淡薄——这已成为加强企业知识产权工作亟须解决的关键问题。

不少企业欠缺对他人知识产权的尊重,知法犯法。比如,一些信息网站、出版传媒类文化企业经常会有转载作品时未注明作者或其来源,转载作品时虽标明作者或其来源但未获得明确授权,未经允许摘录、整

合其他媒体的报道等非法行为。有些制造业企业经营思路还停留在赚快钱的低层次,甚至靠"傍名牌、搭便车"过日子,这严重扰乱了市场经济秩序,破坏了公平竞争的市场环境。2021年,我国共查处违法案件5万多件,其中批准逮捕中涉及侵犯知识产权犯罪案件达4500余件。如果企业还在知识产权上投机取巧,无异于自断前路。

很多企业对知识产权价值认识不足,且受长期管理模式惯性的影响,重有形资产而轻无形资产,意识不到专利、商标等知识产权所包含的巨大价值。截至2021年年底,我国发明专利有效量为359.7万件,有效商标注册量为3724万件;但我国市场主体达1.5亿户,拥有专利、商标的企业占比不是很高。这说明一些企业商标保护和品牌意识落后,没有注册商标的企业占大多数,注册防御性商标的更是少之又少。同仁堂商标在日本被抢注,海信商标在德国被抢注……格力商标在巴西被抢注……中国企业商标在海外遭遇抢注的情形层出不穷。企业想要走出去,就要基于商标权保护的地域性原则,提前进行商标布局,以避免因为商标问题而产生的经营风险。

②不少企业对知识产权采取粗放式管理策略,保护途径不清晰,具体措施欠缺,积极主动性不足。

粗放式管理主要表现为不少企业未明确知识产权管理部门,缺乏完善的知识产权合规管理制度;知识产权家底不清,知识产权资产总数、保护情况等基本数据缺失。很多企业虽然明确了知识产权管理部门,但知识产权管理执行机构多数设置在其他行政管理部门之下,管理层级相对不高,难以调动整体资源。受多方面因素的影响,我国企业与发达国家企业相比,在知识产权管理方面仍然存在着明显的差距。日本公司普遍成立了地位较高的知识产权部门,设立专利信息管理库,对专利信息进行收集、分类和分析,以监控追踪对手的专利信息,为企业的研发、产品投放、专利申请与维护提供决策参考。

知识产权管理积极主动性不足的一个重要原因是科学评估体系和激励机制的缺失。知识产权是无形资产,其价值计量方法十分复杂,不易被准确评估,不同人的评估结果可能相差几十倍甚至几百倍。科学评估体系和激励机制缺失往往导致企业——特别是国有企业——的相关人员抱着"多干多错、少干少错、不干不错"的消极心态,普遍不作为、不担当、不负责,致使知识产权长期"睡大觉",难以转化为实实在在的经济效益。

③知识产权运营处于初级阶段,知识产权效益放大效果不明显。

知识产权运营涉及知识产权的布局、组合、转让、许可、融资、作价入股、诉讼等,专业性极强。很多中介服务机构服务质量和信誉不高、高素质知识产权专业人才不足,这使得很多企业管理者对运营知识产权信心不足,即使拥有优秀品牌、高价值发明专利、优质版权内容,他们也很少开展转让、许可、质押等运营活动。国家知识产权局数据显示,2021年全国4842万家企业中,仅有1.5万家开展专利、商标质押,占比仅为0.03%。其实,对一些处于初创期的科技型企业来说,以专利、商标等"轻资产"获得融资支持不失为一个很好的选择。

在国家持续加强知识产权保护工作的大背景下,企业所拥有的知识产权数量快速增长,但大部分都是商标和外观设计,含金量高的发明专利占比不高。很多企业重数量、轻质量,重申请、轻实施;有的企业甚至为创新而创新,以数量"撑门面"。专利多而不强,转化利用率低,一直是我国知识产权领域的难言之隐。2019年,国内有效专利许可率为6.1%,2020年为4.4%。商标是企业的第一张名片,凝结了所标示商品、服务以及商品经营者、服务提供者的信誉,市场和消费者的认可度。大量的企业虽然注册了商标,但是由于种种原因,许多企业商标的名号还没打响就倒闭了;商标未经过持续、长期、大量使用,消费者连品牌都不知道的话,就更不用提品牌溢价了。

④由于举证难、周期长、赔偿低,企业维权的积极性和主动性不高。

移动互联网时代,网络已成为知识产权侵权的高发地,线上侵权行为更易实施、更隐蔽、更复杂,收集固定证据更加困难。例如,侵犯著作权的行为,专业技术性和隐蔽性强,侵权者能迅速删除侵权证据,这使得权利人很难及时发现、弄清并捕捉到相关证据;在侵犯商业秘密案件中,权利人往往会因拿不出关键证据而维权失利,部分权利人也会担心"再次泄密"而不敢维权;在侵犯商标权案件中,一些真假难辨的山寨产品利用互联网平台监管漏洞非法获利,增大商标权人维权难度;在判断难度大的专利侵权案中,技术比对、专家参与或鉴定、案件审理周期长等,使得很多企业精疲力尽。

知识产权侵权案件的判赔率较低也加大了维权难度。相关统计资料显示,我国97%以上的专利、商标侵权案件和79%以上的著作权侵权案件由于难以证明侵权所造成的损失和侵权人违法所得,而不得不采用法定赔偿标准,而法定赔偿额普遍较低。例如,在有的著作权侵权案件中,原告即使赢了官司,也只能获赔几百元——连诉讼费都不够。"赢了官司输了钱"让被侵权者只能忍气吞声。

三、加强企业知识产权工作对策

知识产权战略已上升为国家战略,企业要适应新形势、把握新要求,深入贯彻新发展理念,在国内和国际因素相互影响中谋划知识产权工作。缺乏明确和清晰知识产权战略的企业,不可能实现创新发展,不可能成长为卓越大企业。从国内外一些大企业的做法看,企业加强知识产权工作至少要把握好以下三点。

①加强创新力度,打造知名品牌。

创新是引领发展的第一动力。抓创新就是抓发展,谋创新就是谋未来。企业在发展过程中,要牢固树立创新发展理念,只有加强技术创新、模式创新、产品创新,提高综合竞争优势,才能在激烈的市场竞争中赢得发展主动权。

小米就是典型例证。2010年,雷军和其他12名合作伙伴一起喝了碗小米粥,创办了小米。2019年,小米成功跻身世界500强,营业额突破2000亿元;2021年第二季度,小米成为全球第二大手机厂商,占据了17%的全球手机销量——这样的成绩在全球企业里绝无仅有。奇迹的背后隐藏了三项创新。一是技术创新,小米不断加大研发投入,不计成本地做好产品。二是营销方式创新,小米只在官方网站上进行销售,以销定产,省去渠道费用,达到最高的性价比。三是硬件和软件都向公众开放,让用户参与到产品设计中,培养品牌的"死忠粉丝"。三项创新引领小米快速成长,使其不断增强自身实力和全球竞争力,实现高质量发展。

美的集团的发展史也是一部鲜活的创新史。对于美的来说,唯一不变的是"变"。美的集团董事长兼总裁方洪波曾经在无数个场合无数次道出美的成功的秘诀:"变革、创新让美的总能提前半步把握时代的脉动。没有什么最好或者最坏的环境,只有最好的行动和最好的自己。"1980年,美的自行研制生产出国内第一台金属风扇,从此开启了一条街办塑料生产组成长为家电巨头的创新之路。以客户需求为导向的创新、以技术升级为导向的创新、以市场合作为导向的创新、以人才管理为导向的创新,贯穿美的产品研发、生产、销售等各个环节。美的在全球布局专利超过10万件,2021年实现营业总收入3433.61亿元,净利润285.74亿元。

小米和美的的创新经验,对其他企业来说具有很强的启发意义。我国大部分企业创新力有限、品牌美誉度不高、消费者的信任感不强,这些不足之处蕴含着巨大的提升空间。坚持不断创新、认真倾听消费者的声音,通过精益求精的工匠精神,将创新与品质实现完美融合,才能使企业品牌在市场上得到认可、赢得声誉。

②加强知识产权文化建设,增强员工保护知识产权的使命感、责任感。

"致天下之治者在人才,成天下之才者在教化。"知识产权文化建设是知识产权保护的重要内容和关键支撑,也是一项打基础利长远的工作。知识产权保护涵盖知识产权创造、运用、管理等方面,关联人才、技术、资金、管理等要素,贯穿企业经营全过程,不可能一蹴而就。加强知识产权文化建设,要把知识产权保护意识渗透进企业经营的各个环节,使其成为从决策层到管理层,再到普通员工的共同意识和自觉行动。只有这样,知识产权工作的活力才会竞相迸发,内生动力才会充分涌流,知识产权工作才能深入、持久开展。

知识产权文化不是孤立的,它与企业的产品和服务、市场环境等密切相关。企业加强知识产权文化建设要立足产品和服务,紧密结合主责主业,针对突出的矛盾和问题,这样才能下好先手棋、打好主动仗。比如,河南日报报业集团有限公司为避免出现记者辛苦创作的新闻报道被商业平台无偿取用的情况,连续3年把版权保护列为重点经营工作,开展版权保护专项行动,实现社会效益和经济效益双丰收,2021年度版权收入1000万元。

需要强调的是,企业知识产权文化的培育是一项长期性的基础工程,短期内难以呈现功利性效果,企业管理层要高瞻远瞩,"一把手"要尤其重视和支持该项工作。"一把手"带头讲、带头抓知识产权工作,才能使知识产权工作落地落实。

③建立健全知识产权管理体系,增强工作的系统性、整体性、协同性。

第一,要制定好规章制度,确保知识产权保护精准有效。企业要结合《"十四五"国家知识产权保护和运用规划》,以及企业发展状况和目标,制定符合实际的知识产权保护战略和中长期规划,找准目标、明确路径、落实举措,形成指导性、可操作性都很强的规范性文件,真正做到"制度管人、流程管事"。同时,在规划制定中,要落细、落实容错纠错机制,严格划清知识产权工作中失误与失职、敢为与乱为、负责与懈怠、为公与徇私的界限,为敢于担当、勇于负责的员工撑腰鼓劲,积极营造良好的工作氛围。

第二,要落实好工作机构,压严知识产权工作的主体责任。知识产权工作涉及企业研发、生产经营、市场营销、人力资源、法律事务等方方面面的工作,必须合理确定相关业务部门的职能分工。有条件的企业要专门设置机构负责组织协调、统筹推动知识产权保护工作:如通过制定详细的知识产权管理方案,摸清知识产权资产家底;建立知识产权资产管理系统,协调有关部门完善知识产权资产会计核算制度,规范管理知识产权资产;等等。不具备条件的企业要按照知识产权创造、应用、管理和保护等不同的工作内容,明确相应的职责部门,使各部门工作内容具体化,做到既分工负责又协调配合。

第三,要建好评价体系,增强知识产权工作的有效性。任何一项工作,都面临如何评价的问题。企业加强知识产权工作,有必要建立一套科学、系统的评价体系来检验知识产权工作成效,以正确判断知识产权现状,分析知识产权创造、保护、运用、管理等方面存在的主要问题及其根源,有针对性地及时调整相关工作细则。知识产权评价体系应包括两个方面。一是内部评价。内部评价包括成本、行业前景、获利能力、市场份额、技术发展趋势、寿命周期等多项评价内容,企业通过自查、自评的形式开展内部评价,可实现以评促创、以评促改、以评促管,更有效推动工作落实。二是外部评价。企业可委托第三方机构对知识产权价值进行评估,量化企业知识产权投融资的价值,让知识产权价值能被看得见、说得出。外部评价也是一种有效的经营策略。比如,很多企业会对商标等知识产权进行评估，以增强消费者的认知度和忠诚度，发挥商标的价值带动作用，提高企业的整体形象。

第四，培养用好人才，打通知识产权人才工作全链条。专业人才是知识产权事业发展的保障，也是知识产权工作的重要资源。首先，要培养或引进大量的知识产权创造人才，鼓励其大胆设计企业商标，研发生产工艺、生产技术、专利技术等，以提升知识产权创造人才的实务能力和技能水平。其次，培养或引进精通知识产权法律法规、擅长知识产权组织管理、具备知识产权运营能力的人才，推动知识产权转移转化，产生效益。最后，要营造良好的机制和工作氛围，着力解决知识产权人才培养和使用中的关键问题，强化待遇保障，拓宽人才发展空间，提高人才获得感和认同感，最大限度地激发员工的创业热情。

综上，进入新发展阶段，知识产权战略性资源和核心竞争力作用更加凸显。企业要深刻理解和把握加强知识产权保护的重要意义，精准施策，补齐知识产权保护的短板，大力提升知识产权创造和运用能力，在知识产权强国建设新征程中同频共振，借势发力，乘势而上，确保知识产权工作取得实效，为企业长远发展筑牢根基、积蓄动能。

第十八讲

有进有退是企业成败的关键

【摘要】 在当前中国特色社会主义市场经济体制下,企业要实现由大到强的转型发展,就要既考虑"进入"战略,又关注"退出"战略,将退出看作经营过程的关键环节,以退为进,以退出劣势业务、集中突出优势主业、提升资源配置效率、更好布局新业务领域。本讲将从"进""退"管理逻辑、实施关键点和策略思路方面出发,说明企业有进有退才能在激烈的市场竞争中发展壮大。

无论是国有企业,还是民营企业、外资企业等,都要直面市场化竞争——优胜劣汰,亘古不变。企业生存和发展的首要关键,或者说战略关键,是时刻把握产业和市场演变的脉络和节奏,从自身条件出发、依据比较优势,决定进入哪些产业、退出哪些产业,进入哪些项目、退出哪些项目。企业在经营过程中应该始终坚持"有进有退,有所为有所不为,进是为了发展,退也是为了更好地发展"的原则,通过产业布局调整优化资源配置,实现经营效益最大化。

坚持有进有退,就是要"按战略进,以市场退",这不仅需要企业家的勇气,也需要企业家的智慧。无论是"进"还是"退",都需要企业家用超前眼光和前瞻性的战略思维来进行决策。企业选择"进",是要进入经营效益好的市场、行业、业态、项目以及商业模式等,即要结合企业实际情况做最优的资源配置。而当企业所处行业、市场、技术、用户和消费群体或者政策窗口期发生了变化时,企业家就应该有战略抉择的气魄,以市场为导向,合理选择"进"和"退"的时机。

一、有进有退,该退快退

企业发展所要解决的根本问题是在有限资源和有限市场空间的双重约束下,优化配置稀缺资源,包括但不限于决定进入哪些新产业、退出哪些老产业,进入哪些新地区、退出哪些老地区,投入哪些项目、退出哪些项目等——这些战略决策决定了企业能否长期保持竞争优势。无论结果的好坏,进入和退出的战略决策对企业都具有持久性、全局性的影响。通常情况下,企业把握进入和退出的时机比单纯技术效率的提高更为重要。正确把握进入时机、选择进入领域和项目是企业成功的关键因素,而正确把握退出机遇、选择退出方式,同样也是企业长期立于不败之地的关键。从实践中来看,在企业的发展过程中,退出市场的难度有时要比进入市场的难度还要大;在某些特定阶段,退出对企业来说可能意义更为重大。一名企业家是否称职或优秀,有时很大程度上取决于他能否在合适的时机、以最优的方式和更低的成本主动实施退出战略。"进"的原因相对直观就不再赘述,下面将着重围绕"退"的原因,具体说明其深层次的经营管理逻辑。

(一)退出不具有竞争力的市场

多数企业在发展壮大过程中,会出于扩张主业、发展配套产业、稳固产业链、增加利润点、扩大影响力等目的,纷纷进行多元化布局。但企业扩张到一定规模时,就会极易出现业务分布过广、管理层级过多、主业大而不强、副业拖累主业的问题,此时企业应该有进有退、有所为有所不为,着力增强自主创新能力,进一步做优主业,下力气退出不具有优势的非主营业务,提高全要素生产率和核心竞争力。以东风汽车集团的转型发展为例。东风汽车集团建厂以来所有制与产权形式日益多元化,各层级的东风系法人企业曾达300多家。市场竞争加剧后,很多企业原有的体制机制日益丧失竞争力,有的企业还连年亏损。为此,东风汽车集团以"创新发展一批、重组整合一批、清理退出一批"为主线,通过战略退出、关停并转、拆分重组、混合参股等多种方式,不断推动相关企业瘦身健体、提质增效。自2014年开始,东风汽车集团下定决心对旗下公司实施精简"瘦身":2014年完成东风朝柴、东风朝阳思益的股权移交,进行东风南充股权划转;2015年完成工程建设、燃气业务、设备修造业务的退出;2017年完成电视网络业务和东风地产业务的战略性退出。截至2017年年底,东风汽车集团已累计"压减"法人企业50家,并完成8家"僵尸"或特困企业的治理工作。通过多轮"瘦体转身",东风汽车集团实现了更具现代化、更具活力的自我蜕变,2021年以868亿美元营业收入名列《财富》世界500强榜单第85位,较2020年提升15位。

(二)退出没有优势的行业

当前技术创新的速度越来越快,几乎各个领域每天都有创新,而且技术扩散的速度也前所未有。技术迭代更新会打破原有产业格局,倒逼依赖传统技术的企业主动转型、退出或被淘汰。再例如日本松下电器公司,2020年宣布退出半导体业务,将经营资源集中投资于前景更好的领域。松下公司于1952年进入半导体产业,曾凭借动态随机存取存储器(DRAM)等产品引领全球,销售额曾长期位居全球前10名。近年,随着美国、韩国、中国企业的崛起,再加上松下家电销量的大幅减少,松下半导体业务持续亏损,原有优势已不复存在。松下公司主动退出半导体业务,也折射出日本在高投资高风险的芯片产业上优势逐渐衰弱,并转向投资收益相对稳定的半导体设备和材料领域。松下公司退出半导体业务后,将发展重点转向电动汽车电池业务。松下公司

2021年合并财报显示,其营业利润增长38%,达到3575亿日元;其中,电池业务营业利润增长92%,达到642亿日元。

(三)退出落后的业态

移动互联网、物联网等新技术的出现应用,会导致较多传统消费业态面临退出转型压力。以零售业发展为例,零售业先后经历了百货店、连锁店、超市等业态,再发展到网店业态——这种把计算机网络应用于交换过程的电子商务业态,是新科技在商业领域的应用,是零售业在业态上的一次革命。网购给传统零售行业带来了巨大的冲击,迫使传统零售商认清时势、抓住机遇不断创新和变革,以及及时正确地调整自己的发展方向和营销战略。近两三年,传统百货通过采取开设集合店、商场街区化等方法,持续推动老旧门店转型升级;压缩现有的传统百货营业面积,增加体验业态占比。像新世界、王府井、翠微股份等传统百货零售企业,在业绩式微后通过转变业务经营模式、拥抱数字化转型、加大创新力度等方式积极发展、扭转颓势。在新业态的带动下,市场出现"线上流量红利见顶,线下消费体验回归"的新气象。王府井作为传统百货业巨头,直到2019年仍在全国运营着54家大型综合零售门店,覆盖百货、购物中心、奥特莱斯及超市4大主力业态,其中百货营收占总营收比重超过65%。面对百货行业普遍增长乏力的窘境,王府井痛下决心采取措施进行业态转型升级:一是陆续关闭在乌鲁木齐、南宁、福州、广州等城市的百货商店,持续进行传统业态的压缩退出;二是加大对现有购物中心及奥特莱斯业态的投入,努力进行突围;三是为增强用户体验、变得更加"年轻",与京东数字科技集团共同打造"线上线下融合的数字化商业街";四是成功申请获得免税品经营牌照,全力推进免税业务新业态。可以看出,王府井的转型战略既体现了"勇于退出落后业态"的经营思路,也反映了"退出是为了更好地进入"的经营逻辑。

(四)退出政策变化的业务

通常情况下,宏观政策环境对行业和公司经营发展有着指挥棒的作用,某一阶段政策的调整变化将导致原有经营模式的退出,如2018年才颁布实施《关于规范金融机构资产管理业务的指导意见》(简称"资管新规")。我国资产管理行业起步较晚却发展迅猛,是发展速度最快的金融行业细分领域之一;但在快速扩张的同时,也暴露出刚性兑付、嵌套投资、期限错配、监管套利等乱象,积累了金融风险。在此背景下,监管机构完善了以资管新规为代表的监管框架及规则体系的建设,加大了对影子银行和交叉金融领域风险的整改力度。自2018年以来,中国人民银行、银保监会、证监会等监管机构相继发布了几十份与资管新规及其配套细则相关的文件,实现了资产管理行业及其子行业的全覆盖,对银行、保险、信托、证券、公募、私募等资管机构提出了相应的要求。受此影响,通道业务逐步压降,净值型产品比例不断提高。与此同时,各类金融机构主动转型,退出以往不合规的业务模式。以银行理财为例,受资管新规影响,国有商业银行重点清算已有的存续刚兑产品,主动进行存量资产的退出:截至2021年第一季度,存续产品已不足2019年同期的50%。

(五)退出效益不高的项目

在企业进行项目布局的过程中,能否产生较好的效益是判断项目投资成功与否的关键指标。经过一定时期的跟踪观察,企业应对不能产生较好效益的项目实施有计划的退出策略,以此尽快实现资金回笼,投向更具竞争力的项目,从而提升资金的使用效率,避免存量项目占用资金造成的机会成本浪费。2020年可口可乐就提出将在全球范围内清退表现不佳的小型品牌,并计划削减一半以上旗下全资或部分拥有的全球500个品牌,其中包括较为知名的品牌济科(ZICO)椰子水。济科椰子水是可口可乐在2013年重金收购的品牌,本希望以此来巩固其可乐外的产品阵容,但济科的销售情况却并不如预期的那样理想,在竞争对手 Vita Coco(唯他可可椰子水)同时期销量飙升的对比之下,这笔投资更显得收益欠佳,于是可口可乐果断制订了停产、出售济科品牌的方案,并计划将回笼资金投向其旗下能够实现大规模生产的品牌。

二、"进"的关键点

市场进入指企业根据自身发展战略,决定进入一个未曾涉足的新产业领域或新区域市场的行为过程。受各种复杂因素以及变动性的影响,市场进入往往存在较高的不确定性,因此,企业在市场进入过程中要始终把控多个核心关键点。

(一)防控市场风险

市场风险主要表现在:该新产品能否被消费者所接受,以及该产品的市场容量是否能够精准测算。从时间的角度来看,企业进入新市场后需要一定的投入积累期,如果该产品的投入积累期过长,不仅会导致已投入资金难以收回,还会导致市场被新的竞争者挤占。因此,企业在进入市场前要制定科学合理的投资规划,为可能出现的市场风险配备充足的处置手段;在市场进入和发展的过程中要紧盯市场反应变化,及时作出调整和干预。

(二)防控技术风险

技术风险主要表现在:技术本身成功与否具有不确定性,技术的效果同样也具有不确定性,该技术寿命的长短也存在不确定性。[1] 因此,企业要对技术发展创新路径有深刻的认知,有超周期的技术迭代储备,并能够有效适应市场进入和发展过程中技术的变化。

---

[1] 姜莹、邵慰:《简谈企业市场进入与退出的竞争战略》,《理论界》2005 年第 10 期,第 223 页。

（三）加强团队人才管理

企业能否成功开展新业务,与核心团队的组建和管理密切相关。新业务存在较大不确定性,实力不那么雄厚的企业难以承担过多引进团队人才时付出的高代价。如果完全依靠原有团队去做新业务,又可能过度依赖老业务的思维路径:老团队不敢逾越雷池,对新业务没有想象力,打不开局面。因此,企业要结合新业务具体特点和自身人才储备情况,采取"新""老"结合的方式,搭建起兼具创新、专业、忠诚的经营型新业务团队,并在后续不断补充调整团队人员,以更好满足新业务的发展需要。

市场进入是一项具有挑战性和风险性的事业,企业进入市场之后还将面临诸多外部问题,如波特五力模型提到的竞争作用力——新进入者的威胁、同业竞争者的竞争程度、替代品的威胁、供应商的议价能力、购买者的议价能力,这些都需要企业管理者做好应对。

三、"退"的关键点

市场退出是指企业由于各种原因,将产品、投资等从原有产业领域或区域撤出。这既是企业的一种战略转移,也是企业资源再分配的改革行动。市场退出战略是企业战略选择的重要内容,科学合理地实施退出战略,有利于企业及时退出劣势领域,进一步集中突出主营业务,从而优化资源配置,为进入新的经营领域积蓄力量。

（一）市场退出的特征

①自觉性和主动性。

企业某些业务的退出策略,如剥离、收获、停产等,不应是等到企业完全陷入困境之后被迫采取的应急措施,而应是一种有目的、有计划的主动行为,其意义在于优化企业的产业或产品结构,是为了企业更加科学合理的发展。前者是一种被动的退出,而后者是一种主动的退出,企业家应更多地谋划主动退出战略。

②全局性。

企业的退出战略是以企业的发展全局为考虑对象的,是根据企业总体发展的需求而制定的。一定时期内的市场退出,多数只是企业局部经营的调整,这种局部经营调整是作为总体运营的有机组成部分在战略中出现的,因此,退出时不能计较一城一地的得失,企业有时甚至要"弃卒保车",来追求总体效果,使退出战略具有综合性与系统性。[①]

③竞争性。

企业的发展战略是服务于企业在激烈的市场竞争中与对手博弈的,也是能有效解决企业在发展过程中遇到的外部冲击、压力、威胁和困难等挑战的方案。因此,企业在决定市场退出策略时,不仅需要考虑目前业务、经营和管理的情况,还要考虑外部的竞争与挑战。企业决定采取何种退出战略,应主要着眼于核心竞争力,以始终掌控竞争优势。

(二)需要克服的障碍

企业在决定市场退出策略时,除要面临与市场进入一样多的困难之外,还需要克服一些在进入市场过程中不曾遇到的障碍。障碍主要表现在以下4个方面:

①成本障碍。

企业在决定退出某项业务时面对的退出成本,不仅包括退出时的费用支出,还包括因退出而丧失的预期收益。企业短期投资的项目如还处在培育状态、未能实现完全盈利的状态,那么此时退出即意味着原有投资的损失;长期投资项目如未达到盈利的最佳时期,退出就会失去其最佳成长期的收益。这些因预期收益丧失而给企业增加的退出成本,常常会影响企业作出的退出决策。因此,企业家应从发展全局出

[①] 陈明森:《企业市场退出及其战略选择》,《福建论坛(人文社会科学版)》2002年第4期,第6页。

发,在科学研判的前提下,对确须执行退出的项目抱着壮士断腕的决心,及时止损。

②心理障碍。

企业的市场进入策略意味着企业的业务扩张,而这种扩张又与企业决策者的地位、权力、声誉、利益相联系。在利益的驱动下,企业决策者本身就具有自我扩张的欲望,而市场退出往往被看作是经营失败的象征。如果进入和退出决策的制定者系同一人,那么他们就很难接受来自员工、社会舆论的压力以及自我感情上的否定,而这一切不仅将阻碍决策者作出退出选择,还会使其有反对退出策略的倾向。[①] 因此,企业家应克服心理障碍,以勇于自我革命的精神主动推进市场退出策略。

③识别障碍。

市场机遇往往是瞬息万变的,与市场进入策略相比,市场退出的时机更加难以捕捉。企业常常在表面仍然运行正常、甚至看似繁荣发展时,孕育着危机。这就要求企业家不仅要具备急流勇退的决心和魄力,还要拥有明察秋毫的眼光与智慧,审时度势作出市场退出决策。这就像股票交易市场上的一句名言:会买股票的不一定是专家,会在合适价位卖股票的才是高手。因此,企业家要以"宏观+微观"的战略眼光,适应经济发展的新常态,主动引导企业作出改变,捕捉市场退出机遇。

④体制障碍。

国有企业除上述三种情况以外,还存在一定程度的体制障碍。国有企业的退出决策是一定意义上的公共选择,政府部门、企业经营者和企业职工都会参与这个退出决策,并对企业的市场退出造成不同程度的影响。这些外部作用力为国有企业的退出增加了体制壁垒,导致市场退出的制度性失效。因此,国有企业管理者在实施退出战略时,一定

[①] 林艳新:《论企业的市场退出战略》,《沈阳建筑工程学院学报(社会科学版)》2002年第1期,第22页。

要协调处理好相关政府部门和企业职工的关系,确保项目的平稳退出。

(三)需要把握好退出节奏

①企业退出前要做好预测方案。

企业计划退出市场时应有客观的依据,即全面衡量企业退出市场所带来的损失和影响,并与维持市场将会带来的收益相比较,若成本大于收益,则应当从市场退出。①

②全面执行企业市场退出计划。

企业在制订市场退出计划后,应全面推行市场退出决策,同时注意推行中的陷阱,及时纠正计划中的漏洞和不足,从而顺利地执行实施。

③对退出计划的执行效果进行评估。

企业在实施退出战略时,应总结退出过程中的经验教训,为今后的经营战略积累经验。

四、市场退出的策略思路

对于企业来说,如果某次未能及时抓住市场进入的机遇,还可以等待下一次机遇,而这仅会造成现有资源的闲置和浪费。但是如果企业没有及时捕捉市场退出机遇,该退出时犹豫不决、贻误时机,则可能会面临重大损失,甚至走到倒闭破产的结局。由此可以看出,对于企业经营管理人员来说,市场退出比市场进入更重要。企业经营管理人员应着重培养以下5方面策略思路:

(一)进入时就考虑到退出

企业在经营中既要重视"进",也要重视"退",不仅要计划每一项投资应如何进入和发展,也要计划好将来如何退出,要像重视"进"一样重视"退"。很多企业在投资时往往只考虑日后经营,却很少想过如

---

① 陈飞,宣海林,郑鸣:《企业市场退出的成本及其应对策略》,《广西社会科学》,2012年第1期,第18页。

何适时退出。美国风险投资家威廉·林克认为:退出策略是一个企业创业时需要考虑的最重要问题之一,因为它能够让你清楚自己的创业道路有一个怎样的终点和底线;另外,它还能使你在和你的团队、投资者沟通的时候,清晰地解释目标和期望。因此,企业在进入市场时就要有明确的定位,即是以中长期战略投资为目标、还是以阶段性财务投资为目的,并在此基础上制订具体实施计划、预期收益方案和退出可行路径。

(二)确定退出的业务领域和范围

"退"是为了集中优势资源去"进"效益好的领域。要围绕主责主业去开展有进有退的工作,退出非主业的项目,多做主责主业的项目。要实施主动退出策略,根据企业拥有的资源进行重新配置,并通过SWOT(优势、劣势、机会、风险)分析等,对主业和非主业进行重新组合,保持合理配比。对不符合企业战略方向的业务、主业以外不具备竞争优势的业务、企业难以取得控制权的业务、不良资产或夕阳产业等,都可以考虑退出——某些业务即使业绩尚可,如符合上述情况也可以考虑退出,因为此时的退出成本可能是最低的。

(三)选择好退出的时机

在衰退期选择退出策略理所当然,而在进入期、成长期、成熟期决定退出与否时,则要充分考量市场增长潜力、市场占有份额、竞争优势和经营风险等因素。退出时机的选择很关键,它需要企业对环境、市场、技术等发展动态进行预见性的洞察。通常时机选择可分为两种情况:一是在某一合适阶段及时退出,如企业转型发展的方向已确立,通过一定时期的运营已初见成效时;二是有计划分阶段退出,即随着战略重心的转移,有计划逐步地退出原业务领域,直至完全退出。企业的退出策略应具有整体规划性,在形势好、前景好的时候,更应主动退、提前退。例如华为公司发展史上有两次业务退出的经历。一是2001年华为以超过净资产400%的价格——约7.5亿美元——将旗下电气业务出售给美国艾默生电气公司[①],华为依靠这笔退出资金渡过了互联网泡沫危机导致的发展困境,并在全球市场普遍萧条的时候,大举拓展海外市场业务,初步奠定了如今的全球市场格局。二是2005—2006年华为以合计9亿美元的价格转让3Com公司51%的股权,华为依靠这笔退出资金渡过了2008年金融危机难关,为3G业务开拓海外市场、4G业务的持续研发、海思核心芯片研发等提供了资金支持;3Com公司后续经营困难,2008年濒临破产,由于多种原因在随后数年间不断进行股权变更。

(四)选择合适的退出方式

企业在退出时为尽量减少退出成本,要根据自身的情况采用相对合适的退出方式。比如,并购出售是企业完全退出某一领域时常采取的路径,也是退出成本相对较低的方式,适用于在成长期、成熟期的业务退出;混合参股是一种分散风险、不完全的退出方式,是逐步退出的过渡形式;关停并转是原业务资产可转用于新的业务经营领域时的一种退出方式;破产清算是企业整体资不抵债、经营困难时不得不采取的方式,属于被动退出,是一种最不理想的结局。

(五)用增量带动存量退出

企业在退出存量业务时,有时会面临直接退出的方式短期难有效果或成本过高的情况,此时企业可以把存量资产与增量投资相结合,从4个角度考虑盘活存量,即做到淘汰一批、转型升级一批、资产证券化盘活一批、提升现有资源的效率,进而以盘活的方式实现退出。2022年5月国务院办公厅印发的《关于进一步盘活存量资产扩大有效投资的意见》,就提出拟进一步有效盘活存量资产,加快形成存量资产和新

---

① 袁新瑞:《跨国并购的企业整合及其价值意义》,《复旦大学》2009年第3期,第35页。

增投资的良性循环,并明确指出通过 REITs(不动产投资信托基金)等资产证券化方式,协同发挥产权市场、国有资本投资运营公司等专业平台的作用,把大量沉淀的固化的资产,盘活转化为产业资本和科创资本。这一政策的出台,将促进国有企业资产和业务的转型,给市场主体提供大量的新增投资机会。

企业既要重视进攻的策略,也要重视防御的策略;既要鼓励体量的扩张,也要关注体量的收缩;既要有市场的进入,也要有市场的退出。伸缩有度、刚柔相济,才能推动企业波浪式前进,实现经营效益最大化。

第十九讲

千方百计保护好核心竞争力

【摘要】核心竞争力是企业立于不败之地的根本。本讲较为详尽地论述了核心竞争力的概念，进而从构成核心竞争力的要素出发引出如何提升核心竞争力。面对知识经济浪潮，本讲立足于人才是企业最宝贵资源的理念，提出"人是企业竞争力的决定性要素"。企业应通过开展人性化、知识化的管理，确保核心竞争力不断巩固提升，从而赢得客户、赢得市场。

2018年以来，美国对我国高科技企业如中兴、华为、海康威视、大疆等持续打压、制裁，给这些企业带来了巨大压力、造成了很大损失。

以华为为例，美国的制裁对其全球经营造成了严重影响。此前，华为5G在全世界遥遥领先，华为手机的销量在全球手机品牌中位居第二。在美国及其盟友四面围堵下，华为的市场份额大幅度萎缩，经营面临严峻的挑战，以至于任正非近日说出了这样的话：2023年和2024年是华为的生命喘息期，华为把活下来作为最主要纲领，全线收缩和关闭边缘业务。

面对国外的技术封锁，我们应该深刻反思：我国高科技企业为什么被"卡脖子"？关键还是因为芯片、高端仪器制造、工业软件、超高精度机床等核心技术，大多掌握在美国、欧盟、日本企业手中。要摆脱这种

第十九讲　千方百计保护好核心竞争力

局面,中国企业必须增强创新能力,打造自己的核心竞争力、保护好核心竞争力。

一、什么是核心竞争力

企业核心竞争力是一个相对较新的概念。1990年,美国经济学家普拉哈拉德和哈默首先提出了核心竞争力一词:核心竞争力是在一个组织内部经过整合了的知识和技能,它尤其关乎怎样协调多种生产技能和整合不同技术的知识和技能。此后,这一概念日益受到重视。

企业核心竞争力这个词大家基本上耳熟能详,但是,深究起来又似乎是模糊、难以捉摸的。有人说企业的核心竞争力是主导产品,有人说是知识专利,有人说是企业的品牌,有人说是企业文化……众说纷纭,莫衷一是。

其实,有各种说法并不奇怪。毕竟,核心竞争力作为一个新概念,本身就在不断地被完善,并没有真正定型——出现不同的表述是很正常的。

①核心竞争力对于企业生存发展影响重大,构成核心竞争力的因素中,有些是"看不见、摸不着"的。

核心竞争力的构成要素中,先进的机器设备、雄厚的资金储备等是具体的实物资产;而品牌、企业文化、员工素质、管理等因素是企业的无形资产,其价值只有通过市场的检验才能够实现。无论是实物资产还是无形资产,核心竞争力对于企业的重要性确实是真实存在的。在日益激烈的市场竞争中,有的企业弱不禁风,如昙花一现;有的却能够永续经营、长盛不衰。何以如此?有没有核心竞争力是一个重要原因。纵观中外知名企业,它们无一不拥有核心竞争力。比如,提到麦当劳、可口可乐,大家都能够想到品牌的力量;提到麦肯锡,大家都对其人才战略交口称赞;提到海底捞火锅,其极致的服务让人印象深刻。

②企业核心竞争力具有系统性，它不是某个单一因素。

很多时候，企业要想获得成功，不应仅增强某一方面的能力，而应在整体上健全自己的竞争能力体系，使得各种资源和能力相互作用、有机协调。因此，当人们谈论起一家企业的核心竞争力时，有时并不能统一意见——这恰恰说明一家企业的核心竞争力并非是单一方面的，它整合了不止一种的优势。

③对于处在不同行业的企业，或者就同一家企业的不同发展阶段来说，其核心竞争力都各不相同。

不同的行业，企业核心竞争力的侧重点不同。比如科技行业就是拼研发、拼技术，制造业就是拼成本、拼质量，而对于消费品行业来说，品牌、服务客户的能力是决胜的关键。

即便是同一家企业，其核心竞争力也是在不断提升、变化之中的。以海尔集团为例。1992年之前，海尔采取单一经营策略，集中精力从事电冰箱生产，获得了巨大的成功。1992年之后，海尔开始进入冰柜、空调、洗衣机、彩电行业，成为大型的家电集团。此时，多元化战略进一步增强了海尔的核心竞争力。

综上所述，核心竞争力是一个企业在市场竞争中所具有的、能够保持乃至提高其竞争地位的能力，是企业在市场上立足的根本。

二、企业如何提升核心竞争力

2021年8月2日，《财富》世界500强排行榜发布。榜单显示，2021年上榜的中国企业数量达143家，较上年增加10家，上榜企业数量再次超过美国（122家），中国企业蝉联榜首。有分析指出，进入2021年排行榜的中国企业不仅在数量上优势有所扩大，而且在企业经营状况横向对比中其经营质量也有所提升。但是，上榜中国企业在盈利能力、核心竞争力等方面与部分美欧等发达经济体企业相比还存在

第十九讲　千方百计保护好核心竞争力

一定差距,核心利润率远低于美国这些主要经济体,每生产一单位财富所消耗成本远高于美国等发达国家的企业。

缺乏产品优势、技术优势、品牌优势,企业想在市场上生存就不得不靠拼人力、拼资源、拼资金、拼价格。要改变这种局面,企业必须着力提高核心竞争力,以核心竞争力赢得市场、赢得用户。

①持续推进技术创新,面向客户需求推出高质量的产品。

技术创新是企业获得核心竞争力、决胜于市场的重要途径。围绕客户需求,提出解决方案,以此引导技术开发,生产出满足客户需求的产品,是企业提升竞争力的关键。在这方面,成功的例子比比皆是。比如,佳能公司利用其光学镜片成像技术和微处理技术方面的核心竞争力,成功地进入复印机、激光打印机、照相机、扫描仪以及传真机等20多个产品领域。

②明确自身定位和核心业务,把资源集中投向优势领域。

华为主业强大,就是因为其一直坚持集中资源、重点突破、决不拉长战线的原则。这使得华为能够把资源集中于核心业务,减轻了管理难度。当然,对于已经拥有强大核心竞争力的企业来说,为了追求规模效益、分散经营风险,可以围绕主业开展多元经营。但是,多元经营应该有利于增强核心竞争力、进一步巩固主业,不能损害主营业务、稀释核心资源。

③始终牢记"客户就是上帝",千方百计提供有价值、有魅力的服务。

提供特色服务是企业征服消费者最直接的办法,它可以给消费者带来获得感、满足感、信任感。海底捞之所以能够成功,很大程度上是因为它提出了"服务高于一切"的核心理念,并真正将服务顾客做到了极致。很多人说,海底捞的菜品并没有太强吸引力,价格也不便宜,但是,人们就是愿意去海底捞就餐——密码就在于海底捞的人性化服务。

以提升服务水平来增强竞争力,适用于服务业、制造业乃至所有企业。对于服务业来说,服务水平当然是企业的核心竞争力;就算是制造业,也应该大力推动自身和服务业的融合,更好地满足用户需求。

④努力铸造有影响力的品牌,是决胜市场的关键。

品牌是联系企业与消费者的最重要的元素,企业竞争实质是品牌影响力的竞争。某一品牌一旦被消费者认同并形成强势影响力,就会给企业带来巨大的竞争力,甚至可以使企业历经数十年而不衰,成为其他企业难以超越的核心竞争力,如美国可口可乐公司。

⑤进一步加强知识产权保护,避免核心竞争力的流失。

知识产权是企业竞争力的主要来源之一;保护知识产权,就是保护企业核心竞争力。可惜,目前我国很多企业知识产权保护意识不强。以新闻出版行业为例,现实中,侵犯版权的行为屡禁不绝。有专家提出:全媒体时代,应大力加强版权保护,并在有效的版权保护前提下做好内容传播。光明网就曾转载过《加强全媒体时代新闻作品的版权保护》这篇文章,其作者董小英就提出了如下几点意见。一是赋予原创优先传播权,给予原始新闻的生产者一定时间的优先权,以使其独家新闻价值、时效性价值能够得到有效开发,获得合理的经济回报。二是以新技术助力版权保护,相关单位和部门可以运用区块链、大数据和人工智能等新技术对整个版权行业进行数据分析,实施有效监管,制定更加精准的打击策略。

三、人是企业竞争力的决定性因素

影响一个企业有没有竞争力、能不能长期保持竞争力的因素很多,但是,最有决定意义的是人的因素。如果不能充分发挥人的作用,企业就算资金再雄厚、技术再先进,都谈不上具备核心竞争力。因此,能不能吸引人、留住人,做到人尽其才、才尽其用,直接决定着企业竞争力的

第十九讲 千方百计保护好核心竞争力

强弱。

随着科技的进步,现代企业真正的生产资源不再仅仅是设备、资金、原料,知识等智力因素的作用越来越大。知识经济资源成为创造财富的第一要素,人才成为第一资源。

展望未来,我们可以清晰地预见到,人的因素将在企业竞争中起到越来越大的作用。顺应这一趋势,企业要贯彻以人为本的理念,充分发挥员工的能动性、创造性,使其在工作中自我激励、自我提升,进而为企业创造更大的价值。

①企业领导者要不断自我修炼,同时更加注重员工素质的提升。

"火车跑得快,全靠车头带。"一个企业竞争力强不强,企业领导者实际上起着非常关键的作用。企业领导者的思维方式、决策水平、驱动团队的能力等,对企业的兴衰成败关系甚大。我们可以想一想:没有马云,阿里巴巴会发展到如今的规模吗?没有乔布斯,会有今天的苹果吗?所以说,企业领导者、领导层的竞争力如何,一定程度上决定着一个企业有没有核心竞争力。领导者的核心竞争力也就是领导力,这种领导力一方面来源于组织,另一方面则来自自身专业知识、个人品质等,而这些是需要不断修炼才能获得的。

对于员工,企业应该根据需要加大员工培训力度,并在此基础上推动建立学习型企业,以促进知识、技能在员工之间的交流、传播,从而提升企业的核心竞争力。

②要建立统一的企业文化,增强员工的使命感、归属感。

企业文化决定着企业的凝聚力、战斗力,因而也是决定企业竞争力强弱的因素。缺少共同文化这个纽带,将导致管理者和员工没有共同的目标、不清楚前进的方向、不能体会工作的意义和价值、不能从工作中得到成就感,企业运营势必会出现一系列问题,增加无谓的内耗,降低工作的效率。

文化作为一种非正式的制度,具有导向、凝聚、规范、激励等功能。企业的愿景、价值观等因素集合起来,共同构成了企业文化。企业文化的作用,就是凝聚员工的力量,塑造统一的价值观念,形成行动统一、思想统一、目标统一的团队,持续提升企业核心竞争力,为企业整合更多资源、提高市场份额提供武器。

③建立激励约束并重的人力资源管理机制,为企业核心竞争力的提升提供保障。

一项调查指出:一个人在没有开发、激励和约束的情况下,他的个人能力只能发挥不到20%;当有了激励和开发以后,他的能力能发挥到80%。在人力资本价值管理时代,企业应该关注人的价值创造,使每个员工都能成为价值创造者,使每个员工都能有价值地工作。

人力资源管理,核心是如何吸引人、培养人、激励人。为了保护核心竞争力,企业还要设计相应的机制,留住核心人员。现实中,企业之间出于竞争往往互挖墙脚,这导致骨干人员、核心团队流失的现象屡见不鲜。为了留住这些人,企业可以考虑让核心团队成员、骨干分子持股,从而把他们与企业的命运绑在一起。

一种管理方式不可能会永远成功,创新永无止境。把过去成功的管理体制固化,形成"路径依赖",只会使企业止步不前。要做到基业长青,企业应立足自己的行业特点、经营规模、员工素质等因素,开展人性化、知识化的管理尝试,从而形成核心竞争力,实现长盛不衰。

第二十讲

搞好企业管理要注重资源整合

【摘要】企业是营利性组织,要用好各类要素资源创造更大经济价值。要想实现更好更快发展,就要努力提升资源整合能力,打造核心竞争优势。企业想抓好资源整合,要着力提高产业市场集中度、资源配置效率和高效资源占有能力,抓住人才、技术、资金、组织、业态、模式、管理等关键要素,从战略引领、统筹发展、改革创新、优化布局、管控赋能等方面着手,细化举措、扎实推进,绘就高质量发展的鲜明底色。

企业是以营利为目的,运用土地、劳动力、资本、技术和企业家才能等各种生产要素,向市场提供商品或服务的法人或经济社会组织。资源是一切能够被人类开发和利用的物资、能量和信息的总称,是能够创造财富的客观存在,也是企业赖以生存的基本要素。企业只有科学合理地占有和使用资源,才能够生存和发展下去。企业无论发展到什么阶段、规模大小如何、身份属性如何,只有具备一流的资源整合能力,能有效推动资源优化配置,才可做优做强、争创一流。

一、企业发展为什么要注重资源整合

(一)资源整合的本质特征

资源整合是对企业发展成长和生产经营活动涉及的各类资源进行再梳理、再识别,通过重新组合、优化配置、建立新的联系方式等,提高使用效率和产出效率的过程。企业进行资源整合,一定要立足其本质特征。

一是创新性。资源整合是使资源从量变到质变的转变过程,企业要从总体创新的高度来看待资源整合。零敲碎打的修修补补不是整合。科学有效的整合,必然带来巨大的创新。

二是速度性。资源整合往往涉及人、财、物等方方面面,如果过程缓慢拖沓,容易让人厌倦,也容易激化矛盾,难以释放整合创新的巨大能量。只有快速整合才能反映和传导强烈的紧迫感、使命感,效果也更加明显。

三是前瞻性。预则立,不预则废。资源整合是企业经营管理的重要举措,企业在行动之前要有预判、有预期,要明确方向、目的和效果,既要理性分析可行性、必要性,也要客观研判困难和问题,完善应对措施。

四是整体性。资源整合要搭建整体和个体之间的最优组合、最佳关系,形成促进企业发展的合力。整合过程既要提高系统的合理性、效率性,也不能埋没个体的特征和个性。

五是关联性。整合的基础就是资源之间存在的一定共性或相似性,共性或相似性缺失,整合就很难发挥作用,无法达到"化学反应"的效果,无法产生新的边际效应和整体效应。

六是目的性。整合要集聚社会资源、自然资源等各类资源,做到为我所用,并充分用好、用活,以帮助企业获得更高的产出效率和更大的经济效益。

七是效用性。整合的结果必须适合或满足企业的一定内外部需求,付出的代价也要尽可能小。

(二)资源整合伴随着企业发展成长的全过程

企业的成长周期不同,分类也很多:可以按规模大小分,可以按国民经济行业分,也可以按组织形式分,还可以按所有制结构分。但纵观不同阶段、不同形态的企业发展史,企业都是由小做大、由弱到强的。在企业发展成长的过程中,虽然企业占有资源的形态和对资源的使用程度存在差异,但资源整合却贯穿始终。

业务初创期,企业刚刚设立,首要目标就是能够正常经营、能够生存下去,盈利是企业生存和发展的根本所在。这个阶段的企业要想发展,就要想方设法去拉拢资源、拓展业务、搞活企业、求得生存,要千方百计提高盈利能力,提高产品、业务的市场占有率,谋求符合自身特点的竞争优势。

产业开拓期的企业已经历了初创阶段,产品、业务逐步成熟,市场份额也在逐步扩大。在此基础上,企业首先要聚焦既有产业,不断巩固市场地位、提升经营规模,通过引进技术、资金、设备等,改造升级传统业务,扩大业务规模,打造核心竞争力。在传统业务"稳"的基础上,企业也要积极求新求变,发挥自身资源优势、信息优势、渠道优势等,拓展产业链上下游及相关产业,把经营触角延伸到更多的领域。

多元发展期的企业经营领域逐步拓展,经营范围更加广泛,涉足的行业也逐步增多。为了方便业务拓展、业绩核算和经营管理,企业的部分业务会由新成立的独立法人或独立核算的非法人主体具体经营——企业层面逐渐呈现出集团化、专业化、板块化特征,进入发展的快车道。企业结合宏观政策、行业发展趋势,审时度势,及时把握发展机遇,一些产业板块甚至能够发展成为企业新的产业支撑。

并购扩张期的企业大多采用买大做强的方式,通过"走出去""引进来"战略,并购重组、扩张业务规模、调整产业结构,多元产业的支撑力度和抗风险能力越来越强。此时的企业综合实力不断增强,市场地位日趋稳固,在一些产业领域或地域内能够形成鲜明的竞争优势,品牌影响力扩大,为企业的长远健康发展奠定了坚实基础。

在企业的业务初创期和产业开拓期,企业发展更多地依靠股东资源、人才资源、信息资源、技术资源、资金资源、渠道资源、市场资源等。只有充分掌握各种资源,科学合理地加以使用,去参与竞争、抢占市场,企业才能活下去、活得好。在企业发展趋于稳定的情况下,调结构、提规模、增效益就成为其进一步的发展目标。企业需要科学地调配资源,尽力去抢占资源产业链的高端,进行产业链延伸,不断强化对高效资源的占有能力,创造较高的附加值和更大的经济效益。

双汇集团前身是长期亏损的漯河肉联厂。为了扭转困局,在新的领导班子带领下,双汇转变发展思路,立足已有资源,从宰猪业务做起,逐步增加了宰鸡、宰牛、宰兔等其他有钱可赚的业务,经过多年的持续努力,终成为全球知名的猪肉加工企业。双汇在发展过程中,引入世界领先的技术、设备,改造传统肉类企业,做精做深,把冷分割、保鲜技术等成功运用到了肉类工业。之后,双汇又向产业链上下游进行延伸,发展了冷链生产、运输、销售、连锁经营等业务,建立了生产基地,完善了配套产业体系,并采取并购扩张策略,斥巨资收购美国食品公司股份,进行上市融资。卓越的资源整合能力,帮助双汇巩固和保持了其在全国、全球的领先地位。

(三)资源整合有助于企业规模的扩大和效益的提升

企业往往都是在激烈的外部市场竞争、内部资源争夺中成长起来的,这一定会出现资源分散、重复建设、无序竞争、效率不高的情况。资源整合对于企业提升核心竞争力、提质降本增效有着重要意义。企业要想抓好经营管理工作,赢得好的经营业绩,就必须正视资源配置方面存在的问题,集中精力抓好资源整合,从格局上改变企业资源分散、同质经营、重复建设的状况,在效率层面通过优化资源配置,有进有退、有取有舍,达到整体最优的效果。资源整合的重要性体现在以下3点。

第一,资源整合有利于企业优化资源配置,提升资产质量。针对企业在多元化发展过程中普遍存在的业务单元数量偏多、资产分散、规模小而散、主业不突出、总体竞争能力不强等情况,企业可以通过资源整合来优化投资结构,坚持"瘦身""强身"并举,剥离或收缩业绩不佳、影响整体运营效率和核心竞争力培育的业务单元,将资源集中到符合企业战略要求、具有发展潜力的业务单元——这有助于企业提高资产运营效果,提升资源利用效率,实现整体效益的最大化。

第二,资源整合有利于企业形成规模效应,提升核心竞争力。从企业内部视角看,如果企业内存在大量的同类产业或业务单元,那么其往往会在软硬件资源方面存在重复配置的情况。按照"合并同类项"的原则,将产业单元合并重组,可以有效减少重复的配置,以促进生产要素的有机结合,形成规模效应,降低企业生产运营的平均成本,帮助企业从"小而散"向"大而强"进行转变,提升核心竞争力。

第三,资源整合有利于企业实现资源共享,获得协同效应。互联网的快速发展使共享经济成为一种潜力无限的商业模式,资源共享也显示了其巨大的生命力和显著的经济效益。面对传媒格局的深刻变化,一些经营性传媒企业开始探索多媒体平台的"整合营销",即去实践资源整合和资源共享。当然,资源共享不仅存在于企业内部,它还存在于企业与上下游产业链之间。加强价值链上各个环节的科学分工、注重协调配合,可以保证企业生产顺畅有序,进而提升企业的竞争优势和获利水平。海尔正是借助其先进的信息技术,以市场链为纽带,整合全球供应链资源和用户资源,向着"零库存、零运营资本和与用户零距离"的目标稳步迈进,创造了中国制造业企业的奇迹。

(四)新形势、新变化要求企业注重资源整合

当前,企业发展的不稳定、不确定因素明显增多,在面对风险和挑战的同时,也面临着新的机遇。企业需要正确认识、理性看待内外部环境和形势的变化,审时度势、未雨绸缪,在"危"与"机"的转换中抢抓机遇,在"稳"与"进"的统筹中赢得主动。

企业竞争的关键在于其对各种资源的整合能力。当前,我国经济已经由高速增长阶段转变为高质量发展阶段。面对发展环境的新形势新变化,企业要按照高质量发展的要求,在提升发展质量上狠下功夫,理性、辩证地看待发展环境的"变"与"不变",坚定必胜的信心和增强攻坚克难的勇气,从着力资源整合、提高运行质量入手,切实采取扎实有效的措施,转变发展方式,提升发展质量,因地制宜创造性地开展工作,以进一步增强核心竞争力。

(五)企业在资源整合方面已经积累了宝贵经验

抓好资源整合不仅是国家进行战略布局和产业结构调整,提升国有经济整体功能效率的迫切需要,也是企业自身锚定高质量发展目标、提高资源使用效率和经营效益、提升发展活力和核心竞争力的内在要求。不少企业在摸爬滚打中成长,筋骨越来越强壮,参与竞争、适应市场的能力也越来越强,在资源整合方面已经做了大量探索,积累了一定经验。

一是基于合并同类项原则,实现差异化互补式发展的企业层面战略重组。企业在发展中都一定程度上存在着资本布局结构不合理、资源配置效率不高、同质化发展的问题。为了解决这些问题,实现更强的发展效应,企业需要将功能相近、业务相同的部门或分散在多个子公司的相同业务单元,按照合并同类项的方式有机整合在一起,并持续推进。如中化集团与中国化工集团联合重组成中国中化控股;中国电科重组中国普天;国家管网集团接管北京管道公司和大连液化天然气公

司股权;整合河南省建设投资总公司、河南省经济技术开发公司、河南省科技投资总公司等3家企业,组建河南投资集团;将河南省交通运输发展集团与河南交通投资集团重组为新的河南交通投资集团;等等。

二是高效利用自身资源进行内部资源整合。企业内部资源的整合主要分为两个方面:一是针对旗下的上市公司,通过资产置入的方式不断装入优质资产,实现产业板块乃至企业集团的整体上市,以丰富融资渠道、提升融资能力,推动企业完善现代企业制度、规范运营体系、矫正战略布局、实现转型发展;二是针对旗下的非上市公司,将相近的产业板块进行整合,组建二级子集团,通过股权划转或委托管理等,实现一个产业板块的统一管理。如浙报集团在借壳ST白猫上市的过程中,把集团旗下控股拥有的16家报刊传媒类经营性资产置入上市公司,开创了"采编经营两分开"下的媒体经营性资产上市先河,并以非公开发行股份方式收购边锋、浩方两家游戏公司,实现转型发展。之后,又加大资本运作力度,布局电竞、电商、养老和大数据等领域。河南投资集团也将其持有的各级公司股权划转至二级子集团名下,将不能进行股权划转的林场等事业单位交由二级子集团实行委托管理。

三是基于未来新兴市场布局进行市场类资源重组。企业的通常做法是收购上市公司,做实产业板块,或采用上下联动策略,加强对外合作,拓展新的业务。如郑州航空港区管委会下属的政府平台公司郑州兴港投资集团,借由其全资子公司收购上市公司北京合众思壮,推动战略新兴产业落地郑州航空港经济综合实验区,以培育产业形态、打造产业集群,奠定河南北斗产业的发展基础。

二、企业资源整合关注的重点

随着经济一体化进程的加快,高度开放的经济大势呼吁企业将众多的资源有机地聚合起来,以实现基业长青。资源整合不意味着资源的简单堆砌与累加，它需要企业拥有系统整合的思维和行动，有清晰的目标和明确的方向。

(一)聚焦"三个提高"的整合目标

优化资源配置、提高资源使用效率，永远是企业发展的"王道"。企业进行资源整合就是要聚焦"三个提高"，以做大规模，增强在市场中的话语权和影响力，改善经营绩效。

①推进战略性重组，提高产业市场的集中度。调整布局结构、规范市场竞争，可助力产业健康发展，加快培育具有较强竞争力的大企业大集团。河南投资集团为了培育上市公司，将旗下所有与电力业务相关的企业统一合并到电力板块当中，并将电力资产装入豫能控股，推动豫能控股实现上市。之后，借由豫能控股收购新建的一批电厂，实现了集团电力板块资产的全部上市。

②加强内部资源整合，提高资源配置效率。企业积极开展专业化重组整合工作，既可以优化资源配置、减少重复投入、降低运营成本，又可以进一步发挥协同效应、提高业务规模和专业化程度——这是提升企业核心竞争力的有效途径。企业集团应以拥有优势主业的企业为主导，推动相关产业进行优化升级，围绕重点领域整合现有优质资源，适时培育孵化新的产业集团。

③盘活低效无效资产，提高对高效资源的占有能力。并购重组、资源整合一定要给企业带来新的技术或市场，或者在某些方面降低成本、提高产能。要强化自主创新，沿专业化、产业链方向整合，推动资源向产业链的关键环节和高端布局，向战略性新兴产业发展。过剩产能——特别是"僵尸企业"——是要素配置扭曲的集中反映，是市场中错配的资源，要及时"处僵治困"。深入挖掘内部协同效应，深化内部改革和机制创新，加快业务、管理、技术、人才、市场资源、企业文化的全面整合融合，放大重组效能，实现"1+1>2"的效果。

(二)抓好关键要素的有效整合

企业的竞争力往往取决于两个方面:企业拥有资源的数量和质量;企业对资源进行优化配置、加工使用的能力。企业进行资源整合是为了想方设法抓住关键要素,提高优质资源的占有率、提升使用率。

①抓好人才整合。人是企业最重要的生产要素,也是企业发展的根本所在,人才优势是企业锻造核心竞争力的关键。一个企业要健康发展,首先要保证人才队伍的稳定。企业一方面需要根据工作需求制定合理的薪酬体系、晋升渠道等,把优秀人才"招过来、引进门";另一方面要通过技能培训、知识传授等让员工掌握生存本领,不断提升其专业能力,以使其在岗位上给企业创造尽可能多的价值。要给员工搭建成长成才的发展平台、制定并完善激励约束机制,以丰厚的物质回报让员工愿意干、努力干,以人文组织关怀,让人才"留下来、留得住"。加强人才的选用力度,定期对人才队伍的能力特质进行评估,并根据工作需要进行岗位轮换调整等,努力做到人尽其才、人岗相适。对于因岗位调整合并而暂时出现的富余人员,要加强沟通、引导转岗;对于确实无法胜任新工作、新岗位的员工,要结合实际及时予以培训。在工作职责和岗位设置方面考虑进行"A/B角"式配置,确保工作不会因为人员调整变动而受到影响。要建立企业内部的人力资源市场,保持人才队伍的内部流动渠道顺畅,以确保企业在遇到急难险重的任务时或在发展的关键时刻,能随时组织人才队伍"冲上去、顶上来"。在人才使用方面,要涵养共享思维、开放思维。河南一个文化企业在建设重点工程项目过程中,面对专业人才缺乏的实际情况,外聘了有丰富工程管理经验的退休人员组建专家团队,这个专家团队解决了施工过程中遇到的很多专业方面棘手的问题,有力提升了项目质量和推进效率。

②抓好技术整合。技术整合是技术创新的一个重要方面,是基于新构想进行的研究开发或技术组合,目的是将技术应用于实践,以产生

经济效益和社会效益。企业进行技术整合,就是把各种技术工艺进行有机组合,加以流程改造,从而推出新的工艺流程或制造出新的产品。一方面,企业应在设备管理方面实施智力和经验共享、产能相互调剂;另一方面,应在工艺、流程上进行联合攻关,成立统一的产品研发机构,提高工艺水平。政府也正在加快构建全国统一的大市场,建立统一的市场规则,以促进要素资源在更大的范围内畅通流动。技术整合、技术创新是建设有序市场竞争体系的基础。滴滴和快的在经历了2014年的出租车烧钱大战后,于2015年年初握手言和、进行合并,走到了一起。之后,它们不仅在快车、专车、公务用车等领域持续发力,还拓展了代驾、骑行、加油等新兴业务,"智慧出行"风生水起,实现了营销驱动型公司到技术驱动型公司的转变。与互联网科技企业相比,大多数中小型企业往往自身都缺乏核心技术,产品同质化严重、价格竞争激烈、营利能力薄弱,市场或技术的微弱波动都可能给企业发展带来致命影响;它们只有不断提高自身的技术创新能力,研发生产高技术、高质量的产品,才能不断提高市场竞争力。所以,企业一方面要加大技术研发力度,加快开发拥有自主知识产权的技术和产品;另一方面要联合外部力量,以产学研结合等方式,吸引高等院校、科研机构的科研力量进入企业,在一些重要领域、关键技术上联合攻关,以促进科技成果向生产力转化,打造企业自身的技术堡垒。

③抓好资金整合。资金是企业发展的源头活水,资金流动贯穿企业生产经营活动的全过程。企业的资金数量往往有限,而花钱用钱的地方又多,企业很难做到面面俱到、全部支持。因此,企业就必须划分产业板块、业务单元,找出重点扶持的目标,以保障有限资金的高效利用。首先,必须明确合理科学的资金支持规划,根据产业,特别是未来发展规划项目及重点发展产业的优势,分配好实施使用单位。其次,企业要侧重有大额资金需求的重大工程、重点项目,通过重点项目建设进

第二十讲 搞好企业管理要注重资源整合

一步整合资金,形成资金的良性循环,推动企业健康稳定发展。再次,要遵守制度规定,规范资金使用,固定资金的来源渠道、管理权限、使用途径、实施主体等,统筹资金计划、强化资金监管,按照发展规划及产业布局,分类统筹来源相近、目标相同以及投资相似的项目,实施整体管理和集中投入,避免浪费资金。最后,要完善优化资金整合长效机制。企业要发挥好职能部门的作用,加强与资金使用单位的沟通,树立资金整合的前瞻意识,强化对项目的评审论证,对符合发展规划的项目实施入库管理、动态调整;科学编制资金预算,加强预算执行进度考核分析,匹配企业的事权、财权,下放部分权力,强化企业统筹资金使用的主观意识。随着企业信息化系统建设的不断推进,不少企业集团采用建立资金结算中心、成立财务公司、搭建财务共享中心等方式,建立企业内部的资金池,调剂内部资金,统一采购大宗物资、统一财务核算口径,以实现财务业务一体化发展,保证重大项目的建设,促进企业降本增效。中小企业要根据发展规划和经营实际,制订资金使用计划、拓展融资渠道,保证资金有序衔接、高效使用,坚决避免"资金断档"。

④抓好组织整合。企业要调整组织结构,使组织焕发新的生机活力,成为"价值创造平台"。组织整合的关键是流程再造、平衡横向纵向关系、提高系统效率。传统企业多为"等级式""科层制"管理模式,企业层级多、流程长、信息传导和事项决策效率低下。相应地,扁平化管理已成为现代企业搭建组织架构的普遍模式,它有利于加快信息流速率,提高决策效率。企业应精简机构设置,简化业务流程,将功能相同或相近的业务进行合并,减少不必要的业务单元或机构,利用现代技术手段,将审批决策的串行流程改为并行流程,提高运行效率。美国通用汽车最早提出"事业部制",即根据客户、产品、区域划分不同的事业部,按照"独立核算、自主经营"原则建立利润责任中心,这样做能更好地贯彻其以客户为中心的经营理念,显著提高经营效益。我国的商业

银行也已逐步建立起纵向推动为主的事业部制,对分行主要负责人的管理方式由单线管理变为各事业部多头向下的复线管理,这降低了成本费用,加强了对各事业部的业绩考核管理,调动了不同层面人员的工作积极性。

⑤抓好业态整合。业态整合要以客户需求为导向,重新构建专业化的体系并培养相关人员对应能力。当前消费心理变化复杂,企业只有加强市场细分,才能准确定位业态,锁定目标市场和目标顾客,提升服务效率。阿里、京东等互联网企业,一方面借助大数据、云计算等互联网技术,对消费者进行细分定位和精准化营销,并根据消费习惯,在消费者生活工作周边区域加大商铺布局力度,提供精准服务;另一方面利用算法等帮助商铺店主合理购置畅销商品,甚至提供配送物流服务、小额贷款等支持,以完善自身业务体系,巩固扩大生态圈,实现业态服务的多层次、多元性转化。随着生活水平的提高和信息技术的进步,消费者体验对商品零售行业的影响日益重要。让消费者在碎片化生活场景中更好地体验商品和服务,加强其与产品、企业的情感交流,可以激发消费冲动,促成购买行动。汽车销售、餐饮服务、电子科技等行业企业就特别注重创造各种各样的商业场景,它们纷纷入驻商超、便利店、商业综合体等线下平台,还加大了电商平台投入力度,有的还直播带货,以最大程度地设计匹配消费者需求的产品、优化购物体验、推进互动营销;通过场景体验增加业态整合的黏性,通过互动分享唤醒消费情绪,可帮企业实现线上线下资源的全面整合和多业态协同发展。

⑥抓好模式整合。商业模式是把能使企业运行起来的各种要素整合起来,既满足客户需求,也能使企业自身持续盈利的解决方案。传统的传媒企业,其商业模式主要来自产品的二次售卖,即在产品市场上售卖内容产品,在服务市场上将读者资源卖给广告商,以完成对内容产品的价值补偿。在互联网格局深刻变革的当下,传媒企业有的打造自有

平台、有的参与智慧政务、有的试水直播电商,这些举动都是为了重新建立与用户之间的连接,逐步重构商业模式。万达创造的订单式商业地产模式,即先租后建、招商在前、建设在后,实现了企业内部的快速复制;在商业地产上的轻资产运作,规避了投资风险,提升优化了城市形象,帮助企业和政府实现了合作双赢。小米通过互联网思维做硬件,极致地控制成本,最终实现硬件、互联网、物联网的完美融合。苏宁易购注重深度改革,不断补充商品种类,使线上线下商品差别化,完善高端产品储备和物流转运体系,实现了线上线下零售工作的平衡发展。互联网时代,入口思维、跨行思维、平台思维、生态思维不断涵养,共享经济、分享经济等孕育了很多新的商机。企业需要去不断创新发展商业模式,很多互联网独角兽企业之所以发展迅猛,就是因为它们创造出了不同以往的商业模式。企业想进行商业模式整合,就要抛弃固有的观念和逻辑,去掉习惯思维的枷锁,大胆想象、敢于实践。

⑦抓好管理整合。企业要强化战略实施管控,围绕主业引入先进的管理模式和管理工具,强化精益管理,切实提升管理效能。想抓好管理整合,企业应强化战略管理,按照战略规划进行投资布局和发展产业;加强计划管理,强化对投资项目的立项评审和过程考核管理,避免其偏离投资初衷,或者出现过度投资、重复投资、低效投资的情况;改进人力资源管理,实行人员的定编定岗,对领导班子和经营团队实行经济责任制考核,激发其谋事干事的主动性、积极性;建立生产经营的定期协调机制,在业务平衡、质量管控、安全生产、客户开发、技术研发、产能利用等方面加强协调;推进标准管理,强化经营成果、资产质量、成本费用、人均效益等方面的对标考核,与历史数据比较,向行业优秀企业看齐,以弥补短板、改进不足、提升管理水平。

(三)实现4个层次的融合发展

企业的资源是能够潜在或实际影响其进行价值创造的所有事项,

它不仅包括企业实际拥有或能够控制的部分,也包括那些尚未被或不易被企业控制的部分。资源整合是一个复杂的动态过程,企业要对不同来源、不同层次、不同结构、不同内容的资源进行梳理、选择、激活和融合,来重构原有资源体系、摒弃无效资源,在反复利用中开发出新的经济功能,形成新的资源体系。具体来说,就是实现不同资源在4个层次和方向上的真正融合,即融为一体、共同发力。

第一,融合内部和外部资源。企业要识别、选择有价值的、适合企业自身实际的外部稀缺资源,如设备、技术、管理技能等,融入自身的资源体系中去,并不断调整改进,充分发挥内外部资源的效率和效能。学会整合资源的方法,在企业内部争取资源,无论是向上级还是其他部门,都需要如实介绍自身情况,与上级、同级真诚相待、信赖互助,获得理解和支持,对外争取资源要更注重策略,利用好企业自身平台和人脉关系,收集寻找更多的资源为自己所用。随着互联网应用和服务的广泛渗透,数字产业化和产业数字化发展飞速,数字经济正汇聚起经济发展的巨大动能,成为未来产业发展的核心引擎和构建新发展格局的重要力量。

第二,融合个体与组织资源。你有你的资源,我有我的资源,联合起来会使效果倍增。企业发展,要互通有无、互利互惠,及时分享共享资源;既要将单个个体、业务单元的资源系统化,将其不断转化为企业的组织资源,也要打破内部壁垒,将组织资源赋能给个体资源,激发个体潜能,提高资源价值。个体的独特性是创造力的来源。每个组织都渴望拥有优秀者,希望获得创新创造的能力。再强大的个体,也要在强大的组织平台上才能更好地绽放价值。

第三,融合新兴与传统资源。新技术的进步和新产业的发展可以带动提高传统资源的使用效率和效能,反过来,传统资源的合理利用又可以进一步激活新兴资源;两者融合可以达到相互促进、循环反复、螺旋上升的效果。中国移动、联通、电信等通信运营商就根据客户需求，努力设置量身定做的通信、宽带等不同业务组合，不同消费档次的融合套餐，持续优化通信网络，实现了新兴资源和传统资源的融合发展。

第四，融合横向与纵向资源。横向资源和纵向资源的整合，是企业重组生产要素，实现成长的方式，可以帮助企业搭建发展的立体架构、巩固市场地位、提高市场竞争能力。中石化、中石油等能源销售企业，一方面会与行业优质客户加强合作，组建合资公司，加大销售网点布局，努力提升油气销量；另一方面会向产业链上游延伸，派驻人员进入石油炼厂，把控油品质量、降低采购成本。美团一方面横向并购打造超级平台；另一方面垂直深耕纵向激活生态系统，使得企业的资源和核心能力越来越多样。

三、企业如何进行资源整合

企业业务结构、产业链条、区域布局和经营模式等在发展成长的过程中一直在发生变化，内部资源也不断变得丰富和复杂，这使得管控难度不断加大。加强资源整合是企业自身改革发展的需要，也是转变发展方式、做优做强做大的必然要求。

①企业要有清晰的战略目标，坚定地执行该战略，以战略引领行动。

企业要想实现长远发展，一定要高瞻远瞩、前瞻布局，以前瞻30年的眼光想问题、作决策、抓发展；要提高站位，站在全行业乃至全国的发展大局中衡量前行节奏，战略上要高位挂挡，紧跟宏观政策，顺应发展规律，找准外部机遇转化的发力点、突破点和落脚点。同时，企业还要在发展方面涵养生态化、平台化的思维，用"生态圈"的逻辑进行产业整合和价值重构，纵向打通产业链上下游，横向整合协同业务，实现新兴产业与传统产业的场景融合、赋能共生；加强风险防控，强化忧患意识和底线思维,警惕潜在危机,防范意外冲击,分类施策、精准拆弹。具体而言,就是要制定企业的发展战略规划,明确各业务单元的定位和发展目标,形成促进发展的"一盘棋"思路,可有以下四种做法。一是围绕主责主业,提升核心竞争力,推进业务结构调整与优化,尤其要从战略高度积极主动剥离重组非主业、非优势业务。二是持续深入做好资源整合的后半篇文章,发挥好内部协同效应。三是切实加强企业总部建设,增强管控能力。四是稳步开展对外战略并购重组,锻炼提升资源配置整合能力。美团拓展的共享单车、网约车、美团买菜、消费贷等横向业务就服务于超级平台战略,而快驴、ERP、聚合支付、商户小贷等纵向业务就服务于供给侧战略。在新业务扩张方面,符合战略价值的,就算亏损也要投入去做,如单车;战略价值很高的,就大笔投入去做,如打车;不符合战略方向,就算短期能带来经济利益的,也要放弃,以实现不同业务的战略协同。

②企业既要注重稳健发展,又要致力能级提升,统筹长远发展和日常经营的关系。

确保经营效益、保持资产增长、强化动能接续,是企业稳健发展的基础所在,也是资源整合要坚持的根本原则。资源整合要注意以下几点。一是处理好主业和非主业的关系。二是处理好发展速度和质量的关系。三是处理好存量和增量的关系。四是处理好近期和中长期的关系,科学处理"吃饭"和发展的关系。五是处理好开源和节流的关系,坚持内涵挖潜与拓展新业务并重。

③强化资金、资产、投资三端的供给侧改革,以改革释放发展活力,以创新增强发展动能。

资源整合,本质就是整合物流、人流、信息流、资金流等各类资源,优化资源配置,推动高效运行。企业要强化战略计划管理,坚持用"发展为要、项目为王"的理念指导产业板块、业务单元聚焦战略方向,谋划重点项目,加强行业对标,做好动态优化调整。企业在资金端上,要实施资金集中管理,减少冗余沉淀,降低融资成本,集中力量办大事,为企业的重大项目、重点工程做好资金支持,严格控制债务总量,不断优化债务结构,加大直接融资比例,积极引进社会资本,实现资产负债率稳中有降。在资产端上,要把握好规模与效益之间的平衡,建立常态化的识别、跟踪、处理机制,制订扭亏增盈行动计划,推动困难和亏损企业扭亏增效,加快盘活处置低效无效资产,变"拖累点"为"增长点"。在投资端上,要把握好"稳"与"进"的关系,发挥好投融资平台"花钱、找钱、赚钱、引钱"的功能,做到投资有据、扩张有序,加强投资的全流程管理,加大投资项目效益评价,坚决避免"碳达峰"成"碳冲锋"的无效投资,坚持改革创新。华为公司长期奉行"小改进,大奖励;大建议,只鼓励"的管理原则,表明工作只有务实才有实效。技术、业态、模式上的微创新,也能给企业带来质效的大提升。企业要坚持开放合作,打造"资源生态圈",汇聚信息、资金、人才、技术等要素,做到"不必我有、但为我用"。

④企业要注重资产生命周期管理,优化资本结构布局,培育打造核心优势产业,盘活出清低效资产。

企业一要科学把握企业成长周期,强化企业培育,着力扶优扶强。企业要强化提质增效成熟期的产业,深入探索数字化、智能化转型,持续优化产品结构。成长性的产业也要加快"反哺",加快打造核心资产,形成新的支撑。二要扩大有效投资,着力调结构、补短板、强基础。企业要聚焦主责主业,针对各产业板块存在的投资分散、领域过多、战略定位不清晰等问题,进一步明确1—2个具体发展方向,有针对性地调整资源配置,集中力量打造出具有核心优势的龙头产业。要坚持轻重资产平衡发展,强化轻资产业务拓展,减少资金、资产的沉淀;同时,强化科技创新支撑,加大创新投入,不断研发高附加值、有竞争力的产品。三要用好资本工具,发挥乘数效应。加强资本运作,积极谋划和发挥上市公司平台作用,围绕资金配置、产业合作等研究市值管理的思路举措,持续加强资本运作的全流程管理。要发挥基金功能,进一步撬动社会资金、扩大投资规模、分散投资风险、发掘战略资源、培育新兴产业、创造更大价值。四要有效盘活资源,淘汰落后产能。不产生效益的资产就是负债,就会产生成本,是资源整合中被整合处置的对象。企业要定期全面厘清资产状况,制定低效无效资产标准,将低效无效资产列入清理台账,组织专班制订计划,实行"销号管理"。要严格控制新设企业,加强企业设立的核准审批,深入开展督查检查,建立第一责任人制度,制定奖惩举措。

⑤企业要强化总部建设,发挥总部资源配置功能,做到管控、赋能并重共举。

一要加强预算管理,做好投融资预算和资金平衡,确保不发生流动性风险。优先支持计划内战略性、高收益项目,加强经济增加值(EVA)考核,树立高质量发展的风向标。二要加强人才资源配置。人才是企业发展的第一生产力,定期开展人才盘点工作,针对人才供给缺环,制订人才引进计划和干部培养计划;加大技能培训力度,鼓励一岗多能、内部流动、调剂余缺,支持各生产单位、业务单元引育人才。三要加强制度赋能,明确企业各综合职能部门的职责,建立资源整合工作可操作、能见效的赋能机制,开发相关工具,及时总结提炼好的做法,并将其简化、优化、转化为规章制度和执行方案,形成制度保障。四要加强智慧企业建设,搭建数据资产管理平台,加快推进数据互联互通,做到关键信息的"一处录入、处处可用",减少"信息孤岛"和"内部壁垒"现象,实现业务流程、财务会计流程、管理流程的有机融合。五要加强全面风险管理制度,建立风险管控体系,树牢风险防控意识,树立全员风险管理意识,量化风控管理评价指标,建立会商机制和紧急应对机制,提前研究潜在风险,谋划应对举措。

商业模式创新的本质就是对资源整合系统的优化与升级。懂得资源整合的企业不一定优秀,但不注重资源整合的企业一定管理得不够好。资源整合是一个持续动态的过程,企业必须因地制宜,结合实际不断调整相关策略。企业要想实现更好的发展,就要增强资源整合的意识,促使全员积极参与。搞好企业管理只有进行时,没有完成时,资源整合永远在路上。

第二十一讲

准确把握企业经营"稳"和"保"的着力点

【摘要】企业作为市场主体,是经济的力量载体。保市场主体就是保社会生产力。企业想贯彻中央"六稳""六保"精神,就要结合实际,重点做好自身的"六稳""六保",即"稳企业运营、稳资金链安全、稳企业投资、稳企业队伍、稳经营基本盘、稳未来预期""保核心竞争力、保重点项目、保现金流充裕、保新动能培育、保职工工资绩效、保年度目标任务完成"。

习近平总书记在主持召开企业家座谈会时指出"市场主体是经济的力量载体,保市场主体就是保社会生产力",这为企业发展注入了强大信心和强劲动力。对企业来说,贯彻落实好中央"六稳""六保"工作要求,就是要结合企业发展实际,抓住重点领域、关键环节,准确把握企业经营"稳"和"保"的着力点,有效应对化解各种风险挑战,保护和激发企业活力。

一、把"稳"作为企业经营的重要原则

当前经济形势仍然复杂严峻,不稳定性、不确定性较大,企业经营应当把"稳"作为重要原则。具体来说,企业要做好六项"稳"的工作,即稳企业运营、稳资金链安全、稳企业投资、稳企业队伍、稳经营基本

盘、稳未来预期。

一是稳企业运营。企业是经济的基本细胞,是社会财富的创造者,是稳就业的顶梁柱、经济增长的"发动机";实现高质量发展,归根到底要靠企业。企业要统筹好当下经济环境和企业生产经营的关系,深入研究市场形势变化,明确发展战略方向,保持市场占有率、净资产收益率、资本保值增值率等主要经营指标稳定,既要生存下来,更要使自己能发展起来。

二是稳资金链安全。资金链是维系企业正常生产经营运转所需要的基本循环,是企业赖以生存和发展的生命线。有研究表明,85%的破产企业是资金链断裂造成的。许多经营上依然盈利的企业,都会因资金链的断裂而被迫倒闭。当前,企业应更加重视资金链安全,保持资金链的良性循环。资金投入方面,要拓宽融资渠道,实现融资方式多样化,并通过优化融资结构降低融资成本;资金运营方面,要着力提升产品利润率,加强供应链管理,提高资金运营能力;资金回笼方面,要加强应收账款、存货、预付款项、付款方式等管理,提升企业经营现金净流量。

三是稳企业投资。加大投资是促进经济发展的重要举措,但全球环境无疑增加了我国恢复经济增长的不确定性。受全球供应链不稳的普遍影响,企业投资风险不断加大。因此,企业要把稳投资作为今后一段时期内产业投资的基本原则,要坚持审慎投资,控制好投资风险。当然,企业投资是扩大内需和消费的重要一环,看准的项目,该上还要上——但投资项目要符合企业发展规划要求,不能盲目上新项目,不能大进大出,更不能因为项目投资影响了企业的平稳运营。

四是稳企业队伍。员工是企业生存和发展的基础。企业落实"保就业"任务,就要千方百计吸引和留住人才,特别是要留住优秀的技术、科研、管理、经营人才,增强员工队伍稳定性。要健全人力资源管理体制,用待遇留人、感情留人、事业留人;培养员工对企业的忠诚度、凝聚力和向心力;充分发挥每位员工的主观能动性,为企业长期可持续发展提供强大人才支撑。在经营困难时期也要尽量做到不裁员,想方设法保持员工队伍稳定,共同渡过难关。

五是稳经营基本盘。每个企业都要认真审视自己的基本盘,重视基本盘,将人力、物力、财力等优势资源向基本盘倾斜,确保基本盘经营稳定,为实现稳中求进、高质量发展提供坚实保障。

六是稳未来预期。企业要正确认识我国经济发展的基本面,理性判断宏观经济发展规律和趋势,准确把握以国内大循环为主体、国内国际双循环相互促进的新发展格局,找准自己在产业格局和产业链中的位置,坚定发展信心,形成理性预期,安心、放心、专心地开展投资和生产经营活动。

二、把"保"作为企业经营的基本底线

企业经营也要在"保"上下足功夫,具体来说就是要落实六项"保"的任务:保核心竞争力、保重点项目、保现金流充裕、保新动能培育、保工资绩效、保年度目标任务完成。

一是保核心竞争力。企业核心竞争力是企业在市场上具有的长期竞争优势的内在能力资源,是企业所特有的、能够经得起时间考验的、竞争对手难以模仿的绝对资源优势,是保证企业可持续发展的力量源泉。不同企业,以及处在不同发展阶段的同个企业,核心竞争力都有所不同,有的是先进的生产技术、高效的员工团队、熟练的生产工人,有的是优秀的企业文化、健全的管理体系、领先的创新能力,有的是较高的市场占有率、较大的产业规模、突出的品牌优势……各企业要充分认识自身核心竞争力所在,千方百计提升技术能力、管理效能、市场规模、产品优势,巩固保持提升核心竞争力。

第二十一讲 准确把握企业经营"稳"和"保"的着力点

二是保重点项目。重点项目对企业发展具有较强支撑和拉动作用，是企业转型和发展的重要载体。不同企业因所处行业、发展阶段不同，重点项目类别也有所差异，有的是重点基建项目，有的是重大固定资产投资。但总的来说，重点项目投入金额较大，建设周期普遍较长，对企业近期和中长期发展都有较大影响。当前，国际国内经济环境面临诸多不确定性因素，市场瞬息万变，企业建设重点项目时，要做好统筹谋划安排，加快项目建设进度，确保重点项目按时落地、为企业发展增添新的动能，坚决防止因建设缓慢而增加成本、错失市场机遇等现象的发生。

三是保现金流充裕。现金流是企业的生命线，是企业持续经营的"血液"，是资金链的关键。在当前形势下，企业必须从长远的角度出发充分认识现金流充裕的重要性，通过提升资金周转率、加大应收账款回收力度、减少非生产性成本支出、降低库存积压、合理安排资金筹措等措施，努力增加现金储备，真正做到"现金为王"。

四是保新动能培育。保新动能培育既关系企业未来的可持续发展，又关系到企业现在应该做什么、怎么做，它是高质量发展的基本特征之一。越是生产经营困难，越要依靠创新闯出新路，保新动能培育就是要保创新驱动的内生动力。企业要加大科研投入，积极探索技术创新、产品创新、商业模式创新，重点"保"住正在培育的新产业、新经济，着眼长远、夯实根基、厚植优势，为企业发展积蓄新的动能。

五是保工资绩效。工资绩效关系到企业全体员工的切身利益，是共建共享的重要体现、员工获得感幸福感的重要来源。将工资绩效列为"重点保"的任务，体现了企业关心员工收入稳定和以人为本的经营理念。企业要通过开源节流、增收节支等措施，确保工资绩效不出现较大的降幅；在负债率不高的情况下，为保证员工基本收入稳定，可适当提高资产负债率。只有保住工资绩效，确保员工收入不出现巨大变动，才能留住优秀人才,为未来发展积蓄能量。

六是保年度目标任务完成。企业年度目标任务能否完成影响着企业发展战略的实现,关系到全体员工的发展信心。年度目标任务实现了,企业发展战略就有了基础,员工的收入福利就有了保障。保目标任务完成是企业经营工作的总体目标和要求,是企业六项"保"的任务的落脚点。企业经营要确保年度目标任务的刚性,通过积极开拓市场、扩大销售份额等措施,不断探索新业态、新模式,增加经营收入和利润,努力完成年度目标任务。

总之,对企业经营而言,做好六项"稳"的工作是总体要求,落实六项"保"的任务是基本底线。这六项"稳"的工作和六项"保"的任务是企业经营长期协调机制的着力点,是企业层面贯彻中央"保市场主体"任务的具体举措。企业做好了专属的"稳""保"工作,才能稳住基本面,保住底线,促使宏观经济趋稳向好。

第二十二讲

文化类企业在融媒时代经营转型的策略与模式创新

【摘要】 当前,媒体融合进入新的转折期,媒体融合背景下,文化类企业到底该怎么经营转型?具体该如何做?本讲从媒体经营转型对媒体融合的重大意义、媒体融合背景下文化类企业经营转型的策略、盈利模式等方面回答了如何培养文化企业的造血功能和盈利能力,从而实现媒体经营的成功转型,确保媒体融合的可持续发展。

随着一些非时政类媒体由事业单位转制为企业单位,原有的主流媒体纷纷变身为市场主体,成为真正自负盈亏、自主经营的媒体类企业。如何在市场上求得生存,乃至于发展壮大、搞好经营管理,成为它们在发展中面临的一个突出问题。为了正确引导舆论,争夺国际话语权,国家十分重视媒体类企业的生存和发展问题,并把媒体深度融合作为一个重要的突破口。

2020年9月,中共中央办公厅、国务院办公厅印发《关于加快推进媒体深度融合发展的意见》,就如何加快媒体深度融合发展提出了具体要求。自2014年中央将媒体融合提升至战略层面以来,各主流媒体积极投身媒体融合发展,锐意改革、守正创新,爆品频出。从"相加"到

"相融",新型主流媒体矩阵已初具规模,不断壮大舆论宣传阵地。然而,在经营层面,媒体类企业经营依然呈快速下滑态势,融媒体商业模式探索举步维艰,经营工作严重滞后于媒体融合。当前,媒体融合发展已进入新的转折期,未来几年是媒体融合的一个关键阶段,也是媒体融合背景下经营转型的攻坚阶段,媒体类企业的经营转型将成为媒体深度融合成败的关键。因此,培养媒体类企业的造血功能和盈利能力,实现媒体经营的成功转型,确保媒体融合的可持续发展,是当前和今后一个时期媒体融合发展的重要任务。

一、媒体类企业经营转型对媒体融合意义重大

(一)媒体类企业经营转型事关媒体融合的成败

媒体融合的成功,既要包含媒体传播实现"既相加又相融"的成功,也要包含实现可持续发展的成功。因此,媒体类企业经营转型对媒体融合意义重大,可以说决定着媒体融合的可持续发展能力和最终的成败。目前,媒体类企业融合方兴未艾,媒体类企业经营转型正为传媒界多方所重视。人们经常会有这种疑问:媒体融合的效果到底如何?市场接不接受?用户认不认可?融媒体经营成了检验媒体融合是否成功的试金石。其实媒体融合能走多远、有没有后劲,也取决于媒体类企业经营的模式是否有效,有没有找到符合自身发展的盈利模式,有没有满足发展需要的造血功能,能不能实现媒体融合的可持续发展。因此,可以毫不夸张地说,媒体融合过不了"经营转型关",就过不了可持续发展的关卡。

(二)媒体融合的良性发展迫切需要媒体类企业经营成功转型

因为技术、设备、人才快速的迭代更新,媒体融合需要大量的资金投入来支撑。通过媒体融合提升媒体影响力、通过影响力变现实现媒体融合的良性发展,已经成为大家的共识。媒体类企业经营的转型成

了媒体融合良性发展的关键。要提高媒体传统经营的服务质量,拉长媒体传统经营的服务链条,壮大媒体传统经营的规模,延长媒体传统经营的生命周期,要在此基础上树立全数字化、全产业链、全运营化思维,打造全媒体生态系统,在推动媒体深度融合的同时,积极推动媒体与产业的深度融合,建立互相补充、互相嵌入、互相促进的产业链、价值链和生态圈,更好释放媒体融合的活力和影响力,才能推动媒体融合真正实现良性发展。

(三)推动主力军全面挺进主战场迫切需要媒体类企业经营成功转型

《关于加快推进媒体深度融合发展的意见》指出,要推动主力军全面挺进互联网主战场,以互联网思维优化资源配置,把更多优质内容、先进技术、专业人才、项目资金向互联网主阵地汇集、向移动端倾斜,让分散在网下的力量尽快进军网上、深入网上,做大做强网络平台,占领新兴传播阵地。主力军全面挺进主战场,需要媒体经营工作者强化互联网思维,充分发挥市场机制作用,增强主流媒体的市场竞争意识和能力,探索出在媒体融合背景下经营成功转型的路径与模式。只有路径找对了、模式找准了、转型到位了,主流媒体的实力才能不断得到增强,主流媒体的影响力、话语权才能不断得到强化,我们才能说主力军真正取得了新媒体领域的主导权,才能说主力军全面挺进了主战场。

二、媒体融合背景下媒体类企业经营转型的策略

目前,媒体虽然形式上正在走向融合,但经营上依然还是业务并行、资源高耗、要素低效,"你是你,我是我"。因此,要在媒体融合背景下实现媒体经营的成功转型,就要用互联网思维模式完成生产与经营的流程再造,重构媒体生产与经营的商业模式,着眼未来传播的发展趋势,构建"你中有我,我中有你"的媒体融合经营发展新格局。

(一)内容生产和媒体类企业经营做到一体化发展

媒体融合,不仅仅是不同媒体、平台的融合,也是内容创作者、传播者、读者之间的交互融合,更是内容生产与经营活动的深度融合。因此,统筹好内容生产和媒体经营一体化发展十分重要。

内容生产部门在做好宣传报道的同时,还要积极参与扩大用户流量池的工作。经营部门在做好流量转化、商业开发的同时,还要为内容生产提供有价值的信息,因为经营人员更贴近用户,能为媒体的内容生产提供新思路,促进内容创新,他们也能从经营角度审视内容,策划更多与用户生活垂直领域相关的内容选题。媒体内容生产与经营在信息内容、技术应用、平台终端、管理手段等方面共融互通,再借助直播、短视频、条漫、一图流等创作方式,利用新媒体手段,就能够提供更多让年轻人觉得有趣、易接受的新媒体产品。

(二)重视全媒体传播体系的流程再造

媒体融合改变了传统媒体类企业的生产方式和经营模式。在内容生产上,新闻的理念、采集的方式、传播的体系都发生了很大的变化。那么,要想适应内容生产和媒体经营的需要,就必须完成互联网思维下媒体类企业传播体系的流程再造。以内容生产为根本、以互联网技术为支撑、以创新管理为保障,用流量思维、获客思维、转化思维、用户思维来设计内容生产与经营管理的流程,用互联网思维来设计和规划媒体经营的品牌营销、垂直营销和社群营销模式。

(三)强化媒体类企业经营转型的平台化思维

平台化本质上是一种生态化,是参与者之间互惠互利、同生共存的新生态圈。平台化思维是采用符合互联网传播规律的思维方式和组织方式,通过"互联网+"来实现媒体产品和服务的多样化扩展。传媒业未来的商业模式,不会再是以信息传播为主的单点支撑,而是以大平台为基础,以用户为核心,以用户间的关系为传播机制,以互动为内容生产动力,实现新闻、资讯、服务、社交、产业有机融合的商业模式。这种将用户平台作为起点,聚集用户,在互动的基础上实现增值服务,实现内容和运营同频共振的模式,就是媒体融合背景下的平台化思维的具体表现,也是移动互联网时代媒体类企业经营转型的必经之路,更是媒体融合永续发展的动力引擎。

(四)布局产业融合发展的生态体系

媒体类企业作为具有一定体量和多元化产业布局的企业,更应该按照做长做深产业链的体系化思维,下好先手棋,在产业结构、商业逻辑和功能区分上形成用户共享、上下贯通、相互赋能、相融共生的生态产业链条,形成多产业融合发展的体系经济。发展体系经济,一方面能做好产业集群的内部循环,开发内部市场,整合内部资源,降低成本消耗,提高规模效益;另一方面能做好产业的跨界联合,通过项目合作借助外部力量、整合社会资源,实现互利共赢。一旦媒体经营的多维度空间实现了要素间的多向律动、多维度发力,企业就很容易取得行业的主导优势,顺利进入媒体融合发展的良性生态体系中。

(五)探索发展新型商业模式下的数字经济

当前,5G技术、物联网、人工智能等现代信息技术蓬勃发展,数字经济已经成为拉动经济增长的重要动能、加快经济结构调整的重要方向、实现媒体深度融合的重要路径。媒体类企业经营要把握好数字化、网络化、智能化发展机遇,创造出更多有力量、有温度、有品质的数字内容和产品,有效提高数字内容和产品的供给效能,持续催生数字内容和产品的增长动能。

因此,媒体类企业要利用好媒体行业的"大数据"优势,整合内容知识、生产经营、市场用户、信用管理等全要素,做大做强"数字经济+"。要密切关注互联网领域的新技术、新应用、新业态,不断研判互联网领域出现的新潮流、新变化、新趋势,强化经营意识,加快谋篇布局、抢占发展先机,推动数字技术赋能传统产业,尽快形成媒体类企业经营新的业务板块,提升媒体经营的核心竞争力。

三、媒体融合背景下经营转型的盈利模式

在融媒体背景下,一定要处理好传统媒体经营与新媒体经营的关系,应该在继承和优化媒体传统经营模式的基础上,做好新商业模式的探索与创新。特别是在新媒体经营模式还不清晰,还不能实现持续盈利的关键阶段,媒体类企业经营大盘还需要传统经营的盈利模式继续发挥"压舱石"作用,绝不能放弃以往的传统经营模式,不然很可能没有做好新媒体经营,又丧失了传统经营优势。因此,要想方设法发展壮大传统经营规模,深度挖掘传统经营潜力,千方百计延长传统经营的生命周期,在此基础上不断探索和创新新媒体经营,提升新媒体经营的能力与水平,实现传统媒体经营与新媒体经营二者的此长彼长、共同发展。

(一)升级传统经营模式,巩固原有经营优势

①优化报纸发行(付费电视)的售卖模式。传统媒体的盈利模式一般为"二次售卖"的模式。其中的第一次售卖指将好的内容产品卖给受众,这种售卖形式在进入移动互联网时代后,虽然受到很大的影响和冲击,但对部分传统媒体企业影响不大,如党媒受影响不大。因此,传统经营模式仍有很大的市场空间。在此基础上,结合移动互联网时代的传播特征,售卖的产品也可以通过提价、定制个性化产品等方式拓展盈利空间。

②提升广告经营的获利能力。传统媒体广告经历了"断崖式"下滑,但党媒等的广告收入却呈现了逆势上扬。当下,提升传统媒体广告经营的盈利能力是媒体类企业经营亟待解决的问题。为此,媒体要强化用户思维,提高从业人员的广告策划、品牌推广、活动组织、整合营销

能力、服务沉下去、质量升起来,拉长供给链条,突出服务效果。除了提升整体经营能力,媒体类企业经营者还要掌握搜索广告、电商广告、社交广告、视频广告、信息流广告等以流量转化为导向的广告经营新模式,运用技术手段做好用户画像,实现精准投放,按互联网经营指标、考核指标、计费方式和评价体系来改革营销方式,从而吸引更多的"长尾用户"。

(二)发挥媒体类企业优势,把影响力变成"现金流"

媒体类企业应凭借良好的美誉度与影响力,在品牌塑造以及线下推广等活动组织上的强大公信力和号召力优势,最大限度地发挥和放大优势,把影响力变成"现金流"。

①会展模式。会展模式是将媒体影响力变现的最常见线下活动。媒体类企业借助自身的影响力和用户规模,联合商家,举办各类展览展示展销活动,比如车展、房展、交易会、展销会等,以此拉长经营链条,提高盈利水平。

②举办论坛。举办各类规模大小不等的论坛,利用商家提供的赞助、冠名、宣传推广费用等实现盈利。

③开展培训。组织和举办各类培训是媒体类企业常见的经营手段之一,培训主要是针对特定人群在某个时段组织的应用型知识的短期教育。

④赛事活动。借助公信力,举办各类赛事活动,利用商家提供的赞助、冠名实现盈利。

(三)壮大多元产业,筑牢发展"底盘"

媒体类企业可以利用和发挥各种优势,如政治优势、品牌优势、信息优势、人才优势、资金优势等,在做好主业的同时,利用自身优势进行资源整合,走多元产业发展的路子。多元产业大致包括以下经营板块:教育培训,金融投资,酒店旅游,房产开发,户外广告,图书发行,物贸印刷、物流配送，等等。这些经营板块，不仅壮大了媒体集团的规模实力，也提供了媒体转型发展所需要的资金支持。目前，全国报业集团的媒体经营中，多元产业贡献了大量收入与现金流。

（四）推进"媒体+服务"，培育发展新业态

①媒体智库服务。具备信息搜集和分析能力、拥有一批深耕各自报道领域的资深记者和编辑，而且能聚合一大批各专业各领域的研究学者与业界专家的媒体类企业可组建具备专业分析和研究能力的媒体智库，通过整合自身资源和社会资源，为各行业各领域提供有偿企业咨询、商业策划、企业战略规划和行业策略竞争研究等经营服务。

②版权保护。融媒体条件下，传统媒体经营仍然应将内容变现摆在重要的位置，探索版权维护新模式，从版权合作着手，扩大到版权登记、托管、交易等服务，从而反哺内容生产，将版权维护培育为新的经济增长点。

③数据变现。数据的商业价值很大，但现在许多媒体类企业的数据属于表层数据，大多处于闲置状态。我们可以依托大数据和算法支持、用户画像、推送功能、服务链接等技术，建立以"数据+智能"为中心的精准服务模式。实现数据变现的增值服务方式有很多，包括原始数据变现（卖数据）、为企业提供各类数据分析或指数产品、利用大数据实现广告精准投放、为企业提供定制化分析等有偿数据服务。

④有偿技术服务。随着媒体融合和新媒体的应用，媒体集团的互联网技术和研发能力日趋成熟，应借助自身培养的网络技术研发团队，提供技术服务外包，推动技术成果输出，把技术优势转化为经营优势和产业发展优势，从而开辟新的经济增长点。

⑤发展媒体电商。媒体电商是移动互联网时代媒体变现品牌和资源的主要途径。媒体由于沉淀了大量受众，获客容易且转化率高，可直接将纸媒庞大的读者群转变为可以创造巨大商业价值的用户群。纸媒

增加了消费功能并优化了用户体验,变原来的纯阅读为"阅读+消费",这也是"读者+用户"身份的结合和体现。

(五)借助资本力量,搭建多层次投融资平台

①搭建资产管理与投融资体系。逐利是资本的天性。当媒体的影响力足够大的时候,对资本就有超强的吸附能力。当资本盯上媒体的影响力时,说明媒体影响力的价值变现能力在不断增强,资本就愿意与媒体合作,可采取股权投资、债权投资、基金管理、实业投资等多种合作形式,建立全方位、多层次的资产管理与投融资体系,来帮助媒体创造更大的商业价值和利润。

②培育上市主体。当媒体发展的力量在资本市场释放出更多的想象空间时,资本的力量就会推动媒体进入证券市场,通过上市的形式释放出对资本更大的诱惑力,为媒体类企业发展提供更为充足的资本,以实现大规模的战略重组和并购,帮助媒体实现更多的战略扩张。

③设立配套的产业基金。利用产业基金来撬动资本市场,不但能获取丰厚的投资回报,还能通过基金管理收获可观的收益。

四、经营工作转型中要避免的几个误区

媒体融合环境下,受制于业务模式、供应链、管理架构、人员技能、企业文化和价值观等方面的约束,面临诸多困难和挑战,媒体类企业在经营工作转型中出现了很多误区。

(一)一味强调体制机制,忽略方式方法问题

在探索经营转型路径时,体制机制是绕不开的话题,必须进行改革与调整。但更多情况下,阻碍媒体经营工作转型的是方式方法问题,因此,不能简单地以体制机制问题掩盖方式方法问题。工作方法不对路、工作方式不创新、工作思路不清晰、工作态度不积极等方式方法问题普遍存在,严重影响了发展质量和工作成效。不同类型、不同层次级别的

媒体类企业有着不同的体制机制、政策待遇和市场环境。在发展和投资前，媒体类企业要善于创新工作方式方法，切实解决"能干、会干"的问题，在现有体制机制下实现更大发展，充分释放体制机制红利，按照自身情况制定科学决策，扎实作好市场调研，改革管理方式，设计个性化的转型方案。

(二) 缺乏具体抓手和载体，只抓改革不抓项目

不少媒体谈到媒体类企业想融合和经营转型，就必先抓改革。从传统媒体的工作机制，到产业模式的创新，再到组织和人员的变革，涉及方面虽广，跨度时间虽长，改革的效果却不尽如人意。改革是系统工程，短期内难以见到实效，完全投身改革而不顾眼前发展，可能会错失经营转型的时间窗口。推进改革，需要经济基础的支撑；只有狠抓项目进度，保持经营稳定，才能确保改革的顺利推进。媒体类企业在转型期要确保生存，改革的同时要兼顾发展，以项目为抓手，不断尝试新的领域，逐步完善产业布局，以阶段性成果巩固媒体发展。

(三) 发展新媒体盲目"烧钱"

我们要以积极的态度推进媒体融合，目标要明确，措施要有力；同时也要看到，新媒体领域风口频换，项目投资成败存在不确定性，在尚未找到盈利模式前，盲目"烧钱"很可能拖垮经营大盘。媒体集团需立足自身、立足当下，做好顶层设计，科学估算投入产出比，把应做又能做的事情先做到位，力求用最小的投入达到最好的融合效果。在市场营销方面，有些媒体依靠"烧钱"抢夺用户，可能红极一时，但未必能够持久。

(四) 执行力不够强，导致经营效果不佳

媒体类企业经营转型需要有破冰的勇气和坚定的毅力。在经营转型中，一旦确定了战略方向和商业模式，就要拿出敢于"亮剑"的胆略与勇气。抓经营工作要具体，抓而不实、抓而不细，等于不抓。一些媒

体类企业经营工作之所以成效不大,究其原因,主要是决策和部署落不到实处。随着经营转型的深入,媒体类企业经营工作面临进一步优化产业结构、培育新的增长点、推动资源整合、加强内部管理等压力,工作量大且繁重,在面对各种困难和矛盾时,还要有"坚持到底才能胜利"的坚强信念。要在转型发展中善于抓住主要矛盾和矛盾的主要方面,找到解决问题的办法,一项一项地推进、一件一件地落实,久久为功,坚定不移地推动经营转型工作的落地落实落细。特别是在经营受挫时,更需要增强"再坚持一下"的勇气,保持"坚持下去"的毅力,唯有如此,才能在媒体深度融合战场上取得经营转型的决定性胜利。

第二十三讲
千方百计培养新增长点、新动能、新模式

【摘要】本讲结合企业转型发展实际,分析了什么是企业的新增长点、新动能、新模式,三者之间又有什么关系,阐明了企业为什么要培育和怎么样培育新增长点、新动能、新模式,以推动企业的可持续、高质量发展。作者认为,企业紧跟时代趋势和国家产业政策,围绕主责主业,合理配置资源,强化技术创新形成技术储备,并根据企业实际不断创新商业模式,才能培育出新的增长点、形成新的发展动能、建立新的模式。

近年,随着全球经济增长放缓,我国经济由高速增长阶段转至中高速、高质量发展阶段,传统产业面临的需求乏力、竞争过度、产能过剩等问题日益突出。经济下行叠加新消费模式、新经济业态的多重冲击,传统企业面临着更为激烈的市场竞争,培育新的增长点、形成新的发展动能、创新商业模式,成为企业适应时代发展、应对风险挑战的迫切需要。

一、新增长点、新动能、新模式的概念

在新一轮科技革命和产业变革方兴未艾的背景下,培育新增长点、形成发展新动能是传统企业危中寻机的必然选择,也是经济社会发展

第二十三讲 千方百计培养新增长点、新动能、新模式

的大势所趋。

什么是新动能？从狭义上讲，新动能是相对传统动能而言的，不以传统技术、产业、模式为基础，也不是以资本、劳动力、土地等生产要素投入为条件的一般发展动能，特指以新技术、新产业、新业态、新模式为核心，以知识、技术、信息、数据等新生产要素为支撑而实现发展的新动能。从广义上讲，新动能也可以是企业准确把握市场和商机，在现有优势产业基础上扩大经营规模、增加市场份额；是对现有产业的进一步壮大与加强，对企业市场竞争力的进一步巩固与提升。它能够推动企业实现新的增长，促进企业做强做大传统技术、传统产业、传统模式。

新动能来自新的增长点。一般来讲，新增长点是指能给企业带来新收入的业务或模式；或是在主业增长乏力之时，为了抵御经营风险，布局的新业务、新业态、新产品；或是在企业转型过程中，能支撑企业未来发展、形成新的增长支柱的新模式。它可壮大主业，增强企业综合实力，持续扩大主业的规模。开拓新的增长点、培育壮大发展新动能，是新时代对企业高质量发展提出的根本要求。企业新的增长点达到一定规模、形成一定实力后，就将成为推动企业发展的澎湃动力，形成企业发展的新动能，支撑企业的可持续、高质量发展。

新模式能够转化为企业发展的新动能。新模式，一般指以市场需求为导向，以技术创新为内核，适应新产业、新技术、新业态的新商业模式、营销模式、管理模式、生产模式，甚至是淘汰模式。简言之，企业的新模式，就是与新经济、新时代相适应的，区别于以前传统的商业模式、管理模式，能够产生新的经营收入和利润，并形成新的竞争力的运营模式。新模式能够有效释放企业的生产力，推动企业形成新的增长点，进而形成新的发展动能。

对新模式，企业要有科学、辩证、正确的认识，不能盲目相信新模式，不能为追求新模式而刻意标新立异。新的增长点、新的动能可以来

自传统的模式,也可以来自新的模式,企业探索新模式的目的是培育新的增长点、形成新的发展动能。传统模式想继续形成新增长点,就要在巩固提升传统模式的同时,根据时代发展积极探索新的模式。但对于那些已经不适应时代趋势和企业发展的传统模式,企业就要探索新的模式,因为只有这样才能培育出新的增长点,形成新的发展动能。

新增长点、新动能、新模式,是企业实现高质量发展的重要路径,三者相辅相成,点面结合,能够相互转化、相互赋能、相互促进,是有机统一的整体。新增长点是企业对新业务发展后劲的探索,多点发力、协调推进,长期和短期的增长点对应的资源资金投入配比不同;新动能是新增长点成长到一定程度后的力量呈现,它能够推动企业快速发展,支撑企业在未来继续引领行业,是企业高质量发展的驱动力;新模式是对商业模式的创新,好的商业模式能够释放出生产力、产生经营效益,成为推动企业发展的新增长点,转化为企业成长的新引擎、新动能。

二、企业培育新增长点、新动能、新模式的重要性

随着新一代信息技术的发展,各种数字技术的成功实践和广泛应用使得人们的生产生活方式、消费交易模式,甚至行为方式都发生了翻天覆地的变化,催生出新的市场环境和运营模式。也因此,过去的成功实践已不再适用于当今和未来的发展。作为市场主体的企业,如果守旧不变、思维僵化、路径依赖,不持续开拓新增长点、培育新发展动能、创新商业模式,就难以适应时代发展趋势,难以实现高质量发展,难以做成为百年老店。

企业要想基业长青就必须找到打开新业务的方式,不断培育新的增长极。企业既要有能力管理成熟业务、确保现金流、巩固市场地位,也要有能力开发、探寻、培育新的增长点、新的商业模式,增强发展后劲。

第二十三讲　千方百计培养新增长点、新动能、新模式

（一）顺应时代发展大势的需要

每个时代造就特定的市场环境，传统企业转型是顺应时代发展的需要，也是适应市场变化的需要。一个时代有一个时代的科学和技术，这些科学和技术是推动时代前行进步的强大推动力，也能激发出广阔的市场需求。

比如，麦当劳在顺应快餐文化中迅速壮大，挖掘出海量的市场需求，形成新的发展动能。第二次世界大战后，美国开始采取多重政策鼓励生育。此后，美国人口迅速增长，经济开始二次腾飞，随之而来的是加快的社会节奏和加大的生活压力。快餐文化逐渐兴起，并成为主流。也因此，制定了一套严格快餐作业标准的麦当劳，很快适应了市场需求，迅速成长为餐饮连锁业的巨无霸，风靡美国乃至全世界。

再比如，诺基亚也能紧跟时代发展趋势，不断开拓新的增长点，在每一次技术变革中都能实现新的突破，在适应时代大势中保持了可持续发展。诺基亚成立于1865年，成立之时以造纸为主业，后来逐步向胶鞋、轮胎、电缆等领域转型，再后来逐步发展成为一家享誉世界的手机制造商。现在它又转型生产电信设备，还在积极布局科技前沿的6G网络技术。

（二）紧跟国家产业政策步伐的需要

经济发展全球化的当下，因地理、人口、教育等资源禀赋不同，各个国家要想在国际分工中增强产业竞争力、谋求持续发展、实现国家安全，就都会根据自身特点制定不同的发展战略和产业政策。国家产业政策是企业发展时应该首先考虑的问题。企业布局的新的项目和产业，培育的新的增长点和发展动能，都要与国家战略和产业政策相匹配；只有与国家战略和产业政策同频共振，应势而动、顺势而为，才能充分融入国家发展大势，分享国家发展红利。

比如，20世纪90年代初，我国经济社会物质逐渐丰富，人民群众

需求也逐渐旺盛，产品不愁销、不愁卖。当时，很多企业重视规模不重质量，产品质量参差不齐，假货问题层出不穷。针对此类问题，国家制定了产品质量提升战略，倡导提高产品质量，鼓励企业兼并重组，逐步淘汰产能低下质量不高的小厂、小作坊。海尔集团紧跟国家战略调整，将白色家电作为企业发展的新增长点、新动能，坚持质量立厂，不断提升家电产品质量，抢占消费升级市场份额。经过40多年的努力，1984年创立的海尔，走过了品牌质量发展、多元化、国际化、全球化四个阶段后，逐步成长为享誉全球的家电品牌。

同时，因不适应战略形势变化、没有顺应产业政策发展趋势，一大批产能落后、性能低下、产品不过关的大中小企业被时代淘汰，嘉陵摩托就是典型的例子。创始于1875年的嘉陵机器厂是近代中国民族工业的先驱。1979年，嘉陵走上了市场化发展之路。经过几十年的发展，它实现了产品质量行业第一、产销量第一、市场占有率第一等诸多骄人业绩。1995年，嘉陵在A股上市，年营业收入达到40亿元。截至2011年，嘉陵摩托车累计产销1800万辆，占全国保有量的1/5，是当之无愧的"摩托车之王"。

(三) 提升企业抗风险能力的需要

一些企业固守传统业务，忽视了新增长点的培育，这导致其在市场发生了变化、时代发生了改变时，抗风险能力较弱，很容易被市场和时代淘汰。企业度过了固有的生命周期后，就需要考虑如何在专业化和多元化中取得均衡，探索新的增长点，培育新的发展动能，既不能资源过度分散，也不能完全忽视新市场和新业务扩张的诉求。

三、培育新增长点、新动能、新模式的常见误区

很多企业十分重视开拓新增长点、培育新动能、探索新商业模式，但在实施过程中，它们往往会陷入一些误区，而这些误区制约了企业的发展,甚至还加速了企业的衰亡。比如,有些企业过于重视短期业务,力求实现短期利润最大化,使得推动企业长期可持续发展的动能不足;有的企业开拓新的增长点时投入的资源、资金过多,影响了自身的短期生存;有的企业在培育新动能时,荒废了主业,在多元化之路上越走越窄,越走越险;等等。

(一)依赖曾经成功的发展路径

企业的持续发展不能过度依赖过去的成功路径。对环境的变化不敏感、不重视,将会导致新业务开发裹足不前,难以获得成功。

大部分企业由于惯性思维、路径依赖,会以管理老业务的方式来管理新业务,比如用老业务的考核机制、分配机制、授权机制等机制管理新业务,这会使得公司内部没有新业务成长的机制土壤,管理层不会在人财物等重要资源上对新业务有所倾斜,一线员工缺少试错精神等。

(二)脱离主业盲目开拓新的业务增长点

追求短期获利,虽可解决燃眉之急,但却为长期的可持续发展埋下了祸根。围绕主业培育新增长点、营造新商业模式,通过开拓新增长点增强主业竞争力,让主业和新增长点相互赋能、相互促进,企业才能实现长远发展,避免因培育新增长点而对主业产生负面影响,甚至拖累主业发展。

于1986年创立的春兰集团,是曾经的空调霸主。1994年,春兰空调的销售额就高达53亿元,净利润达6亿元——而格力空调此时销售额不过才6亿元。同一年,春兰在上海证券交易所上市。1990—1997年,春兰空调连续8年全国销量第一,累计销量超过了1000万台,空调市场份额达到了40%,知名度远超格力和美的,是名副其实的"中国空调第一品牌"。春兰空调掌舵人陶建幸,一度被称为"中国空调教父"。为快速做大规模,春兰开始进军新的行业,投资了很多新的项目,着力培育新的增长点,开启了春兰的多元化转型之路。陶建幸扬言"要用

20年将春兰打造成中国的通用公司"。从此,春兰多元化业务遍地开花,不光是传统家电上的洗衣机、冰箱、电视等,它甚至还进入一些从未接触的陌生领域,比如摩托车、房地产、卡车等行业。到1996年,春兰初步完成了空调、摩托车、轻型卡车、冰箱、电视、洗衣机、液晶显示器、房地产等领域的多元化布局。2000年,春兰投资的几家多元化公司几乎全部亏损,其中液晶显示屏项目的损失更是达到6亿美元,稍有成就的卡车领域也因为行业政策变动遭遇重创,不得不被卖给其他企业。到2005年,作为主业的春兰空调已经失去竞争力,市场份额被其他品牌严重挤压,春兰空调的经营业绩随之大幅下滑。经过几番折腾,春兰多元化布局造成的损失将近100亿元。脱离主业、盲目培育新的增长点,使得它主业没做好、新的动能也没有形成,曾经辉煌的春兰陷入泥沼、元气大伤,只能靠出售旗下别墅、租赁房产来"续命"。

(三)过快改变现有成熟的商业模式

不同企业有适合自身的商业模式,好的商业模式一旦形成将产生巨大生产力,推动企业走向成功。企业在转型过程中需要相应调整商业模式,根据业务、时代、技术等发展需要不断创新商业模式,实现可持续发展。但有的企业在调整商业模式时,过于激进,底线意识不强,没有考虑到商业模式切换对现有经营业务的影响,对新商业模式的成功率、适应性预判不足。

2004年,春兰空调为应对多元化业务产生的巨额亏损,进一步提升空调的利润率,决定对传统的空调营销模式进行调整,取消了长期以来对经销商的返利制度。取消该制度意味着春兰空调的营销模式发生了根本性的改变,这大大打击了经销商的积极性,经销商纷纷与春兰终止合作,春兰的销售渠道陷入混乱。面对此种情况,春兰在短时间内投入10亿元开了3000家直营连锁店,将空调营销模式从经销商模式改为直营模式。短时间内大量开店导致其营销成本大幅攀升,新建销售渠道效果也并未显现,原有经销商还转向了其他空调品牌,这些都导致春兰空调销量直线下降。到2005年,春兰空调销量仅75万台,跌出行业前十名。由于春兰空调商业模式切换过快,且没有充分的市场调研,春兰的营销体系遭受重创,作为春兰主业的空调业务从此一蹶不振。

（四）开拓新增长点培育新动能的技术储备不足

企业在开拓新增长点培育新的发展动能时,要选择进入某一个领域或行业,就必须在这个领域或行业积累足够的技术力量;没有做好足够的准备就贸然进入一个领域或行业,不仅很难实现成功转型,还很可能会拖累原有优势产业。充足的技术储备会使得企业更快更好地适应市场和时代的变化,在开拓新增长点、培育新动能时更容易获得成功。

1992年成立的力帆集团,是最早登陆A股市场的民营摩托车企业,营业收入超过百亿元。2006年,力帆紧跟国家产业发展政策,进入汽车制造业,但由于缺乏汽车领域的核心技术,力帆剑走偏锋,通过山寨热门车型占领市场。随着汽车业竞争日渐激烈,山寨之路逐步被市场淘汰,力帆汽车板块开始亏损。2020年,力帆净资产1.07亿元,总负债167亿元,濒临破产。

和嘉陵相比,力帆有较强的忧患意识,也积极融入了国家发展战略。它主动拥抱汽车产业,以摩托车主业为基础,力求将汽车产业培育为新的增长点、持续发展的新动能。但是,力帆高估了行业间的相似性和相通性,低估了汽车制造业所需的资金量和专业技术,错判了汽车和摩托车的技术差异,没有在汽车产业领域进行深厚的技术储备,就仓促向汽车产业转型,最后产生巨额亏损,造车梦碎。

四、企业如何培育新增长点、新动能、新模式

随着中国经济进入高质量发展的时期,企业既要坚守好主业、做强做大主业,增强核心竞争力,又要把握时代发展脉搏,致力于开拓新的

增长点,培育新的发展动能,探索新的商业模式,因为只有这样才能实现可持续发展、高质量发展。企业培育新的增长点、形成新的发展动能、建立新的商业模式时,可以从以下几个方面着手:

(一)围绕主业开拓新的增长点

每一个企业都有自己赖以生存的主业,强大的主业是企业保持较强核心竞争力的关键。新技术、新产品、新工艺是新动能,做大主业、壮大主业、围绕主业完善企业上下游也是新动能。鉴于此,企业要先把主业做专、做精、做深,再在此基础上根据市场需要和自身条件,围绕主业拓展新的增长点、形成新的发展动能。在开拓新的增长点时,要坚决防止主业没有坚守好、新的增长点也没有培育好的现象的发生,更要坚决防止因培育新增长点而影响或拖累主业的现象的发生。企业经营要紧紧围绕主业。非主业必须是对主业的补充和增强,偏离主业,甚至反客为主,都是很危险的。业务的向上和向下延伸都应该围绕增强和巩固主业来进行。比如房地产领域,当前房地产市场粗放增长的时代已经过去,在经营好主营的房地产开发业务的同时,众多地产商也纷纷开展了其他业务尝试。特别是物业服务,由于与房地产主业密切相关,成了诸多地产商培育新增长点新动能的突破口。具体例子可参照前文提及的万科集团。

(二)合理配置资源、资金投入

企业开拓新增长点时,必须投入相应资源和资金,新业务可以分为以下几种:不能很快产生效益,培育周期较长的;投资金额较大,会大大增加企业的资金压力,甚至影响企业的现金流安全的;不一定能成功,投入的资金也不一定会有回报的,但企业还是要对此进行探索和投入。企业对新业务、新增长点、新动能的投入,要与自身的资金实力、资源禀赋相匹配,要既投资长期的股权项目增强发展后劲,又要投资近期能产生效益的项目,以增加企业的现金流,确保经营平稳运行。

比如,恒大集团为了开拓新的增长点,向新能源汽车领域投入大量资金,这对其现金流造成严重拖累:一方面,新能源汽车资金需求量大,需要持续的资金投入;另一方面,量产新能源汽车用时较长,短期内难以产生较大投资回报。很难说恒大集团现金流的断裂,跟在新能源汽车领域的巨额投资无关。截至2020年,恒大汽车累计投入资金多达474亿元,其中249亿元用于购买核心技术和研发投入——它显然对恒大集团的现金流影响巨大。与之相对,恒大汽车长期未能产生收益,持续大额亏损。2018年恒大汽车亏损14.29亿元,2019年亏损44.26亿元,2020年亏损73.94亿元。2021年上半年,恒大汽车净亏损47.86亿元。此后,恒大汽车再未公布业绩。许家印无疑也看到了房地产业务的风险,急于培育新的增长点、形成新的增长动能,急于向市场风口的新能源汽车领域转型;但恒大集团没有等到汽车的上市销售,就深陷债务危机之中,出现资金链断裂。现在来看,如果恒大能够合理配置投资资金,而不是押宝式地投资近500亿元造车,或许恒大集团的现金流情况不至于如此糟糕。

(三)紧跟时代趋势和国家产业政策

企业培育新增长点,应紧跟时代发展趋势和国家产业政策方向,因为只有这样才能顺势而为、借势而进、乘势而上,形成新的发展动能,实现可持续发展。企业发展,如果逆时代潮流、与国家产业政策相违背,必将被时代淘汰。

当前,我国发展已经进入新时代,企业的发展也迈入了新的时代。在新时代,以数字经济为代表的新经济是中国发展的新增长点,也是企业未来的新增长点,企业必须聚焦以数据为要素、以新一代信息技术为支撑的数字经济,加快发展以数字经济为代表的新经济产业,培育传统产业的数字化转型带来的新动能,打造数字经济形态下的新产业、新动能。

比如,海尔就通过持之以恒地推进数字化改造,大幅提升了生产效率和服务质量,成为我国制造业数字化转型最成功的代表之一。海尔如今在全球拥有10大研发中心、108个制造工厂、66个营销中心,成为全球领先的家电品牌,跻身世界500强、连续9年蝉联"全球大型家用电器第一品牌"、连续10次获"全球大型家电品牌零售量第一"——这些都是海尔率先实行数字化转型成果的体现。海尔的数字化进程,从1995年服务运营的线上化探索起,到2007年的信息化、2012年搭建互联工厂、2017年卡奥斯平台的上线,数字化转型贯穿产品设计、智能制造、销售及售后服务、物流服务等全过程,海尔始终富有前瞻性,走在时代和科技的前沿,紧随互联网发展趋势。

海尔在数字化改造与转型过程中,完成了ERP系统的搭建,将人工智能与第五代移动通信技术紧密结合,建立了"智能+5G"海尔互联工厂,并对关键业务流程进行整理、对重要的信息系统进行了改革,高度整合了企业各项资源,将烦琐的业务项目与流程简单化、程序化,实现了业务流程的数字化转型。特别是在数字化生产方面,海尔搭建了智能化制造体系:智能工厂运行的生产信息化管理系统,搭配大量智能传感器,构建了智慧生产模式,使得人、设备、产品和订单高效交互联结。对信息化、自动化技术的全面应用,也使海尔大大缩短了产品生产过程、丰富了产品工艺、降低了生产成本,构建了生生不息的生态服务系统,实现了厂商、客户、员工各方共赢,进一步奠定了其家电行业领头羊的稳固地位。

(四)强化技术创新形成技术储备

新时代,我国经济发展的基本条件、比较优势已发生重大变化,企业不能只依靠增加要素投入推动发展,要依靠创新推动高质量发展。培育发展新动能的途径可能有很多,但根本途径还是创新。只有紧紧依靠创新培育发展新动能,才能为新时代企业的发展注入不竭动力。

持续推动技术创新、建立一定的技术储备,是企业开拓新增长点、形成新的发展动能的关键点,没有技术含量的业务增长点是不具备市场竞争力的,它也很难转化为企业发展的新动能。企业进入一个新的领域、开展一项新的业务,必须提前谋划储备与这些领域和业务相关的技术力量,做到未雨绸缪。

1995年创立的比亚迪在电池领域的成功转型,是企业寻找新增长点、培育新动能的典范。通过合作研发,比亚迪使国产材料达到国际品质的同时,成本降低了40%。1997年,比亚迪手机电池年销售过亿元,年均增长率100%。比亚迪迅速占领了全球镍镉电池市场40%的市场份额。到2003年,比亚迪日产镍镉电池150万只、锂离子电池30万只、镍氢电池30万只,产品外销60%,全球手机电池市场总体占有率达到15%,成为国内第一、全球第二的手机电池供应商。2002年7月,比亚迪进军汽车行业,将在手机电池领域的成功经验复制到汽车领域,将手机电池生产线"自造模式"应用到汽车生产,用20名工程师代替一台机械手的方案,建成了汽车"半自动化人工"生产线。在大幅降低生产线成本的同时,比亚迪将技术和工艺改进融入汽车制造各环节。2020年6月,比亚迪拥有自主产权的DM-i混动系统亮相。2021年4月,比亚迪宣布全系电动车搭载自家的刀片电池。2022年上半年,比亚迪新能源汽车销量突破63万辆,A股市值突破万亿元。

比亚迪的创业模式和企业战略,从根本上破除了中国企业家只能走廉价、低端路线的西方规则。比亚迪成功的核心,是强大的自主创新能力。它从手机电池转向汽车电池时,就已经积累了深厚的电池技术力量。

(五)建立创新的商业模式

未来企业的竞争,一定程度上将是商业模式的竞争,商业模式逐渐成为决定企业成败的关键因素。商业模式的规划、设计、创新与转换是一个错综复杂的系统过程,稍有不慎,一个环节没设计好、没规划好,就会让企业陷入经营危机,甚至被市场抛弃。长期来看,一个长期适用的商业模式是不存在的,有效恰当的商业模式取决于一定时期内企业所处的具体环境、自身定位等诸多因素,而环境等因素是不断变化和更新的,所以只有真正创新的商业模式才是适合企业的商业模式,而创新也是一个动态的过程。创新商业模式,企业要做到以下几点:

一是建立贴合企业发展实际的商业模式。这个世界上并没有普遍适用的商业模式,更没有万能模式,任何成功的商业模式都有其独特性和难以模仿性,商业模式不能一味地求新求异,只有适合自己的模式才是真正的创新。即使某个商业模式是值得借鉴的,企业也不能全盘复制,而是要沉下心去,根据自身情况去打磨、调整、完善这种商业模式,使之变成真正适合自身的商业模式。企业模式的设计与创新,都必须围绕企业当下拥有的资源、现实中可以拥有的资源来考虑,绝大部分企业也没有能力学习复制 BAT、华为、小米的模式。很多企业看到 BAT、华为、小米、比亚迪等公司的成功后,一股脑儿、机械地照搬照抄他们的商业模式,殊不知,这样做忽视了自己管理理念与他们管理理念的区别,忽视了自己产品与他们产品的区别,忽视了自己生产流程与他们生产流程的区别,用他们的商业模式来定义自己的产品,就算能获得成功,也很难持续下去。

全球最大餐饮集团——百胜集团,在收购"中国火锅第一股"小肥羊后,对小肥羊进行大刀阔斧的改革,一比一复制先进的百胜模式,在全国范围内统一供应链,重新调整架构,统一店面装修风格,实施可量化服务,致力于将小肥羊打造成为火锅中的肯德基或必胜客。百胜将小肥羊从之前的大众、亲民食品店打造成为羊肉专家、草原无污染羔羊肉食品店。小肥羊逐渐变得高端了,但是价格也在不断提升,人均消费从 70 元提高到 90 元。经过一年的运营,高端的管理带来了客流和营

第二十三讲　千方百计培养新增长点、新动能、新模式

业额的双双下滑。百胜2013年的财报显示,小肥羊对百胜集团中国区的营收贡献仅仅3%,还导致百胜整体利润率下降0.4个百分点。先进的模式并没有让老树开出新花,反而加速了树木的枯萎。

百胜"吞羊"方案,从双方战略和收购本身看,是一个成熟的国内品牌引进了国际一流先进商业模式的案例,属于资源互补型跨国并购。但是百胜的模式和小肥羊原来的市场定位出现了错配,导致以亲民和大众化成名的小肥羊,在高端的路上折戟沉沙。国内的火锅文化一直和大众、亲民的定位紧密相关,而肯德基、必胜客能所向披靡捞取丰厚的利润,是建立在洋快餐便利和新颖的口感之上的。火锅是国人的特色,但是并不快捷和便利,它给人的印象一直是便宜、热闹和多人消费。百胜的商业模式不适应小肥羊的市场定位和运营实际。再先进的商业模式,如果不贴合企业发展的实际,对任何企业而言都不是真创新;它不但不能带来新的增长点,甚至会导致企业的衰落。

二是根据时代发展及时调整、创新商业模式。商业模式不仅仅是企业创立初期考虑的事,对商业模式的思考与创新是伴随企业终生的。任何商业模式的成功都是在特定环境下实现的,如果企业内部或外部的环境发生了翻天覆地的变化,商业模式也应随之改变。企业要根据时代的发展,不断探寻新的商业模式、发展模式,因为只有这样才能基业长青、长盛不衰。因此,企业的商业模式不能一成不变,应该及时调整、创新,让自己的商业模式永远都焕发新的活力。

20世纪60年代,美国经济、人口迅速恢复,商业繁荣,大城市兴起。新兴的城市产生了大量的工作和发展机会,城市的勃勃生机吸引了大量人口,百货零售业巨头争先在人口多、商业聚集度高的大城市扎根并开枝散叶,而后起之秀——沃尔玛却选择了一条看似差异很大的道路。1962年,山姆·沃尔顿创立沃尔玛。创立之初,沃尔玛只是一家阿肯色州罗杰斯镇的小店,创始人坚持在地租便宜的小市镇开连锁、

商品加价不超30%的原则,不断完善物流和供应链,并通过建立庞大的运输和仓存网络,实现了一站式购物的目标。沃尔玛的理念在创业的前10年,实现了年均40%的增长。到20世纪70年代末,沃尔玛成为全美国最年轻的年销售收入超10亿美元的区域性零售公司和成长最快的百货公司。在小市镇站稳脚跟后,沃尔玛又逐步占领了大城市。整个20世纪80年代,随着经营成本的不断降低,沃尔玛迅速成长为美国零售业的巨头。2012年,沃尔玛的净销售额达到4661亿美元,全球财富500强排行第三,11000余家门店分布于全球的27个国家。

沃尔玛选择在地租便宜的小市镇建立连锁并采取薄利多销的模式,与同时代的其他商业巨头相比,可谓特立独行,是创新于时代的。在大城市百货零售业竞争日渐白热化的时期,沃尔玛在小城镇起家,既降低了租金成本,又减少了竞争对手;在积累了丰厚的商业资本、品牌效应和管理经验后,又通过不断降低经营成本占领了大城市的市场。这种商业模式,推动沃尔玛从阿肯色州走向了全美国,进而扩张到全球几十个国家。

三是用数字化、新技术、新工艺、新流程改造生产模式。在以新一代数字技术为特点的新经济时代,数字化、网络化和智能化转型正在成为企业未来竞争的核心,加速向生产各环节渗透,驱动新产品、新应用、新市场与新业态的不断涌现,为企业生产赋予了网络化、服务化、个性化与智能化的新特征。企业的生产模式创新,也必须积极拥抱数字时代,用数字化技术对传统的生产模式进行改造,不断创造适应时代发展和市场需要的生产模式,才能不断创造新的增长点,培育推动企业发展的新动能。

19世纪末20世纪初,欧美主要资本主义国家相继完成工业革命,社会生产力大幅度提高,人们对远途交通工具需求不断提升。从1886年德国人制造出第一辆汽车开始,汽车工业文明的大门被缓缓打开。

随后各国相继研制出各自的第一辆汽车,但由于生产成本高、工艺复杂,汽车对世界大部分人来说是件奢侈的工艺品,可望而不可即。福特公司通过改良生产模式,让汽车走进千家万户,真正推开了汽车大众消费时代的大门。

1908年,福特公司生产T型车时,首次把汽车放在了曾经组装轻量小产品的流水线上。将汽车放在流水线上进行组装,不但实现了批量化生产,还反向倒逼汽车零部件标准化。福特汽车流水线可谓一石三鸟,提高生产效率的同时,大幅度降低成本,标准化汽车零部件。到20世纪20年代,福特依赖流水线生产出世界一半以上的汽车。1913年,福特公司又改进了流水线,T型车产量达到1500万辆,缔造了前所未有的世界纪录。福特对生产环节的商业模式创新,为福特带来了丰厚的回报,成就了百年辉煌。创始人福特先生一度被尊为"为世界装上轮子"的人。

四是建立与生活消费习惯相适应的销售模式。销售模式的创新主要体现在,将时代的新理念、新手段、新技术有效运用在销售环节,特别是用分享经济、共享经济、平台经济、体验经济、数字经济等创新思维对销售模式进行改造,以跟上人们生活消费习惯的变化,通过销售模式的创新增加收入、抢占市场。

特斯拉在销售领域的创新和数字化应用让消费者眼前一亮,这也是特斯拉成功的重要原因之一。特斯拉不采用传统的4S店销售模式,而是直接面向消费者销售:消费者通过官网就可以直接订购特斯拉汽车,而不是通过特许经销商。在售前售后环节,特斯拉运用数字化技术改善消费者体验,利用大数据和AI技术不间断地跟踪数据,并修正错误;在消费者试驾和驾驶全程中,广泛搜集各个国家地区城市路况信息和驾驶者行为习惯数据,将数字技术充分融入驾驶体验的各个方面,不断优化和重新定义特斯拉的驾驶方式,将消费者的预期与汽车使用体验无限拉近。随着数据库的不断丰富和完善，全球任何一个消费者都能在驾驶中找到既熟悉又喜欢的驾驶方式，在驾车中养成既舒适又安全的驾驶习惯。

根据消费者驾驶习惯利用数字技术、创新销售模式，为特斯拉赢得了丰厚的回报。2021年特斯拉全年总销量达到93.6万辆，占全球新能源汽车总销量的14.4%；年营业收入538亿美元，净利润55亿美元；市值达到10612亿美元，环比增长58.66%，是市值位居全球第二位的丰田汽车市值的4倍。

本讲从企业新增长点、新动能、新模式的内涵和外延出发，论述了新增长点、新动能、新模式之间的辩证关系，结合大量正反两方面商业案例，阐明了企业培育新增长点、开发新动能、探索新模式的重要性以及常见误区，并对企业如何培育新增长点、开发新动能、探索新模式进行了探讨。但是，各个企业自身情况千差万别，所处市场环境也形态各异，行业经济周期又不尽相同，因此，企业必须充分考虑多方面因素，结合企业经营实际、紧跟时代发展趋势和国家产业政策，找到契合企业自身的新增长点，形成新发展动能，建立新商业模式，才能不断做强做大，实现高质量发展。

第二十四讲

数字化转型是企业高质量发展的重要引擎

【摘要】 数字经济发展浪潮势不可挡,数字化转型正逐步成为企业发展的核心驱动力。本讲阐述了企业数字化转型的必要性,列举了转型发展中存在的突出问题,并从转型内涵、转型方向、战略定位、具体举措等方面为企业数字化转型提供了思路和建议。企业只有主动适应时代发展要求,不断提高自身数字化转型能力,实施积极的数字化转型策略,方能真正构筑核心竞争力,实现高质量发展。

当前,企业数字化发展浪潮已势不可挡,数据已经成为新的生产要素,数字经济逐步转化为经济增长的核心驱动力。能否驶入数字化的"快车道",是企业有效应对可持续发展要求的一道"必答题"。企业只有适应数字经济的发展要求,主动对接和落实国家数字化发展战略,加快自身新型基础设施建设,深入推进大数据、云计算、人工智能、区块链等新一代信息技术研发和应用,构建数字经济时代竞争新优势,方能跟上时代步伐,真正实现转型发展。

一、企业数字化转型的重要性

随着我国产业升级变革和新一代信息技术的发展应用,越来越多的企业开始借助数字化手段,优化生产运营、促进主营业务发展创新、探索企业发展新模式。相关研究报告显示,已有67%的全球1000强企业实施了数字化转型战略,全球数字化转型相关技术和服务支出在2021—2023年预计达到5.3万亿美元。在全球数字经济发展的时代背景下,人们生产、生活、工作、消费、娱乐都在向数字化方向快速迁移,整个社会的生活方式、生产体系、竞争格局、交易模式、客户关系,甚至是行为方式都发生了翻天覆地的变化。数字化也在逐步改变企业的运行方式:传统的企业运营模式已经无法适应数字经济时代的发展,数字化转型成为企业赢得市场优势,谋求生存、加快发展的必然选择。

(一)国家层面数字化转型的重要性

数字经济的基础设施建设核心就是数字化企业,全力发展数字化企业是构建我国数字经济底层的关键一步。只有大部分企业都实现了数字化转型,我国数字经济的发展才能取得最终的胜利。快速、高效地开展我国企业的数字化转型,进而形成我国数字化企业的产业集群,是未来我国用数字经济构建核心竞争力的重要保障。

①数字化转型是国家战略的重要部分。党中央把发展数字经济作为把握新一轮科技革命和产业变革新机遇的战略选择,数字经济发展迎来重大政策红利。2020年8月,国务院国资委发布《关于加快推进国有企业数字化转型工作的通知》,系统明确国有企业数字化转型的基础、方向、重点和举措,全面部署国有企业数字化转型工作。2021年3月,《中华人民共和国国民经济和社会发展第十四个五年规划和2035年远景目标纲要》正式发布,进一步明确了我国数字化发展的路线图,要求以经济、社会、政府的数字化转型驱动生产、生活、治理方式变革。2022年1月12日,国务院印发《"十四五"数字经济发展规划》,明确数字经济是继农业经济、工业经济之后的主要经济形态,指出要加快企业数字化转型升级,全面深化重点行业、产业园区和集群数字化转型;并

第二十四讲　数字化转型是企业高质量发展的重要引擎

且提出到2025年,数字经济迈向全面扩展期,数字经济核心产业增加值占GDP比重达到10%的发展目标。

②数字化转型是构建新发展格局的有力抓手。在数字经济迅速发展的同时,要看到我国经济的增速已放缓,当前全球贸易保护主义抬头,以及企业面对着市场开拓、贸易壁垒、核心技术不足等诸多挑战。想加快构建新发展格局、践行新发展理念,就必须推动新一代信息技术与企业融合创新,加速传统产业全方位、全角度、全链条的数字化转型,实现企业的质量变革、效率变革、动力变革,提升企业的数字化转型能力,进而提高我国产业基础能力和产业链现代化水平。

③数字化转型是构筑国际竞争新优势的有效路径。新一代信息技术是新一轮科技革命的核心力量,孕育着产业变革的巨大潜能,是我国构筑竞争优势、抢占发展主导权的关键领域。数字化转型将推动我国企业在生产方式、业务形态、商业模式等方面产生颠覆式重构,使我国企业有机会发挥后发优势,实现换道超车,抢占新一轮产业竞争制高点,抢抓数字技术、数字经济这一世界科技革命和产业变革的先机——这对于我国构筑国家竞争新优势具有至关重要的意义。

(二)企业层面数字化转型的重要性

企业能够通过数字化转型将数字技术深入应用于生产、运营、管理和营销等环节,以降低内部管理成本,提升市场竞争力。从企业运营角度来看,数字化生态系统的构建能够为企业打造高效的运营平台,使内外部信息流转更加便利、经营决策更加高效,更便捷地连接上下游企业和合作伙伴,为企业决策提供强大的数据分析支持;从客户需求来看,随着互联网及其衍生品的蓬勃发展,消费者的需求也在快速变化,这要求企业加快产品升级,推陈出新,以避免客户群体的流失。

①数字化转型能重塑企业核心竞争力。在不确定性常态下,企业要重塑核心竞争力,必须认清数字化转型现实,大力推进数字化建设,

强化掌控力和拓展力,增强企业发展韧性。推进系统性数字化建设,能够产生 1+1>2 的效应。数字技术能够提升企业对于用户需求的捕捉力和洞察力,在推动企业产品与服务的升级、驱动企业运营模式变革创新及业态整合的同时,有助企业降低成本、提高效率、加速转型升级,能有效增强企业的抗风险能力,从而推动企业重塑数字经济时代的核心竞争力。

例如,德邦快递就制定数字化转型的"4+1"战略,用流程化、线上化、数字化、自动化达到智能化的目标,实现下单、电子面单、支付、查询、评价等业务流程数字化。客户在手机上就可以完成所有操作,管理者也可以通过数字化指挥中心全景大屏实时采集物流环节、区域网点、电商渠道、客户反馈等核心指标数据。效率高、成本低,客单利润就高。德邦快递通过数字化转型提高了效率、降低了成本,重塑并增强了核心竞争力,赢得了更大的市场份额。

②数字化转型能为企业培养新增长点。随着经济全球化的放缓,传统产业面临的需求乏力、竞争过度、产能过剩等问题日益突出,经济已由高速增长阶段转至中高速、高质量发展阶段,传统企业面临的市场竞争比以往更加激烈。企业过去的成功实践已不再适用于未来发展,企业迫切需要探寻新的增长机会和发展模式。企业利用数字化技术实施数字化转型,能有效地激发创新活力,培育数字技术下的新增长点,加速推进新技术创新、新产品培育、新模式扩散和新业态发展,使企业始终走在创新与变革的前沿,不断推出新品类产品,不断完善服务场景布局,提前布局数字经济的新兴市场。

例如,TCL 作为我国电视的全球领跑者,坚持走在创新和变革的前沿,在品牌、渠道、研发、生产、管理各个环节推动数字化改造,为用户打造全场景、全品类的智能家电。拳头产品 TCL 智屏向高端化发展,领跑 MiniLED 赛道,占据了核心技术的高地;TCL 养生舱冰箱用极速制冷技术和专业分区赢得消费者青睐,使入局不久的TCL快速成为冰箱赛道的黑马;同时,TCL还持续培育数字技术下的新增长点,相继推出了智能门锁、扫地机器人、触控面板开关等新品类产品,不断完善家居场景布局。

③数字化转型能优化企业的商业模式。数字化转型驱动企业向以数据为关键生产要素转变,能帮助企业实现商业模式创新和业务模式变革,全面提升运营管理精细化、生产制造自动化、市场营销精准化、客户服务个性化、供应体系网络化、企业决策数据化水平;它既能挖掘出新兴产业客户的需求,又能降低运营成本、研发制造成本、营销服务成本等费用支出,帮助企业提升效率、改变成本结构。

比如,永辉超市以消费者为中心,从消费者洞察、渠道融合以及供应链建设多个维度着手,全面优化用户体验。它运用门店禀赋稳步推进用户数字化,搭建全渠道用户权益及会员运营体系,建立用户数据中心。通过多维度画像,永辉能够全面了解线上和线下不同消费者的个性化需求,并以数据为核心进行企业决策。永辉能通过预测产品需求与区域提前统筹运力和仓储安排,并能通过打通上游采购、配合冷链及快速物流体系,以及搭载智能中台的部署不断提升供应链的弹性,支持线上465个生鲜品类,有效应对消费者的需求变化。

银行业也在不断加快智能化网点、手机银行、网上银行、直销银行、商城等平台建设。光明网对此也有相关报道,2020年和2021年,中国银行信息科技分别投入167.07亿元、186.18亿元,同比分别增长43.36%、11.44%。"我们全面推进数字化转型,持续攻坚关键领域,制定'数字中银+'金融科技发展规划,成立了金融数字化转型领导小组,计划筹设场景生态与创新部,统筹推进数字化转型。"中国银行行长刘金在2022年年初的业绩发布会上如此表示。早在2021年,中国银行就发布了手机银行APP7.0版,形成"金融+场景""科技+关爱""智能+

专业""全球+全景"4大服务特色,个人手机银行月活客户同比增长18%。

④数字化转型能提升企业的管理水平。企业可以通过发展数字化管理,链接研发、生产、管理、服务等各环节,实现信息有效反馈,以此来辅助智能决策,提升企业风险的感知、预测、防范能力,打造数据驱动、敏捷高效的经营管理体系。推进数字化管理,可以实现企业工作流程自动化,帮助企业盘活内部各类数据资源,提高管理流程效率,充分释放企业创新价值。

比如,为提高管理流程效率、促进企业智能化转型升级、实现智能化管理,国药集团委托云扩科技定制RPA(机器人流程自动化)和解决方案,实现工作流程自动化,提升工作效率,充分释放企业创新价值。目前,国药集团在包括财务、销售、采购、人力资源、物流等在内的30多种业务场景中,应用了云扩RPA机器人,建立了部门间良好的协作沟通机制,促进其低成本、高效率运营。

二、企业数字化转型存在的问题

面对数字化转型,企业只有充分认识转型中存在的普遍性问题,并深入分析自身发展实际,才能更好地找到数字化转型的切入点和着力点,才能快速有效地推进数字化转型。

(一)数字化转型的主动性不强

企业数字化转型关键不在技术,而是在思维和方法。一些企业因对数字化转型的内涵、发展阶段缺乏了解,意识不到数字化转型的必要性和必然性,在主观上存在不知道转、不想转、不敢转的问题。很多中小企业仅将数字化转型停留在探索层面,仅进行短期、局部的改进,致使数字化转型的效果难以凸显。

诞生于1880年的柯达公司,作为胶卷时代的开创者,终因没能主动拥抱数字化的浪潮于 2012 年 1 月正式申请破产保护。虽然柯达在数码摄影方面一直拥有极强的技术实力,但其组织和管理者因自认为拥有一项处于近乎垄断地位的业务,就把新兴的技术束之高阁,不主动迎接数字化商业大潮、不及时推动数字化转型,这样的短视心态,使得柯达最终被时代抛弃。

(二)数字化转型的战略不明确

部分企业在数字化转型时缺乏顶层设计和战略部署,转型的目标与方向不明确,规划不清晰。还有的企业数字化战略与自身业务发展相脱离,没有将数字化转型战略融入企业自身的发展规划;数字化建设缺乏系统性指导、难以形成完善的体系,导致企业不能充分发挥数字化转型的乘数效应,数字化建设难以服务于企业的核心竞争力提升。例如,2022 年,曾经红极一时的 GE(通用电气)每股价格只等于 1996 年水平,主要原因系 GE 高层更关注数字化转型的概念,并没有深入业务本身。比如,推出 Predix 数字化平台时,GE 只提出了概念,并没有支撑的产品,整个数字化管理方式只是传统硬件的管理模式翻版——不明晰的数字化策略未能赋予其光明前景。

(三)数字化转型能力不足

数字化能力建设决定了企业数字化转型的深度与成效,但目前很多企业无法适应飞速革新的技术大环境,改造提升传统动能的能力有待提高。有些企业处于分散程度高、产品差异大、个性需求多的行业,却没有具备敏锐的感知能力;有的企业数字化建设基础薄弱,原有基座无法兼容新兴技术平台,短期内无法实现架构重建。据统计,我国中小企业只有 10% 左右实施了 ERP 和 CRM 方案,79% 的中小企业仍处于数字化转型的初级阶段。数字化转型考验的不仅是企业的应变能力,它还需要企业能实现高效率运营、勇于推陈出新。

(四)数字化转型人才稀缺

企业在数字化转型的过程中,面临着大量的数据处理任务、技术建设难题、业务规划计划等,企业需要具有专业素养的数字化人才去处理这些问题。这些人才是企业数字化转型的基础设施之一。能够构建企业数字化顶层设计的高端人才对企业数字化转型至关重要,然而数字化人才流动呈现出"马太效应"——更多地向规模优势企业流动,一些中小企业难以留住核心人才。

数据显示,市场对专业的数字经济人才需求量不断增加。据统计,海康威视和大华技术2022年第二季度相关职位招聘量环比增长了103.6%;近年新入局的佼佼者,如旷视科技、商汤科技、云从科技2022年第二季度相关职位招聘量也环比增加了23%。中国信息通信研究院发布的《数字经济就业影响研究报告》显示,目前我国数字化人才缺口已接近1100万,而且伴随全行业数字化的快速推进,数字经济人才需求缺口还会持续加大。

(五)数字化转型投入不够

数字化转型是一项系统性工程,数字化投资需要企业持之以恒,短期性、间断性的投入并不能产生实质性成果。有些企业认识不到数字化转型的必要性,认为那是烧钱的无用功;有些企业急于在短时间内获得数字化转型的成果;有些企业苦于自身资金不足、融资难,无法分心于数字化转型;等等。因此,数字化转型需要企业转换固有思维,以新的考核评价指标评判转型效果,进行长期、持续的资金投入,以充分释放数字化转型价值。

当前,企业数字化转型的资金投入普遍不高。2022年3月,腾讯研究院、腾讯云、国务院国资委干部教育培训中心三方联合向近百家央企、国企的集团高管、部门管理人员和技术人员发放问卷调研。结果显示,58.2%的受访者认为,所在企业数字化转型资金投入仅占其营收总额的 0—5%。

三、企业数字化转型的实施策略

企业的数字化转型不仅是新技术的创新应用,更涉及企业发展转型、业务经营等全方位的转变,它具有长期性与复杂性。因此,数字化转型既是战略转型又是系统工程,它应在企业战略规划体系中得以完整体现。推进数字化转型,企业首先要把握数字化转型的内涵,科学研判转型方向、战略定位、具体举措,针对性地确定具体转型路径。

(一)把握转型内涵

《中国数字经济发展报告(2022年)》指出,数字经济作为一种新型经济形态,主要包括数字产业化、产业数字化、数字化治理以及数据价值化4大部分。具体到企业,数字化转型应至少包含以下3方面内容:

一是围绕数字产业化,积极布局电子信息、软件应用等数字经济核心产业。对技术型企业来说,想数字化转型就要做强做大企业自身涉及的数字经济核心产业,围绕重点行业进行软件开发,丰富数字技术的应用场景,深挖数据要素价值,探索数据资产化交易,提升数字产业化的市场竞争力。

二是聚焦产业数字化,以数字技术赋能自身传统产业转型升级。对传统产业而言,推动数字化转型时要结合自身的产业特点和技术需求,深入推进经营产业的数字化改造,深化数字技术在传统产业的应用,提升产业数字化水平,打造一体化数字平台,提高产业链上下游协同效率,实施"上云用数赋智",完善企业自身现代产业体系。

三是着眼数智化,推进经营管理数字化、生产运营智能化,提升企业数字化治理能力。企业必须加强新型基础设施建设,利用数据要素,链接研发、生产、管理、服务等各环节,打造数据驱动、敏捷高效的经营管理及生产运营体系,建立网络化、智能化的管理方式,提升全方位感知洞察、智慧决策和管控能力。

(二)确定转型方向

数字化是企业信息化的延续与提升,是企业发展模式与经营战略调整的重要契机。企业具体要从产品、生产、服务和产业建设四个方面系统推进,准确把握数字化转型方向。

一是产品创新数字化。企业要利用数字技术改造自身产品与服务,构建数字化产品研发平台,推出更多智能化、数字化的产品与服务;要加强产品和服务创新,基于产品需求,通过颠覆式创新实现弯道超车,在细分赛道孵化全新数字品类,开拓增量空间,谋求增量价值。

二是生产运营智能化。企业要建设智慧园区,打造智能化工厂,上线智慧办公系统,运用大数据等信息技术获取和分析更加准确细致的需求信息;采用先进的自动控制技术,实现生产全流程自动化,降低工人劳动强度,提高劳动效率,优化资源配置,提高自身全要素生产率、生产质量和资产运营水平,推动自身从"制造"向"智造"转变。

三是用户服务精准化。企业要科学运用数字营销网络,实时感知把握、分析预测用户需求,加快构建以用户为中心的智能、敏捷、协同制造体系;将数据智能和客户运营紧密结合,形成对消费者的精准画像,提供个性化定制服务,实现客户全生命周期管理,提升用户活跃度、满意度和黏度。

四是产业体系生态化。企业要依托于强大的数字平台和端云一体系统实现智慧决策,通过扩展软硬件及智能交互能力,打造全场景的智慧产业生态,实现全价值链、全要素资源的动态配置和全局优化;加强与数字技术企业的战略合作,依托各自资源和技术优势,在技术研发、产业链智慧化升级等方面合作共赢。

环京津新闻网就有篇《制造业民营500强今麦郎:数字化思维,如何以科技加码食品行业?》的文章。中国制造业民营企业500强之一的今麦郎,就以数字化的手段重构生产、销售和服务的经营逻辑和产业链条。智能化生产方面,今麦郎集团食品、饮品、面粉三大事业部生产线全部实现了数字化控制和自动化生产,它能对几十个生产环节产生的数据进行有效监控及使用,做到全过程追溯、存储、展示。在生产环节,今麦郎拥有如自动控温控湿烘房、无接触自动回杆挂杆系统、专利杀菌技术、原粮复合筛选技术、余热回收系统等多项创新技术,以智能化生产代替传统粗放式生产,实现资源效率最大化。产品创新方面,今麦郎在产品端口采用大数据反馈的方式,创造更好的消费者体验。今麦郎还顺应国民健康饮食趋势,以主打"健康食品"概念为契机实现产品的科技创新;建立世界最大0油炸超级工厂,自主研发直条切丝工艺和特殊蒸煮工艺;旗下产品"凉白开"成为中国熟水品类开创者。数字产业链方面,今麦郎致力于建立完整的企业数字化产业生态,以高科技的生产线和自动化生产工序保证生产产能和品质,以智能化营销管理平台实现人员、车辆、终端机、区域的有机统一和对业务员、经销商及终端网点的精细化管理,依托终端"一物一码"打通B端和C端的联结,用数字化的营销方式和大数据的算法重构"人、货、场"的营销生态……

(三)找准行业标杆

数字化转型要根据企业各自的特点,明确自己的突破口和主攻方向。相同行业特性的企业在数字化转型方面存在一些共性特点,比如:制造类企业要以智能化制造为主攻方向;能源类企业需要着力提高集成调度、远程操作、智能运维水平;建筑类企业需重点开展施工项目数字化集成管理;服务类企业需着力发展基于互联网平台的用户服务,创新服务模式和商业模式;等等。

①制造类企业转型示范。

制造类企业要以智能制造为引领,向定制化、多品种、短周期、高端化生产转型,树立创新设计思维,增强研发能力;提升工艺水平,强化产品质量,与精益生产有机结合,提升产品可靠性、可用性;发展智能制造延伸服务,推出高质量、高附加值服务,向制造服务业转移。例如,海尔集团实施柔性制造、互联工厂、精准定制等数字化举措,打造智慧家庭生态平台、工业互联网平台、智慧园区和智慧社区生态平台、智慧健康生态平台、孵化企业家和创业企业生态平台。

②能源类企业转型示范。

能源类企业要建立一套服务自身的智慧运维体系,运用数字化管理使能源供应更加便捷,让能源管理更加高效;运用一系列智能现场,提升行业集约化水平,提升新能源开发比例。中国神华就依托5G网络搭建了一套无人驾驶控制体系,实现了矿用自卸车"装、运、卸"典型作业过程的完全无人自主运行,并与辅助作业车辆形成了一套完整的露天矿无人运输作业系统。

③建筑类企业转型示范。

建筑类企业要推动岗位数字化、项目现场管理数字化,推行智慧工地管理系统,打造统一的决策平台和指挥中心,实现生产现场全要素协同管理。例如中建三局就与阿里云开展合作,构建"云—网—端"应用架构,为管理者、一线员工等用户的各类场景提供统一应用服务端。将企业各类智慧场景连接到云上,向产业输出企业的核心数字化能力、资源整合能力、数据能力,能推动产业从劳动密集型向数据和技术密集型转变。

④服务类企业转型示范。

服务类企业要利用数字技术丰富新服务场景,大力发展基于线上服务的新业态,利用数字经济服务实体产业,扩大数字业务规模、提升数字服务水平。例如,华侨城集团打造"智云慧眼"旅游管理平台,依托信息科技平台和数字化手段,分析顾客消费需求,以实现精准营销,逐步将传统业务数字化；通过"数字云图"实现了旅游业务的数据汇聚、全域监管和多终端指挥调度，以满足管控、决策辅助和景区运行管理、业务协同发展的多重需求。

(四)抓住关键要素

数字化转型不仅需要企业善于找共性特征、分类匹配，更需要企业以自身个性化为重点，以企业定位与业务发展战略为先导，明确适合自己的商业模式和转型之路，定制个性化转型业务，明晰符合自身实际的数字化转型战略。同时，企业要将数字化转型融入考核评估体系，及时跟踪业务及职能部门的推进情况，形成从战略制定到操作评估的考核闭环。

①树立数字理念，改变传统思维模式。

企业数字化要求企业强化数字化思维、顶层设计和制度安排，实现从经验决策向数据决策的转变；充分挖掘全流程、全价值链、全产业链的数据信息应用场景，使数据在提升企业治理能力方面发挥更大作用。企业的数字化，必须是"'一把手'工程"，企业需要建立专门推进数字化工作的团队，推动数字化战略贯穿企业经营的各环节、各方面。数字化转型不能成为空中楼阁，顶层设计与愿景蓝图一定要落地落实，并得到企业全体员工的支持和参与。

乳业龙头伊利集团就持续推进面向未来的数字化转型战略。为了打造真正面向未来的数字化组织，成立独立的数字化转型部门——数字化中心，伊利在业务、职能部门开展共创合作，让它们为数字化转型提供评估、咨询和规划，以及实施和落地数字化转型的具体举措，这些举措从基因上将伊利转变为面向未来的"数字化原生组织"。如今，伊利已经编制完成清晰的数字化转型和信息化升级战略，正在加速建设技术领先的全球化业务应用平台和高效敏捷的业务运营体系，向"创造增量价值、实现智能伊利"的数字化战略目标迈进。

②加强研发能力，强化关键技术支撑。

数字化转型是以技术为核心能力的转型，其本质是新一代信息技术引发的系统性变革，信息技术已成为企业数字化转型的基础和支持。企业需不断强化技术赋能作用，加强技术研发运用，利用先进技术对产品生产、流通、销售的全链条进行改造和重构；创建数字化数据库及数字化决策系统，不断创新经营服务模式，增强产品及服务供给能力。

安图生物作为河南省生物医药领域的高科技企业，注重先进技术应用，努力将数字化技术贯穿企业管理、产品创新等各个方面。针对常规分子检测产品竞争力不强的问题，安图生物研发出全自动核酸检测一体机，解决了实验室操作复杂、生物安全风险大两个难题。2022年5月，国家发改委同意安图生物联合相关高校、科研院所和产业链上下游企业，组建新发突发重大传染病检测国家工程研究中心，助推医疗健康领域科技成果加快转化为先进生产力。

③强化人才保障，打造专业技术团队。

企业要不断壮大数字化技术人才队伍，持续加强数字化人才培养和资金投入。企业要根据数字化人才培养的特点，建立系统完善的引进机制，与高等院校和国际一流企业在教学、科研、师资培训等方面开展合作，共同培养数字化人才。同时，对于内部现有人才，企业要实施有效的激励措施，加大对数字化改造、转型、创新的激励力度。

华为就针对产业数字化人才培养痛点，发布实验云产品族，致力帮助高校培养适应产业变革需求的数字化人才，并将华为5G、人工智能、鸿蒙等核心技术，转化为教学资源和实训系统，打造"5G+数字化人才培养实践实训系列产品""人工智能实验实训系列产品""鸿蒙、欧拉教学实训资源"等，实现了"云—管—端—边—芯"全产业链的融合，建立了符合产教融合需要的一站式人才培养体系。

④增强数据驱动,建立数据治理体系。

数据作为企业的重要资产,需要充分发挥其应用价值,避免形成数据孤岛。企业要明确数据管理标准,建立多方共同参与的组织架构和制度流程;从自身最核心的数据开始治理,形成数据质量问责闭环,融入绩效评估;有效管控数据资产,科学整理治理结果,构建具体化的数据产品,重视并设计数据治理的可视化呈现效果,体现数据治理的关键价值。

例如,大众报业集团将传媒数据应用于全产业链,建立多项垂直数据库,为新闻生产、宣传管理、经营支撑、城市治理等提供数据分析服务;依托"齐鲁智慧媒体云",建设媒体内容资源数据库,根据内容主题汇集形成包括三大央媒数据库、央媒看山东数据库、财经媒体数据库、山东省级党媒数据库、山东地市党报数据库、山东县级融媒数据库、融媒体好作品库、短视频素材库等的数据库体系;网络内容方面也建立了山东舆情数据库、意识形态态势感知案例库等数据库,累计数据量达160多亿条。

⑤树立平台思维,建设数字化平台。

企业数字化转型要以建设数字化平台为重要抓手。从业务需求出发,勾勒建设数字化平台的基本蓝图。在此基础上确定资源投入,设计平台的应用层、平台层、基础层及数据源层,打造建运一体的应用迭代模式,形成共建共享的平台运营生态;构建自由拼接的业务流程模式,最终建成并运营能够推动企业业务高质量发展的智能平台。

齐心集团作为 B2B 办公物资领域的领跑者,在数字化采购浪潮中,构建完成 SSC 共享供应链系统、福利 SaaS 商城系统 1.0 等数字化运营平台;同时,完善数据平台体系,打通供应链上下游,驱动业务流程高效运转,客户服务能力进一步强化,收入、利润规模大幅增长。

⑥加强开放协同,注重共建共享。

数字化转型不是单打独斗,企业在构建自己的数字化生态的同时,要善于寻求外部技术和研发伙伴的帮助;要获取外部视野,共享数字化高端人才,共同搭建数字化架构,共同推动行业数字化和服务能力的升级。企业内部也要科学分工,发挥企业各产业板块间横向协同能力,促进各项业务间的数字化融合、共享和协同。

物产中大在构建自己的数字化生态的同时,善于寻求外部技术和研发伙伴的帮助,以获取外部视野,共享数字化高端人才,共同搭建企业的数字化架构。比如,其旗下的领航轮胎与青岛科技大学、清华大学苏州汽车研究院、吉林大学青岛汽车研究院签约成立山东领航研究院,合作打造集智能化工厂项目解决方案、大数据研发系统平台、未来材料研发试验基地、基础理论研究中心、国际接轨检测测试平台等为一体的资源化运行服务平台。

当下,外部环境瞬息万变,经营复杂度明显提高,数字化转型成为关乎企业生存与长期发展的重要课题。本讲阐述了企业数字化转型的必要性,列举了当前企业数字化转型存在的突出问题,从转型方向、战略定位、具体举措等方面为企业数字化转型提供了一些思路和建议。但由于企业的数字化转型是一项十分宏大的工程,需要长期坚持和系统推进,本讲列举的问题还不够全面,不同企业数字化转型也有各自的特点,有普遍性规律,也有个性的要求,企业需要不断探索和创新。

第二十五讲

克己奉公是搞好企业的关键

【摘要】 企业管理者克己奉公是企业高质量可持续发展的"总开关""控制器"。管理者只有克己奉公,把自己的"公心"融入企业发展,坦荡做人、踏实做事、谨慎用权,做对企业负责、对员工负责的榜样,做公平正义、务求实效的榜样,做敢抓敢管、干净干事的榜样,企业才能有正确的发展战略,才能形成良好的干事创业的氛围,才能为发展提供不竭动力。

搞好企业既要有政策的支持、适销对路的产品、核心竞争力的支撑,又要有内部制度的建设、治理结构的搭建、高素质的人才队伍等;但实践证明,企业管理者克己奉公才是企业高质量可持续发展的"总开关""控制器"。管理者只有廉洁公正、一心为公,才能使企业有正确的发展战略、高质量的产品和良好的营销渠道,才能做到凝心聚力、形成良好的干事创业的氛围,才能使企业具有永续发展的动力。

一、企业高质量可持续发展必须依靠企业管理者的克己奉公

兰德公司调查数据显示,世界上每100家破产倒闭的大企业中,就有85%是由企业管理者的不慎决策造成的。美国《财富》杂志调查显示,全球500强的企业从产生到衰亡,平均寿命只有40—50岁。在日

本和欧洲,企业的平均生命周期为12.5年;在美国,有62%的企业平均生命周期不到5年;而中国企业的平均寿命只有7—8岁,尤其是民营企业,平均寿命只有2.9岁。

企业发展不好,有市场的因素、政策的因素、企业内部的制度和人才等因素,但影响最大的是管理的因素。再好的制度也需要由人去执行,再好的市场环境也需要人去把握。成败的关键就在企业的管理者是否能克己奉公,勇于、善于、乐于干事创业;是不是做到了知荣辱、明是非,心存敬畏、行有所止,不为名利所困、不为得失所扰;是不是能在大是大非面前坚守立场、保持定力,在"公"与"私"的矛盾面前敢于亮剑、敢于坚持原则、敢于大胆管理,在面对艰难险阻时敢于挺身而出、冲锋在前;是不是能坦坦荡荡做人、踏踏实实做事、谨谨慎慎用权。

①克己奉公的管理者才能培育良好的企业文化,在企业内部树立良好的风气。良好的企业文化对企业健康发展起到指引、约束和凝聚的作用,是企业的灵魂。培育企业文化需要企业管理者秉承一颗"公心",引领企业上下认同、践行和传承。管理者应有高度的责任感和使命感,将自己完全融入企业,时刻把公司的利益放在首位,明白自己的一言一行都是为了维护公司的利益和荣誉,为下属做榜样、做表率,使下属效仿、信服,这样才能在企业内部形成干事创业的良好氛围,才能形成"赶帮超""传帮带"的良好风气。无论是面对正常工作,还是面对艰难险阻,优秀的企业文化都会内化于心、外化于行地发挥出重要的作用,使企业每个人都能感受到被需要、被欣赏、被认同,明白自我价值,以释放出内在的激情和快乐,获得更多的认同感、自豪感、成就感。

②克己奉公的管理者才能制定科学正确的发展规划和战略目标,使企业有良好的发展前景。企业有没有良好的发展前景,关键看企业有没有一心为公,会始终站在企业发展的角度对市场环境进行宏观分析,找准企业的优势和劣势,正视企业面临的机遇和挑战,会系统规划

发展方向、科学制订发展目标和主要任务，处理好发展速度、发展质量、发展能力等一系列问题的管理者；只有这样的管理者才能创新出好的体制机制，创造出行之有效的方式方法，找到符合市场需求的营销模式，才能行之有效地抓重点、抓关键，做到既注重总体谋划、系统部署，又注重抓好重要领域和关键环节，从战略上统筹推进企业高质量发展。

③克己奉公的管理者才能依法科学经营、规范严格管理，使企业能够健康长久地发展下去。一个企业的管理者如果不能做到克己奉公，就会使企业的经营、管理等一切行为无章可循，甚至会让企业走入绝境。曾是火腿肠生产企业龙头的春都集团，正是由于管理人员没有推动企业可持续发展的公心，才会企业规章制度与市场脱节，内部管理混乱，最终走向衰亡。因此，要规范企业生产经营行为，实现依法合规科学经营，企业管理者必须克己奉公，既考虑企业的利益，又维护员工权益，建立并完善适合企业发展和满足市场需求的规章制度，形成上下贯通执行有力的管理制度体系，做到事事有制度可依靠，人人有规范可遵守，使企业管理科学规范、运行高效，构筑起依法合规治理企业的防护屏障。

④克己奉公的管理者才能任人唯贤，正确识才、用才、敬才、爱才，才能培养出高素质的员工队伍。人才是企业发展的第一资源，是创新驱动的核心要素。管理者选人用人不能只看学历，不看职业精神和道德素养，只看关系、不看能力，只有做到心底无私天地宽，摒除杂念，才能发现人才、以用才的魄力鼓舞人才、以敬才的真情留住人才，做到任人唯贤、人尽其才、知人善任、才尽其用，才能使人才在其岗位上发挥出"呼之即来、来之能战、战之能胜"的最大能效，才能筑牢企业发展的人才根基，才能为企业发展提供源源不断的发展动力。

⑤克己奉公的管理者才能树立正确的世界观、人生观、价值观，才能客观公正地看待人和事，才能有正确的工作方法和工作理念。我们

常用"三观很正"评价他人,"三观"指的就是世界观、价值观、人生观。对于企业而言,管理者的"三观正",说的就是做人做事秉承一颗公心,事事以企业发展为公,时时以员工福祉为公。企业管理者只有做到克己奉公,才能客观、公正、全面地看待问题、分析问题,避免一叶障目的片面认识;才能尊重客观事实,避免扩大、缩小和歪曲事实;才能站在企业发展的立场,自觉实践、勇于探索、革新创造,用正确的工作方法和工作理念,客观看待问题、思考问题、解决问题。

二、企业管理者有私心的危害

企业管理者的私心表现在"正他人之德、利私人之用、厚自己之生"。有私心的管理者会给企业造成巨大的经济损失,甚至带来灭顶之灾。

2014年,重庆某公司2名副总利用职务之便,染指工程,操纵招标,通过利益输送,中饱私囊,让没有实力、造价过高的劣质单位中标,使工程的工期、质量和成本无法得到保障,为公司带来巨大经济损失。抚顺某公司管理者在没有对市场进行调研的基础上,不管公司发展需要和生产实际,只为了自己的功劳和政绩而盲目地推出新项目。他丧失了责任心和使命感,做了不该做的决定、签了不该签的合同、上了不该上的项目、投了不该投的资金——建成的项目不但没有为公司带来应有的经济效益,反而拖垮了公司。

诸多案例表明,不论是国企还是民企,即使有好的政策扶持、好的管理制度、高素质的人才队伍、前景广阔的产品销路,也可能说垮就垮,历尽千辛万苦建造起来的"大厦"说塌就塌——归根结底还是因为企业管理者没有做到克己奉公。有的假公济私,挖企业的墙脚;有的决策错误,上了不该上的项目,投了不该投的资金,致使企业蒙受巨大损失,甚至大伤元气导致一蹶不振;有的拉帮结派,搞内部团伙,使企业上下人心涣散，失去了干事创业的氛围和土壤；还有的大兴不正之风，任人唯亲，断送了企业发展的大好前程。

①私心表现在假公济私、胡乱决策，导致企业缺乏竞争力。决策贯穿于企业管理全过程，对企业管理各个环节起着决定性的作用。如果企业管理者出于私心做决策，则假公济私、胡乱决策的现象就屡见不鲜。有的项目企业管理者该拍板的没有拍板，不该拍板的乱拍板；有的是该上的项目没有上，不该上的项目胡乱上；还有的该加大投资力度的项目没有投，不该投入的却注入大量资金。这种"慷公家之慨"，行"个人利益"之实的私心行为，势必导致企业在重大决策中缺乏宏观思考、战略定位模糊。决策失误会导致企业盲目地扩大生产规模或者盲目地把有限的资金、人力和物力投入到不具备发展潜力的业务领域，给企业带来巨大的经济损失，严重影响企业的凝聚力、战斗力和竞争力，最终使企业被市场淘汰。

②私心表现在急功近利、错误政绩观，它会导致企业缺乏凝聚力。有的企业管理者急功近利、好大喜功，热衷于搞"短、平、快"的政绩工程、搞纸面上的"数字工程"、搞他人眼中的"形象工程"，宏观决策和具体管理时不是出于为企业谋发展的"公心"，而是出于树立形象的"私心"，不从企业高质量可持续发展的角度出发，而是为个人前途"铺路造势"，留己之名、立己之碑，最终变成企业发展长期的包袱和"恶性肿瘤"；有的企业管理者脱离实际、欺上瞒下、应景造势，大搞虚假政绩；还有的企业管理者不按企业发展规律办事，不顾市场条件和企业自身状况，搞不切实际的纸面数据、形象指标。诸如此类的私心行为，势必会造成企业成员不满情绪的堆积，造成企业凝聚力与企业目标相悖，降低员工的工作热情和工作效率，进而使企业在下坡路上越走越远、在困境中越陷越深。

③私心表现在不坚持原则、不敢管理，导致企业缺乏执行力。有些

企业虽然有比较科学完善的规章制度,但管理者在工作中不敢坚持原则,管理宽、松、软,充当老好人,缺乏勇气和锐气。有的管理者管理能力不够,缺乏系统性管理意识,无法把握重点工作,工作思路不够清晰,精力不够集中,该坚持原则的时候缺位失声,管理制度和具体管理两张皮;还有的企业管理者完全照搬别人的管理模式和方法,有制度无落实,朝令夕改,缺少规划能力和管理手段,出了问题卸担子、面对批评的声音装聋、责任面前装傻,少了原则和"公心",多了杂念和私心。管理者缺少想干事、真干事的意识,丧失无畏的勇气和干事创业、敢拼会赢的强大执行力,最终导致企业上下员工在工作面前推脱、等靠,讨价还价、挑肥拣瘦,要政策、要支持、讲条件,甚至是被动执行、虚假执行、选择执行,形不成干事创业的氛围——这样企业只会停留在蓝图、规划和愿景之中,发展更是无从谈起。

④私心表现在没有担当、明哲保身,导致企业缺乏战斗力。没有担当、明哲保身的企业管理者眼中没有底线、红线,只有利益和关系;口中没有原则、准则,只有欺上瞒下和油嘴滑舌;身上没有正气、英气,只愿充当"和事佬""和稀泥";遇事不敢仗义执言、不敢直言不讳,躲着矛盾走、绕着困难走;面对客户急难愁盼的实事、要事,事不关己高高挂起;面对企业发展的关键节点、重要环节,瞻前顾后、墨守成规,宁肯不做事,不能做错事;在责任担当面前,推诿扯皮、诿过于人;在有损于企业发展的决策面前,不敢正确发声,不敢担当、不敢负责,心中不打企业的"大算盘",只打一己私利的"小算盘"。因此没有担当,明哲保身的企业管理者不是合格的管理者,这种将搞定与安定、摆平与水平、无事与本事、妥协与和谐画等号的私心,是企业发展道路上最大的障碍和绊脚石。企业管理者的这种私心,会使员工自由散漫,使企业从内部崩塌、腐烂;原本业绩优秀的企业,会因为缺少战斗力而难以为继、岌岌可危。

⑤私心表现在大搞不正之风,导致企业缺乏影响力。企业风气关

乎自身形象,也关乎自身发展。有些企业管理者丝毫不注意端正态度,满足于下属的阿谀奉承,沉醉于下属的曲意逢迎,不谋事只谋人、不奋斗只享福;有的企业管理者不但纵容下属的投机钻营、暗中挑事、煽风点火,还推波助澜、浑水摸鱼;还有的企业管理者利用手中特权,通过职务之便,为不正之风大开绿灯,通过权力换取一己私利,损害企业利益,削弱企业的信用,影响团队干事创业的激情,导致企业内部管理制约作用减弱,严重降低企业效能和影响力。这些行为不仅会使企业的社会价值无法在激烈的社会竞争中得到充分体现,还会使其无法在竞争中得以生存和壮大。

⑥私心表现在任人唯亲、拉帮结派,导致企业缺乏向心力。任人唯亲的企业管理者选人、用人时不看德才,只凭关系,致使拉帮结派现象在一些企业滋生蔓延,这不仅埋没了人才,更损害了企业利益。有的企业管理者不讲规矩、不讲大局,跑上不跑下、嫌贫爱富,亲小人、远能人,决策时把个人利益、团伙利益放在第一位,把企业生命、全局利益抛到脑后,对有利可图的项目一路绿灯,对于己不利的项目漠不关心、能拖就拖,这最终会在企业内部形成追逐权力、渴望权力的不良风气,淡化企业共同行为准则和价值观念,引起员工心理不满、工作积极性下降——最终影响的是企业的生产和发展,牺牲的是企业的发展前景,挥霍的是企业的市场信誉。

三、企业管理者克己奉公干事业,要做到"六要""六不要"

①要坚持理想信念,不要阳奉阴违。企业管理者必须明确方向、站稳立场、严守纪律,做到理论上清醒、政治上清明、作风上清正,牢固树立正确的人生观、价值观、利益观,自觉抵制私心杂念的侵蚀,坚定理想信念,牢记为企业谋发展、为员工谋福祉的初心使命,秉公用权、事出公心。管理者要身先士卒,干字当头,把岗位当使命看,把工作当事业干,

想干、愿干、苦干、实干、巧干,这样才能成就事业,实现自我价值。只有这样的管理者才能当好企业发展的"主攻手"和"领头雁",当好敢于"打头阵"的"急先锋"。决不能阳奉阴违、表里不一;决不能说一套做一套、当面一套背后一套、台上一套台下一套;决不能端着架子、高高在上;决不能好高骛远、纸上谈兵;决不能在工作上推脱、无所作为;决不能明哲保身、没有担当。

②要遵纪守法、克己奉公,不要损公肥私。企业管理者一定要牢固树立法律观念、规矩意识,自觉约束自己的言行,常怀敬畏之心、慎行之念、勤勉之德,用强大的理想信念抵御"损公肥私"等各种私心杂念的侵扰,要严于律己、公正严明、以上率下,做一心为公的传播者、践行者,不踩红线一毫、不越雷池一步,时时刻刻把企业利益、企业发展、员工福祉放在理想信念的顶端,做自警、自省、自觉、自重、自律的明白人,堂堂正正做人、踏踏实实做事,把"公心"刻在心中、扛在肩上、行在脚下,带头在企业上下形成廉洁奉公的良好氛围,还要扎紧制度的笼子,强化内部管控,用制度管人、用制度管事。

③要提高责任心、使命感,摒弃"好人主义"。责任心和使命感指管理者在任何时候、任何情况下都要把企业的社会效益和经济效益放在第一位,事事出于公心。提高责任心和使命感指管理者要把企业当家庭、把员工当亲人、把工作当事业,求真务实、真抓实干、勇于担当,认真做好每件事情的每个细节,真正做到对企业和员工负责。与之相对应的就是好人主义,比如对违反纪律的错误言论,充耳不闻;对出工不出力、不求有功但求无过的行为,睁一只眼闭一只眼;对下属的不正当要求,轻言软语、过分迁就;对侵害企业利益的现象,宽容、纵容,甚至拿企业利益做交易;等等。这些行为,对企业的发展百害而无一益。因此,企业管理者一定要扛牢责任心和使命感,要站得直、行得正,还要敢于同错误言行做斗争,决不能做不讲原则、一团和气、八面玲珑的"好

好先生"。

④要勤于学习、提升自身素质,不要自满懈怠。社会在进步,时代在发展,企业面临的机遇和挑战并存。企业如果跟不上知识和技术的迭代革新,就会发展停滞,甚至倒退,最终被市场淘汰。一些企业管理者把工作方法不对路、工作方式不创新、工作思路不清晰、工作态度不积极等问题归结为体制不顺、机制不活,一味消极地等待企业进行体制机制改革,从而贻误了战机、错失了市场。其实,造成这些现象的最根本原因是企业管理者自身综合素质没有跟上新形势、新技术、新业态的要求。因此,企业管理者要以身作则,充分认识到政治素质和业务素质的时效性,在企业上下营造崇尚学习的氛围,让员工自觉加强学习、补充能量、锻造本领,把学习当成一种生活习惯、一种工作责任、一种精神追求,时刻保持紧迫感、危机感,增强学习的主动性、自觉性,以不断提升学习的质量与效果,用学到的新理念、新知识、新技术破解企业面对的新情况、新问题、新挑战,最终推动企业高质量可持续发展。

⑤要纪律严明、一身正气,不搞歪风邪气。常言道,身正不怕影子斜,脚正不怕鞋子歪。企业管理者一身正气、两袖清风,就可以抵御任何歪风邪气。很多企业的管理人员走向堕落的根本原因还是自身正气不够、自律性不足,抵御"私心"能力弱,思想和行为的出发点是一己私利。企业管理者应筑牢理想信念的魂、深扎一心为公的根、满怀对事业的情,把自己的价值融入企业之中,把自己的利益与企业兴衰成败捆绑在一起。

⑥要以身作则、以上率下,不要花架子。榜样的力量是无穷的,带头示范的作用是无限的。企业管理者不能充当花瓶、摆设,要带领企业向市场要效益、向改革要效益、向管理要效益,要通过干事创业实实在在地体现自身价值。有些企业管理者得过且过,眼里只有个人利益,对企业和员工不管不顾,当办公室的空想家、做纸上谈兵的理论家——这

样的管理者无法带领企业走上高速发展的道路。面对错综复杂的挑战和潜在的发展机遇,企业管理者必须时刻保持清醒的头脑,擦亮辨别机会和陷阱的慧眼,提升乘风破浪勇立潮头的本领,敢于靠前指挥、躬身入局、科学决策、大胆管理、革旧创新,用舍我其谁的豪气和勇气、功成不必在我的胆气和锐气,当好"火车头"、做好"领头雁",带领企业上下心往一块儿想、劲儿往一处使,干出成绩、创出天地,不能工作浮漂,耍嘴皮子、玩心眼子、搞花架子,不能当四平八稳的"太平官",不能当"只求不出事、宁可不做事""做一天和尚撞一天钟"的企业带头人。

第二十六讲

要重视改革,更要重视管理

【摘要】 改革和管理是企业永恒的主题,改革寓于管理之中。改革是企业实现管理创新、提高管理效能的前提,管理是企业深化改革、推动新的管理措施落地见效的保障。企业在经营活动中,既不能以改革代替管理,又不能以管理代替改革;要以改革为牵引、以管理为抓手,推动企业建立起既符合市场规律又有自身特色的现代企业制度,使企业能抢抓科技革命和产业变革带来的新机遇,在数字化浪潮中不断发展壮大。

在全球经济增长放缓、外部环境不确定性增加的背景下,企业应如何保持高质量发展、可持续发展甚至是跨越式发展?不管是拥有百年历史的跨国公司还是站在时代风口的行业新秀,越来越多的企业开始将注意力从挖掘外部经济增长红利转移到提高自身增长能力的发展模式上。在这种情况下,改革和管理犹如"鸟之双翼、车之双轮",成为推动企业战胜风险挑战、不断壮大发展的强劲引擎。

改革是企业生存发展的动力,管理是企业生存发展的基础。从企业自身发展的角度来看,改革与管理同等重要,它们都是为了实现企业更快更好的发展。改革与管理既有不同,又有联系:改革是激进的、阶段性的,管理是渐进的、持续性的;改革寓于管理之中,管理中包含着改革。具体而言,当现有的体制机制束缚生产力发展时,企业需要通过改革来破除旧有的体制机制,解放生产力;新的体制机制建立起来后,企业需要通过强化管理来发挥体制机制优势,促进生产力的发展。改革和管理密不可分、相辅相成,它们之间既有包含与被包含的关系,又有辩证统一的关系,甚至说还保持着整体联动的内在逻辑关系。在实际经营过程中,企业要通过改革与管理的互动互促,让改革为管理助力增效、管理为改革保驾护航,以便平稳健康地发展。

一、改革改什么?管理管什么?

打败柯达的不是乐凯,而是数码相机,而如今取代数码相机的是手机相机;打败诺基亚的不是苹果,而是智能手机;当下,诺基亚凭借着通信专利技术,与汽车行业有了紧密联系……回溯不同企业的发展历程可以发现,企业有着自身的发展规律,经历过多次改革变迁和管理创新。正如美国管理学家爱迪思说的那样,企业在孕育期、婴儿期、学步期、青春期等不同阶段往往存在不同问题。企业要将改革和管理结合起来,长期而又有效地解决这些阶段性问题,延续企业的生命周期,激发企业的生机活力。

改革是什么?改革改什么?改革就是把企业发展中旧有的、不合时宜的体制机制改成新的、适应企业和市场客观需要的体制机制。从本质上来讲,改革就是通过对旧有的生产关系、上层建筑进行调整变动,实现企业内部体制机制、规章制度和管理方式的迭代升级。在新形势下,改革还包括改变旧有的思维模式和管理模式,用新理念、新模式引领企业转型升级。企业改革涉及体制机制、管理方法和管理手段等多个方面,其重点任务集中在用工制度、薪酬制度以及各项管理制度的建立与完善上。面对我国国有商业银行产权不明晰、银政关系未彻底理顺、不良贷款率较高等问题,4家商业银行——工行、中行、建行和交

第二十六讲　要重视改革，更要重视管理

行自2003年年底就在国家政策的支持下进行了股份制改造，相继完成了财务重组、建立了现代公司治理机制、实现了股权多元化。股份制改革后，4家商业银行不良贷款率明显下降、平均资产回报率和收入成本比指标都表现出较大程度的改善和提高。这充分显示，以体制机制创新为突破口的改革，既能推动企业逐步完善公司治理结构、加快建立现代企业制度，又能提高企业的盈利能力和资产质量，加快企业转型升级步伐。

管理是什么？管理管什么？与改革具有的阶段性、针对性不同，管理具有普遍性、长期性，它既包含改革，又包含组织、激励、创新等其他内容。如果说改革是制定新的管理制度和方法，那么管理就是执行新的管理制度和方法并保证其落实。如果说改革是一种激进的管理方式，那么管理就是最大限度地发挥制度优势，通过对各项工作的指挥和控制，科学合理地配置资源，协调人财物高效运转，保障企业高效规范运行。管理涉及采购、生产、销售等各个环节，贯穿于经营活动的始终，贯穿于企业的方方面面，从人员调度到财务管理、从生产流程管理到安全生产管理、从物资管理到质量监控等都属于管理范畴。如同乐队需要指挥那样，企业需要通过管理来强化"指挥"和"协调"的功能，进而利用各种资源，提高经济效益，实现经营目标。具体到企业的微观层面，无论是固定资产的购买还是新产品的研发，无论是降低成本还是提高效益，无论是调整生产结构还是改善经营模式，都离不开管理。管理在促进企业健康可持续发展中发挥着积极的作用。

改革和管理都是企业永恒的主题。改革的关键就是废除旧有的、不适应企业发展的管理制度和办法，建立适合本企业自身发展所需要的管理制度；管理的关键就是创造性地执行先进的管理制度，推动企业提高运作效率和运营质量。比如，推动预算编制改革、改进招标管理流程、健全约束与激励机制等，既完善了企业的制度保障，又释放了企业

发展活力、增强了企业发展动能,加快推动了企业管理从粗放型向精细化、集约化转变。从改革与管理的成效上看,改革的效果呈现较慢,这是因为改革注重建章立制,而制度建设有滞后期,贯彻落实到位需要时间;管理的效果立竿见影,这是因为管理重在执行制度,往往一抓就有、一抓就活。在第一轮国企国资改革中,同样是放权让利,有的企业在得到了比较配套的权利后,仍坚持不懈地进行严格管理,最终取得了较高的产能和较好的经济效益。反之,有些企业虽然进行了全面改制,做到了产权清晰,但因管理失控、管理缺位等,出现生产浪费严重、产品质量不高、成本居高不下等现象,经营亏损严重,陷入破产困境。因此,在市场经济条件下,企业不管采用何种产权制度、深化哪项改革,都需要加强管理,建立适应自身发展需要的管理制度,不断创新管理模式,激发经营活力。简而言之,管理是企业竞争的核心要素,企业只有不断加强管理,千方百计提高产品质量和资产使用效率,千方百计降低企业各种成本,千方百计调动职工积极性,提高劳动生产率,才能在竞争日趋激烈的形势下更好地求生存、谋发展。

二、以改革为牵引,提高企业管理效率,为企业发展营造良好环境

不少企业在领导体制改革上,推行厂长(经理)负责制;在企业管理上,推行现代化管理方法。有的乡镇集体企业、村办企业还在国家政策的引导和推动下抢抓机遇,一手抓改革、一手抓管理,持续释放改革与管理的红利,逐步成长为具有创新能力和市场竞争力的骨干企业。可以说,大胆求新求变进行改革、从严从实强化管理,是企业成功经验的总结。

①改革能推动企业摆脱旧有管理模式和管理体制的束缚,是企业实现管理创新、提高管理效能的前提。

深化改革是搞好企业的关键一招。华为30多年的发展史就是一部改革史,就是通过体制机制改革创新、渐次推进而建立起适合自身发展的管理体系的变革史。华为的成功,本质上来说,是这种管理体系的成功。当华为发现其他企业的内部管理和流程机制建设远超自己时,便以最大的诚意聘请 IBM 来帮助自己进行改革。改革之初,员工并不适应这种注重跨部门沟通的 IPD 变革项目,但华为通过辞退部分高管等方式强势推进了改革,此举最终带来了产品开发效率的大幅提升,也让华为建立起标准化的工作流程。基于 IPD 变革项目的成功,华为陆续开展供应链体系、集成财经体系、人力资源体系等方面的改革,推动华为从产品型公司转型成为管理型公司。与华为一样,不少企业在初创期采用粗放型的管理模式,但它们会通过持续不断的改革冲破旧有的思想观念障碍、利益固化藩篱,打破和抛弃旧的体制机制、管理模式的羁绊,废止、修订不符合发展实际的制度,建立起既符合市场规律又有自身特色的现代企业制度,并在实现科学管控的基础上,充分发挥企业的主观能动性,为企业迭代升级提供强大动力。

　　企业不改革不行,改革不彻底也不行。近年,国有企业更加注重改革的系统性、整体性和协同性,开始建立适应企业发展和外部环境要求的体制机制,并力求把制度效能转化为治理效能,通过制度创新实现管理创新。体制机制、管理方法和管理手段的改革,可革除旧有的不适应市场经济要求的管理思想和方法,确立新的管理理论和体制,为企业实现科学管理进而提高运营效率奠定基础、创造条件。

　　②管理推动新的改革措施和管理制度落地见效,是企业深化改革、可持续发展的保障。

　　约有 70% 破产倒闭的企业是因经营管理不善;相反,那些长期保持良好发展态势的企业,往往拥有一流的管理水平。国内不少企业的改革经验曾轰动一时,但最终只是昙花一现,其根本原因在于管理滞后、管理缺位,改革方案、改革措施难以运行,通过改革建立的体制机制没能消除"中梗阻"、打通"拥堵点",没能在实际经营工作中发挥作用——这些企业最终连同改革的成果一并消失。

管理是企业一切工作的基础,企业无论进行哪种形式、哪个层次的改革,自始至终都离不开管理,都需要不断提高管理水平来保障改革目标的落地落实。由许昌继电器厂改制发展而来的许继集团,现在已成为中国继电保护及自动化产品的龙头企业,销售收入超百亿元。面对行业竞争加剧、原料价格上涨等情况,许继集团一方面加强管理,一方面推进改革:创造性地推行比例淘汰制、二次劳动合同制、采购价最低法则等制度。秉承破旧立新的发展思路,许继集团坚持集团化运作和集约化管理,压缩管理层级,提升人财物集约化水平,确立科学的治理结构、管控模式和运营机制。以管理为基础、以改革为动力,许继集团不断提升现代化管理水平,降低企业的生产成本,提高企业的抗风险能力和盈利水平,逐渐成长为以创新发展、卓越管理为特征的高科技企业。实践证明,企业深化改革的过程往往也是组织结构优化、管理水平提升的过程。在经济体制转轨、市场转型和需求结构迅速变化的背景下,加强管理可使企业在降低运营成本、优化资源配置的同时,实现管理创新、推动配套改革。

改革的成功,离不开管理发挥的巨大作用;改革失败,既可能是因为改革方案本身不科学,也可能是因为管理、执行不到位。作为推动企业发展不可或缺的重要力量,改革与管理是互相影响、相互促进、互为保证的。

三、以管理为抓手,持续降本增效,为企业高质量发展奠定坚实根基

管理好,则企业兴;管理乱,则企业衰。2020年2月18日,方正集团发布公告称,其债权人北京银行以方正集团未能清偿到期债务,且明显不具备清偿能力为由,申请法院对方正集团进行破产重整。从表面上看,方正集团破产重整源于债务违约,但其破产的真正原因出在内部管理上。经历创始人退出、管理层内斗后,以科技创新为底色的方正集团开启了多元化经营的并购模式,走上了为资本而资本、为扩张而扩张的不归路。除了方正集团,还有一些企业,长期忽视内部管理存在的问题,通过高杠杆控股模式迅速做大资产规模,放弃自身的核心竞争力,最终不得不退出市场。实践证明,搞好企业是一个系统工程,需要管理者用先进的管理理念、管理模式对潜在的风险进行分析预防,对各环节、各要素进行科学管控。如果连管理这个最基本的问题都解决不好,企业的发展将难以为继。

①管理切忌脱离实际,既不能以改革代替管理,又不能以管理代替改革。

科学技术是第一生产力,管理同样也具有第一生产力的性质和地位。加强管理、改善管理,可以让人、财、物等资源在企业内实现合理配置,推动企业在激烈的市场竞争中脱颖而出。在发展过程中,不少企业——特别是亏损企业——表现出来的"以改代管"倾向较为明显。以"邯钢经验"享誉全国的河北钢铁集团邯钢公司就曾面临严重亏损的局面。其实,企业面临的最大危机不是来自市场,而是企业自身管理中存在的问题。比如,内部管理基本延续一成不变的模式,资产闲置、丢失现象严重,优秀人才、资产大量流失,"等靠要"以及"以改代管"思想的存在等都会造成企业自身扭亏脱困的动力不足。企业想解决这些问题,就必须根据实际情况深化改革,制定有针对性的管理制度,采用操作性强的方法,加强对企业管理各环节的监督,多措并举实现扭亏为盈、降本增效,以早日走出困境。

实际上,任何改革都离不开管理,任何一项改革政策和措施的顺利实施,都必须有管理的护航。麦肯锡咨询公司发布的报告显示,企业内部进行的改革或变革,只有8%是完全成功的。改革为什么很难成功?可能因为改革方案有问题、不科学,可能因为管理执行环节不到位,还可能因为企业把改革和管理割裂开来,只关注流程、组织、IT系统的改革,没有把新的体制机制深度融入自有的管理体系中,没有在改革中推动管理创新。因此,企业改革的过程也是一个加强管理、逐步实现科学管理的过程。作为管理的重要组成部分,改革就是为了变革传统的、落后的管理机制和方法,确立全新的、科学的管理体系。如果改革不能推动管理创新,新的体制机制就失去了应用的前提。

②管理可以弥补漏洞,保障改革成果的落地见效,推动企业在数字化浪潮中发展壮大。

管理犹如计算机系统中的软件,既可以合理调配企业内部的各种资源,又可以从日常工作入手,以快速见效的方式弥补企业现阶段存在的短板和不足。曾在日本汽车制造业雄踞榜首多年的丰田汽车就创造出一整套独特的管理方略,即通过科学、合理、严密的管理筑牢"制度笼子",以弥补体制机制和方式方法的漏洞和不足,最终实现企业利润最大化。面对汽车行业的巨变、科学技术的进步,丰田汽车不断推动体制机制改革、更新管理方式和手段、提升企业管理水平,并在管理实践中不断推动新一轮改革,这些举措使得其管理再上新台阶、发展迈入快车道。当丰田汽车因大规模召回事件等而被迫停产时,它主动采取各种方法推动精细化、规范化管理。初步统计,在过去的十几年中,丰田汽车平均每年都要进行一次组织和管理架构的调整。2020年,丰田汽车再次调整组织架构:将原先的23位运营官削减为9位,主要负责自动驾驶业务的管理者进入公司最高管理层。此外,丰田汽车还将中国业务从亚洲地区业务中独立出来,推动一汽丰田管理体制进行改革重组。向管理要效益、以管理促改革,丰田汽车通过精细化管理,既降低了生产成本、提高了经济效益,又巩固了改革成果、推动企业做强做优做大。

管理是一种实践,其本质不在于"知"而在于"行";其验证不在于逻辑,而在于成果;其唯一权威就是成就。在信息技术得到广泛应用的当下,不少企业积极投身数字化浪潮,在管理观念、管理体制、管理方法等方面进行改革重构,对组织架构、经营管理模式以及资源配置方式等进行优化调整。特别是当下,不少企业依托互联网技术、物联网设备等先进技术搭建一站式服务平台,重塑内部员工、上下游企业和市场客户的连接方式,赋能企业高质量发展。作为一家生产农业运输车、农业装备车、物流车的制造型企业,山东五征集团以数字化营销服务平台来提升企业竞争力。在产品智能化方面,山东五征集团建设环卫领域系统,依托车联网,调度环卫工人更加高效地完成工作;在客户服务数字化方面,山东五征集团利用数据展现生产现场,提升客户体验;在企业运营透明化方面,山东五征集团建立数字化运营体系,打造智能工作流程,提高运行效率。借助数字化管理,山东五征集团快速向数据驱动、AI赋能的智能化企业迈进,推动了农村生产服务行业的发展。

管理是恒久成立、不断更新的命题,它既是涉及生产管理、运营管理等理论体系的一门科学,又是因人因事、因时因地不断变化的一门艺术。拿管理者来说,天赋、经验、责任心、执行力的不同,会让管理者在实际工作中采用不同的方式方法,这导致管理效果也各不相同。就管理手段来说,云计算、大数据的广泛应用,推动企业在顶层设计、总体规划等方面进行变革,让管理更加规范化、制度化。因此,企业一方面要加强管理者的能力建设,调动他们在经营管理中的积极性,营造想干事、能干事、干成事的浓厚氛围,推动企业高质量发展;另一方面要抢抓科技革命和产业变革带来的新机遇,创新运营方式、盈利模式等管理方法和手段,拓展企业发展新空间。

经济学家曾把改革与管理的关系生动地喻为"推动力"和"支撑

力"的关系。如果管理不到位、支撑力不足,再完美的改革、再合适的政策,往往只能是空中楼阁,不能发挥助力增效、保驾护航的作用。因此,企业既要重视改革、更要重视管理。面对百年未有之大变局,企业应树立大管理的理念,插上数字化的翅膀,增强改革的系统性、协同性,加强标准化管理、规范化管理,推动科学管理、管理创新,朝着建设产品卓越、品牌卓著、创新领先、治理现代的世界一流企业迈进。

第二十七讲

要抓改革,更要抓项目

【摘要】 面对日益严峻的竞争压力,企业要抓好改革,更要抓好实实在在的项目——两者相辅相成、相互促进。企业一方面要通过改革建立好的体制机制,创新发展思路、运营模式、先进技术,为发展提供强大的新动能;另一方面,要牢固树立"项目为王"的理念,以项目建设的主动轮,带动企业运营的所有轮子,实现可持续高质量发展。抓改革是阶段性的,要头脑清醒地抓改革,避免瞎折腾;抓项目则是永久性的,它决定发展的质量和持续性。

马克思在《〈政治经济学批判〉序言》中指出:无论哪一个社会形态,在它所能容纳的全部生产力发挥出来以前,是绝不会灭亡的。这也就是说,当生产关系不适合生产力的性质、已经成为生产力发展桎梏的时候,这种生产关系就必然为新的生产关系所取代。①

企业作为社会经济的细胞,要想又好又快地发展,就要通过改革建立好的体制机制,抓好实实在在的项目。抓改革是阶段性的,不需要天天抓、时时抓,当现有的体制机制不能满足企业发展需求时,才需要改革;而抓项目则是永久性的,只有牢固树立"项目为王"的理念,以项目

---

① 马雪睿:《浅析"两个必然"和"两个绝不会"的辩证关系及意义》,《学园:教育科研》2011年第15期,第39页。

建设的主动轮,带动企业运营的所有轮子,形成强大的新动能,实现发展的高质量和可持续性。改革和项目就如同发展的两条腿,在理顺体制机制的前提下,实实在在抓好项目建设,两者方向一致、步调一致、配合一致,发展的步伐才能迈得又快又稳,才能实现发展的良性循环。

一、正确认识抓改革、更要抓项目的重要意义

(一)改革是企业可持续高质量发展的重要路径

山东重工集团锻造机制长板,创新性采用全球公开招聘、全员英语面试、全程公开透明等选聘方式,明确任期、绩效与薪酬管理、退出约束、责任追溯等条款,创新实施干部PK(对决)机制,突出业绩导向和国际化要求,技术攻坚揭榜挂帅,考核激励机制透明、清晰,激荡起企业市场化、高效运转的强劲动力,一改欠息、欠税、欠费,断水、断电、断原料的困境,实现营业收入、利润总额复合增长率显著提升;万达集团改文化旅游、金融、电子商务等服务为主业,在房地产环境日趋严峻的大形势下,依然能够保持迅猛的发展势头;苏宁从传统电器零售企业转型为互联网零售企业,线上销售增速连超对手……诸多改革案例表明,走墨守成规的企业道路只会越走越难,畏首畏尾的企业不仅没有抢抓机遇的本领,更谈不上创造机会的能力;只有改革才能解决困扰企业发展的主要矛盾,才能为企业发展提供不竭动力。对于企业而言,改革就是生命力,要改体制机制、改管理制度、改落后的技术、改落后的商业模式、改落后的经营理念,改制约发展为推动发展。只有坚定不移推进改革,加强企业治理体系和治理能力建设,破除制约高质量发展的各类障碍,才能持续增强发展动力和活力。

①只有改革才能推动企业的效率不断提高。

著名经济学家厉以宁提出,提高企业效率要通过提高生产效率、提高资源配置效率和依靠打造企业与职工的共同目标来实现。而这些都

要以现代化的企业体制机制为支撑。当旧的体制机制制约企业发展，束缚企业效率时，企业就要及时进行改革。例如，面对远洋运输业市场萎缩、需求不足的困境，中远海运集团不断深化制度改革，进一步完善组织架构。干部人事制度改革聚焦市场的选人用人机制，人员能进能出、能上能下、能增能减；收入分配制度改革以市场化为导向，多劳多得，用成绩说话，以绩效论英雄。这些举措充分激发了员工积极性和主观能动性，实现了净利润的持续增长。由此可见，企业改革的核心目标是完善现代企业制度，不断提升生产、运营、管理等各方面效率。

②只有改革才能增强企业竞争力。

深化改革创新是做强做优企业、引领企业发展、增强企业竞争力的第一动力。在竞争压力越来越激烈的大环境下，企业一方面面临内部各类资源的配置和管理不能满足发展需求的困境，另一方面受外部经济形势下滑、技术迭代更新、政策调整频繁等因素交织叠加影响，各类矛盾凸显，如果不及时进行改革，化解制约发展的各类矛盾，企业必将失去竞争力，最终被市场淘汰。2014—2016年，中国联通盈利能力和成长能力各项指标均处于快速下滑的状态，营运能力和偿债能力各项指标也都位于行业垫底的位置，但中国联通通过整体设计，引入境内投资者，以市场化为导向健全企业制度和公司治理机制，聚焦公司主业、创新商业模式，全面推进互联网化运营，加快提升创新能力、转换发展动能，深入推进划小承包、人力资源、薪酬激励、绩效考核等机制体制改革，打造新基因、新治理、新运营、新动能、新生态的"五新"联通，使改革后的财务绩效得到大幅度提高。因此，企业改革是在和生存发展抢时间、拼速度、论效率。企业只有坚定不移地抓改革才能破解制约发展的瓶颈、才能搬开阻碍发展的绊脚石、才能切除影响健康发展的毒瘤，通过提升管理水平、转变发展方式、激发创新活力，增强企业竞争力、战斗力、凝聚力和影响力，进而有效应对各类风险和挑战，闯出一条适合自身发展的高质量市场化道路，使企业始终站在"食物链"的顶端。

③只有改革才能提升企业抵御风险的能力。

近年，出于对华为高速发展的忌惮，美国想尽办法不断打压华为。以此为背景，华为通过前瞻性思考、全局性谋划、战略性布局，一方面继续深入半导体制造领域，另一方面通过建设鸿蒙系统生态、鲲鹏云手机等多元化业务，维持公司正常运转，增强公司的营收能力，力图彻底摆脱美国的限制。企业只有不断改革创新发展思路、运营模式、先进技术，才能增强抵御风险能力，实现可持续发展，始终走在市场最前沿，立于不败的地位。

(二)项目是企业发展的根本抓手

企业的发展依靠一个个具体项目，脱离项目谈生存就是镜中花、水中月，脱离项目论发展就是空中楼阁、无稽之谈，脱离项目想实现"直道领跑、弯道超车"就是煎水作冰、海市蜃楼。加速新旧动能转换，推动企业高质量可持续发展，落脚点就是项目建设。项目建设就是企业的"生命线""突破口"，每一个重大项目，都是新的经济增长点；每一批重大项目，都意味着新的经济增长极。

①牵稳项目建设"牛鼻子"，才能促企业转型、谋企业发展。企业间无论是综合实力的比拼还是发展质效的较量，一定程度上靠的就是项目、拼的也是项目。在危中有机、需要危中寻机的外部形势以及日益激烈的行业间竞争态势下，没有项目的支撑，企业的转型发展就无从谈起；离开了项目，企业必定会落入不进则退的发展困局、陷入处处被动的危局。因此，怎么强调抓项目的重要性、紧迫性都不为过。

②抓牢重点项目，才能稳增长、调结构。在经济下行压力持续加大的严峻形势下，企业发展普遍存在一定程度的滞缓。企业自身综合实力不强、管理系统化程度不高、组织架构不清晰、产品定位不合理、战略

性新兴产业发展不足等现象比较明显。面对诸多不利因素,企业如果不能及时抓牢大项目、好项目、重点项目,让项目成为企业发展的"稳定器""压舱石"和"加速器",通过实实在在的项目强管理、调结构,就不能有效应对各类不利因素、稳定企业发展态势。

③抓实创新型项目,才能有机融合新技术与新市场。当前,元宇宙、NFT(数字化代币)、区块链等新技术,加剧了企业间的竞争。在新技术前沿的风口上,企业上马的项目如果因循守旧、故步自封,利用不好创新型项目的"新动能""新引擎""新优势"的作用,赋能企业发展,项目创造价值势必大打折扣,最终也必将被市场淘汰。

二、正确处理好抓改革与抓项目的关系

改革和项目两者存在着不可分割的内在联系,抓改革和抓项目相辅相成、相互促进。改革是发展的强大动力,决定生产力和生产要素效能的发挥;项目是发展的重要抓手,决定发展的质量和持续性。改革成果能够提升项目成效,项目实施过程又能显现企业运营中的问题,进而倒逼企业进行改革。因此,既要深化改革,保障项目增能达效,为经济发展注入新动力、增添新活力、提供新思路、拓宽新空间,更要坚定不移地实施"项目为王"的发展战略,提高项目管理水平,在项目推进过程中发现制约发展的堵点、痛点、难点,有针对性地促进深化改革。

改革的生命力体现在项目落实上,正确的改革可以变成项目的"兴奋剂",错误的改革也能够变成项目的"毒药"。改革是一个复杂的系统性工程,之所以要改革,是因为原有的方式方法、制度体系、发展模式等不能满足企业发展的需求,降低了项目效果。改革需要做到统筹兼顾、综合平衡、突出重点、带动全局,但有的改革也需要"摸着石头过河"。改好了、改对了,方向与政策相互配合、方法与项目相互促进、举措与成效相得益彰,项目进展就会如虎添翼,进一步增加带来的收益;

改偏了、改过了，就如同给项目加上了一副镣铐，使项目步履维艰、寸步难行，甚至要承受项目巨大的损失。

项目是改革从"物理组合"走向"化学反应"的催化剂，项目是改革最好的试金石。新的历史起点上的全面深化改革，是"浅水区"向"深水区"的转变，企业要敢于"啃硬骨头"、敢于"涉险滩"、敢于突破思想固化的藩篱、敢于攻坚克难；因为如果不这样，就会事倍功半，甚至南辕北辙、无功而返。企业需要通过项目来检验改革的方向、方法、措施是否正确；改革方向和举措是不是真正对推动项目进展起到有利作用，是不是真正能够解决项目推进过程中存在的问题，是不是真正打破了制约项目达效的瓶颈。

三、头脑清醒抓改革，避免瞎折腾；持之以恒抓项目，永续企业发展动力

全面深化改革是一场深刻的革命，是一项复杂的系统工程，企业必须把握改革规律和特点，系统谋划全面深化改革的科学路径和有效方法。企业一方面要抓改革，变更束缚生产力发展的生产关系的同时，注意方式方法，因为好的方式方法可以弥补体制机制的不足，不当的方式方法会使得再好的体制机制也发挥不出应有的效果；另一方面，越是面临不利环境，企业越是要清醒地认识到抓项目的紧要性、急迫性。项目是企业发展的不竭动力，项目大而强，则企业发展底气足、活力足，因为抓项目就是抓实实在在的收益，能为企业抓出真金白银。同时，要注意处理好改革与项目的关系，不能顾此失彼，重视一方、忽视另一方，要以改革促项目发展，以项目发展完善改革。

（一）突出重点抓改革，激发内在活力

改革要厘清轻重缓急，要激发动力，处理好大改和小改、全面改和局部改的关系。

①深化内部人事制度改革。完善企业人员选聘办法,健全人才选聘的竞争上岗、任期制考核等相关配套制度,形成能上能下的合理机制,从根本上破除"上去容易下来难"的"官本位"思想,破除"干多干少一个样、干好干坏一个样"的不作为、慢作为现象,真正做到"能者上,庸者下",从企业内部激发能量,真正让员工动起来、活起来,形成想干、愿干、会干、巧干、苦干、实干的干事创业氛围。

②完善激励约束机制。合理确定并严格规范企业员工薪酬体系,建立与企业经营业绩相挂钩的绩效考核制度,建立科学、合理、规范的员工考核办法和激励机制,系统评价不同岗位员工的贡献,合理拉开收入分配差距,要最大限度地调动员工的积极性,使他们充分实现自我价值。

③建立运营管理制度体系。在竞争越发激烈的大环境下,企业要改变传统的管理模式,结合各职能部门工作特点和发挥的作用,进一步明晰权责边界,科学统筹、合理规划,形成各部门和谐发展,相互制约的良好局面;将各职能部门的高效管理与生产经营活动实际效果结合起来,实时调整,从而提升企业整体的管理质量和经济效益。

④健全适应企业需求的财务管理体制。财务管理体制改革对一个企业的发展至关重要,是连接企业各生产环节的中枢,财务管理体制是否科学、是否完善,关系着一个企业能否高效运转,关系着企业能否长期保持活力,关系着企业投资及资金能否发挥最大作用等各方面问题。只有符合企业发展实际的财务管理体制,才能使企业在生产经营过程中合理分配和利用资金,提高资金的使用质量和效率,使资金调配更科学、合理、高效。

(二)坚持目标导向、问题导向、结果导向,用正确的方式方法进行改革

企业改革时要认真梳理分析自身的实际情况,找准问题、明确目

标、用好方式方法,制定对策、对症下药。

①以市场为中心,是改革的根本方向。企业无论怎么改革,都不能脱离市场这个中心,改革经验的总结和积累,都来源于产品在市场上的具体实践;经过市场的考验,企业才能知道改革的目标是否正确、方向是否偏离、成效是否达到预期、方式方法是否得当。因此,脱离市场规律和需求,改革就不会取得成功。

②加强顶层设计,是改革的重要方法。改革需要加强顶层设计和整体谋划,企业管理层只有目标一致地规划改革、推动改革,从全局的高度和角度,全面系统加强各项改革的关联性、系统性、可行性,谋划好改革的整体思路、总体原则,明确改革的时间表和路线图,才能使改革在企业内部得到贯彻和落实,才能达到真真正正的效果。

③激励创新,是改革的重要举措。企业只有在不同行业、不同领域进行差异化探索,鼓励新思想、新理念、新技术、新方法,才能避免"守摊儿"思想、守旧心理,在企业上下形成想干事、能干事、干成事的浓厚氛围;才能结合行业差异,因地制宜、因时制宜,使改革更加精准地对接发展所需、市场所需、受众所需。

④增强改革定力,是改革的重要保证。企业要坚持改革的正确方向,不走老路,而去走适应发展和进步的新路;坚定改革信念,不等待、不观望、不犹豫,认清形势、正视困难、主动作为,变中求新、变中求破,充分认识到改革是发展的强大动力,是企业破解发展面临的各种难题、化解各方面的风险挑战的唯一路径。

(三)不为改革而改革,改不好就是瞎折腾

胆子大不是蛮干,蛮干一定会导致瞎折腾。改革要稳步推进,但怎样改、改什么很重要。只要方向正确、路径明确,改革就要大刀阔斧、真刀真枪向前推进。既要反对"忽稳冒进",也要防止"求稳怕进"。《人民日报》就曾发文表示,如果忽视稳定、一味冒进、急于求成,就会欲速则不达;反之,如果一味求稳,遇到问题绕道走、碰到矛盾就缩手,就会积重难返,矛盾越拖越多。要善于运用新理念、新思路、新方法推进企业发展,不断激发新活力、新动能。改革是发展的必经之路,但改革不是目的,解决问题才是目的,改革不好就是瞎折腾。

①为改而改就是瞎折腾。改革能为企业带来实实在在的真金白银,但有些企业把改革任务化,为了改革而改革,脱离实际去改革,纯粹把改革当成硬性任务,不去认真思考为什么改、如何改。这种浮于表面、毫无章法的改革,不仅达不到改革的目的,反而会打乱原有的秩序,给企业发展带来负面影响。这流于形式的"为改革而改革",纯属乱改,还不如不改。

②脱离实际改革就是瞎折腾。改革要科学合理,要符合企业发展实际,绝不能生搬硬套硬改革,更不能只为了落实企业管理者错误决定,不顾企业发展需要,什么都想干、样样都想抓。还有一些企业由于信息反馈机制不够完善,在改革进程中无法得到相关问题的及时反馈,就无法对改革方案进行及时完善和修正,导致改革方案逐步脱离企业实际,改革方向出现严重偏差——这不仅会使改革失败,还会在一定程度上阻碍企业的正常运转。

③朝令夕改就是瞎折腾。许多企业管理者在运营过程中会错误地认为:只有改革才能体现自己的能力和价值。在这种错误认识的驱使下,很多管理者会在条件不成熟的情况下推出改革——今天改昨天的,明天再改今天的。还有一些管理者面对改革在执行过程中遇到的问题时,大事请示、小事汇报,明哲保身、毫无担当,使一些简单的改革问题久拖不决。朝令夕改不仅会使企业增加了时间成本,错过了市场机遇,更会使员工对企业发展失去信心。

(四)通过抓实实在在的项目来促进企业的发展

①抓项目就是抓发展,抓发展必须抓项目,突出一个"抓"字。企

业只有把项目建设作为发展的重要抓手,才能有发展、有活力,有竞争力、战斗力。项目的大小多少,决定了企业兴衰成败;企业只有大抓项目、抓大项目,才能夯实企业发展根基。抓项目要抓思想。社会在不断地进步和发展,企业如果在思想上不能高度重视抓项目的重要性,就会缺少前进的动力,就会后劲儿不足,就会被"淹没"、被淘汰。只有在思想上与时俱进,企业才能不掉队、不落伍,才能有顽强的生命力和竞争力。抓项目要抓创新。面对数字化、区块链等新观念、新技术的冲击,企业要积极探索掌握新模式、新业态。新理念是企业持续发展的保证,企业只有用新理念、新办法解决老问题,用新理念、新办法解决新问题,用数字经济、共享经济、平台经济、消费经济等思维开拓新业务,才能激发新动能、迸发新活力。抓项目就要抓人才队伍。企业的改革方案、前景广阔的重点项目,都需要人才去实施;没有一支干事创业的人才队伍,项目就得不到贯彻和落实,改革的成效就会大打折扣。因此,培养和引进适应企业发展需要的经营管理人才,才能助力企业开创高质量发展的新局面。抓项目关键在抓落实。面对错综复杂的内外部环境,企业要坚定不移地推进改革调整,持之以恒地谋划项目。没有好的执行力,再好的项目也起不到促进企业发展的效果。因此,抓项目落实决不能有"松口气、歇歇脚、过稳日子"的思想,要彻底贯彻落实顶层设计,一步一个脚印地打关键仗,啃硬骨头,当好"尖刀连""排头兵",确保干好一个项目、干成一个项目。

②谋项目就是谋发展,谋项目就是谋未来,突出一个"谋"字。项目谋划,关乎企业长远发展,具体到每一个项目能否取得成效,关键也在于项目谋划。谋项目关键在谋方向。项目前期的规划设计要紧跟国家政策、踏准节奏、抓好节点,乘势而上、顺势而为,更要符合企业发展实际,脚踏实地,以系统性思维超前谋划、前瞻布局,注重项目谋划的可操作性,争取让更多的大项目、好项目落地开花。谋项目关键在谋整

体。只有经过深入调研、充分论证,才能确保项目的科学性和全面性;企业既要谋划前期建设,又要谋划后期运营,更要谋划后期管理,把控项目全过程。谋项目关键在谋成效。项目各项决策不能拍脑袋,要根据核算,科学判断、科学决策。企业要全力以赴做好项目建设的"加法",盘活存量、激发增量、优化常量、转化变量,以有品质、有效率的高质量项目,带动企业高速度、高质量发展。

③把准项目发展主赛道,突出一个"快"字。项目要向时间要成本、向时间要收益、向时间要市场、向时间要发展。项目建设一旦驶入发展的主赛道,就要千方百计抢抓时间的窗口期、政策的红利期;要鼓舞起开工即决战、起跑即冲刺的干劲儿,按下项目建设"快进键",不等不靠、主动出击、积极作为,破解项目前进道路上的"堵点""难点""痛点";要列出项目建设时间节点、路线图,倒排工期,挂图作战、专班推进。否则,不仅达不到提质增效的效果,还会增加时间成本和运营成本,人为地降低项目收益率。

④精准高效抓保障,全力推进重点项目建设,突出一个"准"字。重点项目建设事关发展和稳定,是企业赖以生存和发展的"稳定器"和"压舱石"。企业不仅需要抓紧抓实,用重点项目建设筑牢企业发展的根基和保障,以重点项目建设提升企业发展速度和质量,以严的要求、实的作风,抓准抓牢各关键要素,还需要助力重点项目的建设,助力高质量可持续发展。

第二十八讲

既要重视体制机制创新,又要注重方式方法改进

【摘要】企业要充分发挥体制机制创新和方式方法改进的双重优势,提高管理水平,强化管控力度,以实现长期可持续发展。以增强活力为目标进行体制机制创新、以靶向发力为手段进行方式方法改进,以体制机制创新带动方式方法改进、以方式方法改进促进体制机制创新,能助推企业建立相互促进、互为补充的良性循环生态系统,系统性解决"不会干""干不到点子上"等问题,帮企业实现更有效益、更高质量、更有竞争力的发展。

在改革开放的浪潮中,不少濒临破产的小厂逐渐发展成行业内的龙头企业。它们有的抓住股份制改造的机遇,制订科学合理的改制方案,建立完善的内控机制,完成从集体企业、国有企业向股份制企业的过渡;有的聚焦产权交易的市场化改革,吸引实力雄厚的战略投资者共同拓展企业的经营领域和投资空间,实现资源的优化配置和资产的保值增值;还有的调动微观经济主体的积极性、创造性,从供给侧提升产品和服务的质效,积极发展新业态、培育新动能,加快推动传统产业转型升级。

这些从激烈的市场竞争中脱颖而出的企业,拥有一些显而易见的

第二十八讲　既要重视体制机制创新，又要注重方式方法改进

共性特征：与时俱进、求真务实，既致力于体制机制的改革创新，又着力解决日常经营工作中存在的经营手段落后和管理粗放等问题，并通过不断提高执行力，提升精细化管理水平，在改革发展的快车道上寻求新突破。

一、何为体制机制？何为方式方法？

从概念范畴上讲，体制是制度形之于外的具体表现和实施形式，机制是制度加方法或者制度化了的方法；方式指言行所采用的方法和样式，方法指为获得某种东西或达到某种目的而采取的手段与行为方式。通常情况下，制度决定体制内容并由体制表现出来，机制本身含有制度的因素并从属于制度；方式是具有指导性意义的解决问题的形式，方法则是解决问题的步骤和具体的办法。

体制机制与方式方法的区别在于：方式方法往往是解决问题的一种形式和思路，它是具体的、实在的，可能会因人而异、因企而异；体制机制是在各种方式方法的基础上总结提炼出来的，它是系统化、体系化的，可能会依靠多种方式方法共同发挥作用。可以说，方式方法侧重于点，体制机制更侧重于面。想推动企业乃至整个经济社会的高质量发展，就必须做到点面结合、合力攻坚。在企业经营实际中，管理者既要通过改进方式方法来打破以往的惯性思维和传统的管理模式，妥善处理当下面临的具体问题，又要通过创新体制机制来制定规章制度，强化管控力度，推动企业实现长期可持续发展。

（一）以增强活力为目标，创新体制机制，力争解决制约企业发展的根本性问题

与方式方法侧重于具体事宜，强调巧干、会干不同，体制机制注重站在更高的视角，强调既要有"管好"的效力，又要有"激活"的功能。改变旧的体制机制，建立适合企业自身发展需要的体制机制，确保目标

利润的顺利实现,是企业进行改革创新的最终目的。1978年至今,不少企业都在体制机制创新上狠下功夫,坚持系统集成、协同高效,着力解决企业在发展中存在的要素流动不畅、资源配置效率不高、微观经济活力不强等问题,力求在综合配套推进市场化改革中实现新突破。

实践证明,以市场化改革为主线、以提质增效为中心的体制机制改革,不仅能深入推进劳动、人事、分配体制机制的创新,极大调动企业员工干事创业的积极性,还能激发企业自身活力,使管理层能积极探索更加有效的管控模式和运营机制,加快企业在重要领域、关键环节和未来产业布局上取得新突破。有的企业之所以改革效果不明显、转型发展后劲不足,是因为企业改革尚未到位,引导企业优化配置资源、提高经营效率的体制机制尚未发挥有效作用,市场化程度较低——此时的企业并不是一个真正有竞争力的市场主体和技术进步主体。

构建适合企业发展需要的体制机制是一项系统工程,不可能一蹴而就。因此,企业进行体制机制创新时,既要突出重点、抓住关键,提高更新技术、开发新产品、适应市场需求等各方面的能力,又要通盘考虑、着眼长远,发挥制度在企业发展中的基础性作用,解决制约企业发展的深层次、根本性问题,增强企业的内在活力和应对市场变化的能力,增强企业的核心竞争力和自主创新力,确保人、财、物的有机结合和产、供、销的有机衔接,确保经营活动协调、有序、高效运行。

(二)以靶向发力为手段,改进方式方法,力争取得事半功倍的效果

在企业经营管理中,方式方法科学、得当,就能使复杂问题简单化,进而取得事半功倍的效果。

可以这样认为,体制机制是"硬杠杠",方式方法是"软实力"。体制机制既包括所有制、分配制、用工制、薪酬制等多种制度,又包括运行机制、集团管控、风险管理等制度化了的方法。方式方法主要是在市场

预判、流程把控等多个管理环节中探索出来的,是解决企业发展实际问题的经验总结。想促进企业健康可持续发展就要牢记:体制机制创新是基础,方式方法改进是关键。现代企业既要建立健全与自身发展相适应的体制机制,又要在实践中不断探索总结好的方式方法,进而在运营过程中形成强大合力,助推企业在复杂的市场变化中,调整结构、优化布局,保持活力、提高效率,实现弯道超车、高质量发展。

二、发挥体制机制和方式方法优势,推动企业实现提质增效

企业能否建立起适合自身发展需求的激励机制,直接影响企业的发展。华为的"不让雷锋吃亏"式内部员工薪酬分红机制、小米的合伙人机制、申通快递的企业自运行机制、海底捞的薪酬管理机制等都是企业发挥体制机制优势,以达到激励企业成员以及生产要素所有者长期保持互助协作关系,提高企业运营效率,实现企业与职工"双赢"的目的。

科学合理的体制机制对企业的影响是全局性、根本性、长期性的。然而,一些企业虽然建立了比较完善的体制机制,仍然出现发展滞缓的情况。一旦出现这种现象,企业就要从具体的方式方法上找原因,体制机制创新和方式方法改进"双管齐下",激发员工的主动性、积极性和创造性,提高企业的创新能力和技术水平,推动企业实现提质增效。

(一)发挥体制机制优势,建立以市场为导向的现代企业制度,提高企业的竞争力和影响力

郑州煤矿机械集团股份有限公司(简称"郑煤机")就做出了尊重市场规律、适应市场竞争的体制机制改革,其发展历程可以概括为"三步曲":一是以"干部能上能下、员工能进能出、薪酬能高能低"为代表进行机制改革;二是以"产权优化"为代表进行体制改革;三是以"转型进入汽车零部件行业"为代表进行高端智能制造结构性改革。作为河

南省首批混合所有制改革、职业经理人制度改革试点单位,"郑煤机"以体制机制改革激发企业内生动力,建立了符合现代企业制度的公司治理架构,实现了股权结构多元化,完成了整体上市,拥有了国际化的投融资平台,推动煤机板块向智能化、成套化、国际化、社会化方向转变。一个运作良好的、以市场为导向的科学合理的体制机制是企业实现跨越式发展的基础。目前,已有不少企业跟"郑煤机"一样,形成了国有相对控股、境内外社会公众股、企业核心骨干持股相结合的混合多元股权结构,大幅提升了自身的市场竞争力和影响力。

发挥体制机制优势的关键是打破阻碍商品、资本、劳动力和技术自由流动的障碍,建立以企业为主体、市场为导向的制度体系,让企业真正成为市场和技术创新的主体,使创新成为企业高质量发展的强大动能。国内客车行业的龙头企业宇通客车就通过体制机制创新实现了从成长到成功的蜕变。宇通员工坚信:改革是保障,创新是关键。宇通对技术创新始终保持高度重视,不断探索代表未来发展趋势的新能源技术,并在新能源客车关键技术研发等领域不断取得突破。紧紧抓住管理创新、技术创新、产品创新,宇通不断地缩小和国外一流企业的差距;它是国内客车行业的领头羊,引领带动一批企业全力打造自主创新型高科技企业。无论是像"郑煤机"这样以产权制度为核心的企业制度改革,还是像宇通客车这样以创新为重点的企业管理改革,都是为了加快建立以市场为导向的现代企业制度,使企业在激烈的市场竞争中立于不败之地。

(二)发挥方式方法优势,推动精细化生产和精细化管理,提高企业经济效益和社会效益

想推动企业实现快速发展,就要遵循科学的方式方法。想要解决企业运营中出现的问题,就要切中肯綮。不同企业在实际经营中面临的问题各不相同,采取的应对策略也有所不同;在某个企业中行之有效

的方式方法,也许在另一个企业中产生的效果不尽如人意。从整体上看,大多数企业能够凭借先进的理念和技术,加强对管理全过程、全流程的控制,实现高效运营。生产连花清瘟胶囊的以岭药业就以强大的信息化建设为基础,对生产管理流程进行精准把控,先后投资5000万元进行企业信息平台建设,完成了协同办公、客户关系管理、人力资源管理、研发管理等多个重要信息系统建设。依托信息平台进行科学排程,不少医药企业实现了多地、多渠道快速供应协同,保证了药品的及时供应;同时,它们还在降本增效、推进医药企业供应链转型等方面进行了积极探索。

坚持从实际出发,因地制宜、因时调整地探索、总结科学的方式方法,能有效提高企业的社会效益和经济效益。反之,错误的方式方法会使企业陷入被动,濒临险境。

不难发现,有些企业的失败源于错误的方式方法:工作干不到点子上,该重点抓的工作没有去重点抓,不是重点工作却又花费了不少工夫。从某种意义上说,企业的体制机制建设如同"搭骨架",方式方法改进如同"填血肉",得当的方式方法可以在一定程度上弥补体制机制的不足。因此,企业要充分发挥体制机制和方式方法的各自优势,建立健全与发展相适应的体制机制和管理机构,采取对路的工作方法、创新的工作方式、积极的工作态度,抓好"两手都要抓,两手都要硬"的经营方针,提高风控能力,提升治理水平,为企业基业的长青奠定坚实基础。

三、以体制机制创新带动方式方法改进,以方式方法改进促进体制机制创新

一个企业能否通过改革体制机制或改进方式方法达到某个特定目标呢?明尼苏达大学经济学名誉教授里奥尼德·赫维茨在机制设计理论中提到:既要重视目标,更要重视执行问题和过程。他在2007年诺贝尔经济学奖获奖演说中强调：如果执行是不可能的或其成本不可避免的高昂，那么再吸引人的制度也只能是乌托邦。许多企业在体制机制、方式方法都适应且有效的情况下仍然陷入发展瓶颈，原因何在？答：没有发挥体制机制与方式方法两者的协同作用，或者企业根本没有下大力气去执行相关措施。企业需要通过创新体制机制和改进方式方法来建立相互促进、互为补充的良性循环生态系统，并通过不断提高执行力，提升运营能力和管理水平。

（一）聚焦关键领域和关键环节，以体制机制创新带动方式方法改进

俗话说：穿袄提领子，牵牛牵鼻子。企业在经营中，要善于统筹兼顾、把握关键，着力于制度创新，优化制度供给，集中精力抓好那些制约、影响、决定全局的主要矛盾和矛盾的主要方面，不断提高资源配置效率，扩大企业发展潜力。目前，不少企业坚持系统观念，聚焦重点领域和关键环节，在深化体制机制创新的基础上探索改进方式方法，以带动产业布局和运营模式的调整。比如，今麦郎饮品（运城）有限公司就以体制机制创新为着力点，突破传统思维定式和管理方式，利用老旧厂房的空间资源，腾出"笼子"、腾出"动能"，引进具有全球领先技术的纯净水自动化灌装生产线，推动产品及企业的转型升级。

20世纪90年代后期，中信重工被确定为重点脱困企业。公司领导班子深化以市场为导向的体制机制改革，打破僵化的用工制度，实行全员聘用，实施债转股，推进投资主体多元化，促进经营机制转换。在大刀阔斧整体推进体制机制改革的同时，中信重工抓住关键环节改进工作方式方法，加大研发环节的投入，建立工程技术、产品技术、工艺技术三位一体的研发中心，在关键零部件领域牢牢掌控战略资源，形成一批具有竞争力的优势产品，带动企业管理水平和运行质量的不断提升。以体制机制改革引领带动方式方法改进使得不少企业逐渐形成了上下

贯通、相互赋能的一体化经营管理体系,在提升管理水平和运行质量的同时,形成了创新能力强、资产效益高、发展前景广的新局面。

(二)聚焦具体问题和突出问题,以方式方法改进促进体制机制创新

对任何一项工作,都不能泛泛而论、囫囵吞枣,更不能胡子眉毛一把抓,必须抓具体、具体抓,研究具体情况、解决具体问题。管理企业更是如此,管理层必须不断改进方式方法,在求实求效上下功夫,做到想干、会干、巧干、实干,以重点突破带动整体发展,推动企业高效运行。

日本京瓷集团原名誉会长稻盛和夫就在多年的经营实践中探索创造出"阿米巴"经营法:把公司划分为若干小团体,将工厂、车间中形成的最小基层组织划分为一个独立财务核算的经营单位"阿米巴"。每个"阿米巴"都是一个独立的利润中心,集生产、会计、经营于一体;每个"阿米巴"都需自行制订计划,依靠全体成员的共同努力完成目标,即全员参与经营。这种全新的管理方式方法,便于企业根据市场变化分拆与组合各个"阿米巴",提高了资源配置效率,以点及面地促进了体制机制的创新。海尔从"阿米巴"经营法中汲取经验,提出人单合一模式,并在这个模式下进行组织创新和机制创新,推动企业生产经营达到最佳状态。在组织创新方面,海尔将组织扁平化,把"员工听命于管理者"的管理模式转变为"员工和管理者一起听命于用户"的管理模式,构建为用户创造价值的扁平化网状组织;在机制创新方面,海尔注重"参与约束"和"激励相容约束",建立让员工充分发挥自身创造力的机制,把"要我干"转变为"我要干",实现员工创新空间和自我价值的最大化。

面对数字经济高速发展的历史机遇和改革的窗口期,企业推进体制机制创新和方式方法改进是永无止境的。经营上的一些问题,并不完全是体制不顺、机制不活造成的,更可能是不当的工作方式方法造成

的。工作方式不创新、工作方法不对路、工作思路不清晰、工作态度不积极等问题的存在,会严重影响企业的发展质量和工作效率。我们既不能把方式方法问题归为体制机制问题,又不能把体制机制问题看成是方式方法问题;我们既要从改进工作方式方法入手,切实解决"能干、会干"的问题,又要以方式方法改进为切入点,促进体制机制创新,以释放体制机制红利,推动企业改革、改变、创新、完善,实现高质量发展。

　　解放生产力,就是排除、克服、革掉阻碍生产力发展的阻力、束缚、桎梏;发展生产力,就是通过激励、创新等方法,创造种种条件,引导生产力健康顺利地发展。企业可以通过体制机制创新解放生产力、发展生产力,也可以在现有体制机制没有发生根本性变革的情况下,通过不断改进工作方式方法解放生产力、发展生产力。必须清醒地认识到,企业成功的关键在于充分发挥体制机制与方式方法的双重优势;企业要通过制度创新、机制再造、方式改进等多种手段,打好"组合拳",实现更有效益、更高质量、更有竞争力的发展。

第二十九讲

强大执行力是搞好企业的重要保障

【摘要】在企业管理领域,执行力对企业的生存发展至关重要。具备强大执行力的企业不仅能实现有效管理,而且还能提高核心竞争力。企业应当立足自身实际,实事求是地找出自身执行力不强的根源。企业提升执行力应从制定科学管理制度、建立长效监督考核机制、重视正向激励、提升人的基本素质、建立优秀企业文化等方面出发,建立一整套保障执行力的体系,最终促进可持续发展。

数据显示,世界前500强企业的高管中有1000多名董事长、2000多名副董事长、5000多名总经理都毕业于西点军校,如可口可乐前总裁罗伯特·伍德鲁夫、宝洁前CEO鲍伯·麦克唐纳德、国际电话电报公司总裁兰德·艾拉斯科等人。[1] 在中国企业家队伍中,排名中国前500强的企业中,具有军人背景的企业家就有200多人,如建立通信帝国的华为总裁任正非、创立民族电器品牌的海尔前董事局主席张瑞敏、铸就中国服装名牌的杉杉股份董事长郑永刚等。[2] 这些企业家在军旅生涯中接受了洗礼,养成了过硬的意志品质、强烈的个人风格、卓越的

---

[1] 牧生:《没有任何借口》,《中国石油石化》2004年第7期,第53页。
[2] 张建华:《向解放军学管理》,《企业管理》2005年第4期,第86—89页。

管理才能——管理者的这些特质对企业产生了重要影响。

许多管理学专家认为,企业的战略和执行依然符合"二八定律",即一个企业的成功,20%取决于战略,80%取决于执行;执行力关系着企业的生死存亡,一个没有执行力的企业是不可能长久存在下去的。

由此可见,执行力是企业的生产力、生命力、战斗力、竞争力。我们怎样全面正确认识执行力、怎样充分发挥执行力的效用,对于搞好企业经营工作至关重要。

一、充分认识企业提高执行力的重要性

微软联合创始人比尔·盖茨曾一针见血地指出:没有执行力就没有竞争力;微软在未来面临的挑战就是执行力。如今的许多企业,经营策略相同,但经营业绩却相差甚远;经营思路正确,但执行起来漏洞百出;企业的会议总是议而不决、决而不行、行而无果;等等。这些在执行力方面存在的问题成为越来越多企业的管理黑洞,提高对执行力的重视已经刻不容缓。

(一)强大执行力是企业有效管理的内在要求

第一,强大执行力是保障决策落地的前提和基础。企业发展要历经初创期、成长期、成熟期和衰退期,企业在每个时期都需要进行不同的战略决策。只有具备良好执行力的企业,才可以最大程度实现科学决策的目的,才可以实现转危为机、突破瓶颈;而执行力差的企业,即便决策再科学,也难以实现所定的目标。

第二,强大执行力是激发企业管理制度效能的重要保障。制度举措只有被良好地执行了,才能充分发挥应有的效能。企业有时会出于管理需要,出台规范财产关系、组织结构、运行机制和管理规范等方面的制度举措,保障企业有序运行;但是,仅是制定企业管理制度而不去执行,就不能将科学的企业管理制度的优势充分发挥出来,长此以往必

然会导致能源与原材料消耗高,资源利用率低,浪费严重,效益低下,更严重者甚至会发生道德风险或法律风险。

第三,强大执行力可以建立一支担当负责的高素质人才队伍。执行力较强的企业,可以将平庸者锻造成优秀者,将他们培养成来之能战、战之能胜的中坚骨干力量。在较强执行力氛围的影响下,企业的运作效率、员工的执行力和员工的整体素质都会得到大幅提升。高素质的人才队伍可以大大提升员工的工作效率,会对企业的绩效产生良好的影响。

(二)强大执行力是提高核心竞争力的根本保障

第一,拥有较强执行力的企业文化是提升企业核心竞争力的关键。积极向上的企业文化,对企业发展至关重要。

丰田汽车公司成立于20世纪30年代,并在2007年成为世界第一汽车生产商;2021年销售额达16192亿元,营业利润达1546亿元。丰田汽车能取得如此大的成绩,和其自身优秀的企业文化密不可分。丰田的企业文化:挑战、持续改善、现地现物、尊重员工、团队合作。丰田汽车总裁丰田章男甚至将对企业文化的理解和执行作为选拔继任者的重要标准。拥有庞大的组织机构、遍布世界的分公司和办事机构的企业,如果没有对企业文化的坚定努力执行,根本不可能取得如此成就。

第二,发掘核心技术的强大能力是提升企业核心竞争力的重要支撑。企业在市场竞争中能够生存下来并逐步发展壮大的过程,也是其核心能力逐步形成、培育、强化的过程。从企业长期发展来看,其能持续获取收益的时间长短和数量多少,皆由企业核心能力决定;企业核心能力的重要表现之一就在于核心技术。在这个过程中,对于核心技术开发的执行程度强弱,决定了企业的未来走向。企业通过开发核心技术,形成核心产品,核心产品经过市场筛选从而成为最终产品,即企业生存的"护城河"。企业想获得长足发展,就要在自己具备优势的若干领域,培养出一个或若干个领域的核心技术,比如微软公司在计算机操作系统、网络浏览器软件、办公软件方面培养起自己的核心技术优势;佳能公司在光学、超微摄影技术和微处理器技术等核心技术的基础上生产的复印机、激光打印机、摄像机、图像扫描仪等产品。①

第三,培养强有力的管理体系是提升企业核心竞争力的重要保障。企业要想在市场竞争中长期获胜,就必须依靠核心竞争力,而核心竞争力的形成取决于企业核心资源的组织运作——这种组织运作能力,就是对管理体系的执行能力。一个企业或许会有好的政策环境,储备了一批具有创新能力的优秀人才,具有对手所不具备的市场网络;但是,这些是企业所拥有的被动资源,仅仅拥有这些资源而不去进行有效的管理,是无法实现企业目标的。企业必须利用有效的手段,将被动资源整合为一个完整的、互补的整体,形成对手无法跟进的竞争力,才能达到目标。② 为达到此目的,企业必须具备针对企业管理体系的执行能力。

二、在企业管理中执行力不强的表现及根源

当前,市场竞争日益白热化。国务院发展研究中心统计分析:2016年到2021年,企业注册注销比呈下降趋势,从2016年的6.90降到了2.75;其中,小微企业注册注销比大幅下降,降速为50%—70%。2021年中小微企业注册注销比为0.88;大部分企业的生命周期只有3年,只有10%左右的企业能坚持5年以上。在愈进愈难的大背景下,企业想要获得生存与发展壮大的机会,就必须具备执行力。

---

① 王秀峰:《企业核心竞争力的构建与扩散》,《世界有色金属》2005年第11期,第8—10页。
② 蒋蔷:《提高管理能力——形成中国民营企业的核心竞争力》,《现代情报》2002年第11期,第129—130页。

执行力不足,导致企业管理不善,造成经营失败的教训比比皆是。煤炭化工企业,因执行管理规章制度不严格,事故频发,人民生命财产受到损失的案例更让人触目惊心。

(一)执行力不强的表现

第一,执行的意识不强。执行力强不强,首先看执行的主观意识强不强。员工执行意识不强,就会表现出消极执行,"不想干""不愿干",只为"不行"找理由,不为"想干"找办法,工作能拖则拖,能不干就不干,导致"问题都知道,就是不想管";选择性执行,只挑"容易的",只选"有利的",干工作挑肥拣瘦。

第二,执行的力度不大。员工做不到"苦干""实干",看不见执行中出现的问题,令决策停留在纸面上,工作落在表面上;不把上级精神与本级的实际情况相结合,教条式地执行,对上级指示消极应付;推诿,在执行过程中相互扯皮推让,出现问题相互甩锅。

第三,执行的标准不严。表现为员工不按制度执行,凭感觉、经验做事,企业内部没有形成依法依规、依制度办事的良好氛围;对于执行标准搞变通,合则用、不合则弃,表现出机会主义的做法;监督部门对发现的问题,并没有严格依纪依规问责处罚,放任自流。

第四,执行的能力不高。员工对于问题的认知只停留在表面,缺少逻辑思维、辩证思维,剖析分解问题的症结时抓不住关键;在执行中遇到问题时,无法提出管用、有用的破解方法,缺乏创新工作思路、工作方法;不善于总结规律,在执行同类型事务时,眉毛胡子一把抓。

第五,执行的效果不好。方案计划的落实与执行不能始终如一地坚持,常常是虎头蛇尾;虽前期参与的人很多,但都无法坚持到执行的中后期,执行的效果大打折扣;被动执行,目标"高大上",口号"震天响",借口"一箩筐",干工作不推不动,甚至推而不动。

(二)执行力不强的根源

一是缺乏干事创业的氛围。执行力不强的企业,从管理层到员工都没有形成想要干事、能干事、干成事的环境氛围,人浮于事、吹吹捧捧,经营状况自然不佳。干事创业的氛围与企业"一把手"的作风密不可分。"一把手"只有具备强烈的责任心、事业心和使命感,在工作中能处处发扬"亮剑精神",以上率下,才会使执行力氛围变得浓厚,推动整个企业的发展。

二是目标不清晰。模糊的、不合理的、缺乏可操作性的战略目标,犹豫不决的"一把手",都会导致企业的经营活动缺乏导向指引,企业管理中层和基层员工不明白为何要做、要怎么做,也不明白如何做正确的事情。

三是考核不明确。过于简单的评价考核体系,无法对企业管理过程和实际问题进行针对性的考核评价,会导致考核结果与企业生产管理存在很大差距;依靠惩罚性手段的考核评价体系,会导致企业内部有关群体之间形成强烈的对立情绪,不利于企业管理形成合力。

四是制度不完善。企业管理体制机制、规章制度如存在漏洞和缺陷,就会导致执行力缺失、管理能力下降;有些企业的管理规章制度属于决策者的"形象工程"和管理者的"拍脑袋工程",没有经过充分调研论证,被执行时会出现不系统、不全面、不合理等问题。

五是奖惩不分明。没有给予有功者应有的奖赏,久而久之他就会心生怨气,产生消极懈怠情绪,失去工作的积极性和主动性;没有给予有错者相应的处罚,会让所有的员工都无视企业管理制度,久而久之企业管理就形同一盘散沙。

三、怎样提高企业执行力

商场如战场,存在着众多的不确定因素,时势变化多端,机遇和挑战复杂多变。面对这种环境,企业必须具备卓越的执行力、科学的管理制度、长效的监督机制,重视正向激励,重视提升人的基本素质,建立优秀的企业文化。

第一,提高执行力需有科学的管理制度。干一番成功的事业,需要科学理论的指导;同样,管理好一个企业,自然离不开科学的管理制度。衡量一个企业的执行力首先要看该企业是不是一个制度化的企业。制度是企业执行力建设最重要的根基;缺少制度,企业员工传达政令、贯彻战略意图时就会遇到各种阻塞。所以,建设现代化的企业,首先要做的,就是打造一个制度完善、运行顺畅、耦合严密、监督有力的综合管理体系,以提高执行力。

一套管用的规章制度,是构建企业执行力的重要保障。因为只有在这样体系的管控下,公司上下才能知道要做什么、不做什么,企业各个环节才能有效运转。不管员工是在综合管理岗,还是在生产经营一线,都要有一套规范约束、指导相应行为的规章制度。所以,企业必须具备各项完善规章制度,只有这样,才能最大限度地避免执行黑洞。

第二,提高执行力需有长效的监督考核机制。赛车手驾驶赛车极速飞驰时,总会需要一位领航员来提前告诉自己前方的路况,何时做好转弯或直线加速的准备;领航员还会负责观测赛车手的情况,及时告知赛车手调整好状态及速度方向等,以确保赛车手能在安全驾驶的前提下取得好名次。对于企业而言,监督考核机制就扮演了领航员的角色。在企业治理当中,管理者仅仅建立了各项执行制度是不够的,还应当对企业内部的执行情况进行考评、监督、问效。这种监督考核机制既可以是平行监督,如企业设立相应的监督考核机构,对有关单位的执行情况进行跟踪监督,出具有针对性的整改意见建议;也可以是上下监督,如企业决策管理层对执行层执行进度进行问质问效,适时给予控制调整建议,执行层也可以对决策管理层提出意见建议。在企业内部形成的上下监督、平行监督的全方位监督网络，能真正提高企业执行力。

人总有惰性，系统总有漏洞，制度总有疏漏；如果没有监督考核机制，那么企业就相当于脱缰的野马、失控的汽车，横冲直撞，最后不仅给自己带来损害，还将给周边产业带来灾难。所以，建立监督约束考核机制势在必行。增强监督约束考核是推动发展战略落地、规章制度执行的有效手段，也是改进企业风气、树立企业文化的重要举措。企业要持续不断地增强监督约束考核的科学性、针对性、实效性，不断改进工作方式方法，真正让它起到指挥棒、风向标的作用。

第三，提高执行力需重视正向激励。"要让马儿跑，就要让马儿吃饱"——讲的就是付出要有回报，努力就要有正向激励的道理。世界500强宝洁公司，它的激励措施就比较多元：如物质激励，提升表现良好的员工工资，给予他股票奖励，甚至房产奖励；精神奖励，颁发荣誉证书、公众表扬等。这些富有个性化和人情味的奖励，使员工直接感受到公司和上级对自己的关注，拉近了员工和公司的距离，使员工以企为家，干劲十足，充分贡献自己的力量。

因此，建立科学公正的激励机制对提高员工工作积极性至关重要。个人发展、人际关系、薪酬福利和工作环境等都是员工较为看重的东西，企业管理者可以在这些方面下手，以凝聚人心、提升执行力。如在奖金的设置方面，可以细化奖项，除绩效奖、全勤奖之外，还可以加上单项指标奖、综合指标奖、进步奖、突出贡献奖、好人好事奖等，搭建起让员工有明确奋斗目标的平台，强化正向激励作用。此外，还可以加强对员工的福利保障，在常规保障之外，加强对员工的生活关怀，让员工感受到集体大家庭的温暖与照顾，从而使员工全身心地投入事业发展。

第四，提高执行力需提升人的基本素质。执行是依靠人去实施的，所以要保证有效的执行力必须要有高素质的人。作为一个合格的、高素质的职业人，至少应该具备3方面条件：一是具有强烈的责任心和无私奉献的精神;二是具有良好的职业素养;三是具有职业所需的专业技能。即全体人员要做到"想干""愿干",切实增强理想信念,敢担当、善作为、扛重活,提高执行力,心中有理想、眼中有大局,增强干事创业的积极性、主动性,变"要我干"为"我要干""我愿干""我想干";要做到"会干""巧干""干到点子上",增强创新意识,学习掌握多种经营理念、商业模式;做到"苦干""实干",增强目标意识,不摆花架子、不搞形式主义,真刀真枪干出真样子,确保各项任务圆满完成;要做到"咬紧牙关干""拼了命地干",增强干事创业的拼搏意识,始终保持昂扬向上的奋斗姿态。

第五,提高执行力需有优秀企业文化。企业文化作为一种隐性的力量,看不到、摸不着,甚至让人感受不到它的存在,但又无时无刻不发挥着它的魅力。成功的企业,都有它自己独特的企业文化,就像华为的"狼性"文化,丰田的"准时生产"文化,大疆的"科技推动人类文明进步"的文化等。企业文化可以说是企业信仰、共同价值观和全体员工的行为规范,它深刻影响着企业的经营风格、员工的行为习惯。所以,只有在良好的企业文化当中,执行力才能落地生根,具有生命力。

执行力的提升确实需要一定的企业文化来支撑;有执行力的企业一定有优秀的企业文化,也只有在这种企业中,成员才能脚踏实地地做事。企业文化是可以被塑造的,它可以由企业的员工共同参与讨论形成;同时,它可以通过一系列行之有效的手段,反过来传达给企业的每个员工。只有良好的企业文化,才能使来自五湖四海的企业员工接受共同企业文化的熏陶教育,培养凝聚共识,为了企业的愿景、使命、价值观和个人的成长成才而努力奋斗。

第三十讲

建立高效科学运行机制，完善现代国有企业制度

【摘要】 建立高效协调的企业运行机制，是中国特色现代企业制度建设的重要内容，也是深化国有企业改革的重要任务。作为国有企业法人治理的核心，党委会、董事会、经理层这个"两会一层"运行是否科学高效，决定了现代企业制度能否真正建立。本讲结合我国现行的国有企业管理制度政策，在深入总结国有企业运行特点和实际的基础上，深刻分析了国有企业"两会一层"运行实际中存在的问题，详细阐述了"两会一层"的职责定位，并就如何建立高效协调的"两会一层"运行机制提出了建议。

法人治理结构是现代企业制度的核心，是企业高效有序运行的重要保障。国有企业特别是国有独资公司党委会、董事会、经理层这个"两会一层"，又是国有企业法人治理的核心。（当下国有企业不再设立监事会，因此，原来的"三会一层"就演变为"两会一层"）国有企业要建立科学高效的运行机制，就要深刻认识并着力解决"两会一层"运行中存在的问题，明晰"两会一层"的权责边界，根据企业实际确定"两会一层"各治理主体的运行机制，推动"两会一层"的协调运转，既不相互替代、也不越位越权、更不拆台掣肘，使决策更科学、执行更坚决、监督

更有力。结合国有企业运行实际,本讲提出如下分析与建议:

一、国有独资公司党委、董事会、经理层运行机制不畅,弱化了中国特色现代企业制度治理效能

经过多轮国有企业体制机制改革,目前多数国有企业已经初步建立了中国特色现代企业的制度框架,设立了较为健全的党组织、股东会(国有独资公司不设股东会)、董事会和经理层,明确了党组织和公司各治理主体的权利和责任。党组织发挥领导作用,把方向、管大局、促落实,依照规定讨论和决定企业重大事项;董事会是决策机构,定战略、作决策、防风险;经理层是执行机构,谋经营、抓落实、强管理。但从工作实践看,我国国有企业特别是国有独资公司的法人治理结构仍不完善,有的企业治理主体健全但未能充分发挥其作用,权责不清、运行不畅、授权不足、缺乏制衡等问题较为突出,主要表现在以下方面:

(一)党管干部原则与现代企业制度衔接不到位

按照《中国共产党党组工作条例》,企业党组成员的任免,按照干部管理权限执行,更多地适用于党政领导干部的选拔;而择优录取、竞争上岗、专业过硬则是现代企业制度对企业领导人员的具体要求,两者要求的重点不同。党对国有企业的领导权,主要是通过"双向进入、交叉任职"的领导体制来实现的。一般情况下,国有企业党委书记兼任董事长,党委委员通过法定程序进入公司董事会和经理层,董事会和经理层中的中共党员,按照党章规定程序进入企业党委。而且,党管干部的总原则和《中华人民共和国公司法》规定的企业干部产生办法有一个有机的衔接:董事会聘任总经理,总经理提名副总经理和关键岗位的中层干部。"双向进入、交叉任职"的干部管理方式,对国有企业管理者的综合素质要求较高。如主要管理者缺乏企业管理经验,就会出现其经营理念、管理方式难以适应现代企业制度要求的情况。

（二）"两会一层"权责不够清晰

"两会一层"是国有企业治理体系的重要构成，相关政策法律对各个治理主体的职能定位都做了明确的规定、提出了原则性要求。但是在执行过程中，一些国有企业对"两会一层"职责认识不到位，有的没有制定党委、董事会、经理层的权责清单；有的制定了权责清单，但是权责清单难以体现各治理主体的职责定位，或权责清单照搬照套、不符合企业发展实际，出现职责错位、不够协调、运转掣肘、监督无力等问题。比如，有的国有独资公司党委既发挥领导作用，决定"三重一大"事项，也决策一般经营工作，甚至还执行日常经营事务，代替了董事会、弱化了经理层，治理主体权力不明确、责任不清晰，导致决策、执行、监督错位。

（三）企业"一把手"权力过于集中

一般而言，企业党委书记、董事长为同一人，是企业的"一把手"，企业"三重一大"事项决策一般都由党委会、董事会研究确定。"一把手"作为班长，毋庸置疑在企业决策过程中起着非常重要的作用，这会导致"一把手"权力过于集中的问题。比如，有的企业虽然出台了较为完善的制度体系，但是执行不到位，有制度、无落实的情况普遍存在，决策时，不能严格按制度履行决策程序，大事小事都由"一把手"来决定；还有一些企业在进行重大事项的决策时，班子成员盲从"一把手"，个人真实意愿在决策中得不到充分表达，影响了民主集中制、票决制等决策机制的落实。

（四）董事会运行不顺畅

有的企业常年不召开董事会会议，或者没有制定科学的董事会议事规则，董事会研究事项由董事长根据情况确定——这样容易出现应由董事会决策的事项没有上会研究，不需由董事会决策的事项却上会讨论的情况。有的企业甚至仅在上级要求或工商登记、业务需要时才以传签等方式补签董事会决议,董事会流于形式。

(五)董事会授权不明确

一个企业如果没有董事会对经理层的授权机制,就会导致经理层执行的管理范围、权利责任、运行机制等不够明确,容易出现经理越位、缺位等现象,经理层难以充分履行谋经营、抓落实、强管理的职责;同时,没有建立董事会对董事长的授权机制的话,事事都要董事会研究决定,这会影响企业决策效率。还有的企业用董事长决策代替董事会决策,存在着个人说了算的现象。

二、明确国有企业党委、董事会、经理层职责定位,确保治理主体各司其职、各负其责

(一)国有企业党委发挥领导作用,切实履行"把方向、管大局、促落实"职责

企业党组织是中国特色现代国有企业制度的重要组成部分,发挥把方向、管大局、促落实的作用。完善中国特色现代企业制度,关键是要抓住党的领导与公司治理相结合这个关键,使党的领导与公司治理高度统一、有机融合,充分发挥国有企业党委的领导作用。"中国特色现代国有企业制度,'特'就特在把党的领导融入公司治理各环节,把企业党组织内嵌到公司治理结构之中,明确和落实党组织在公司法人治理结构中的法定地位,做到组织落实、干部到位、职责明确、监督严格。"要把加强党的领导和完善公司治理统一起来,就必须把党的领导融入公司治理各环节,推动企业党委参与经营管理工作,明确党委在决策、把关、监督各环节的权责和工作方式,实现制度化、规范化和程序化。

"把方向、管大局、促落实"是关于国有企业党委基本定位的一个顶层抽象原则,不同国有企业的党组织在贯彻落实这一基本原则时,都

要结合本企业实际进行深入思考、具体分解、全面细化,不能囫囵吞枣,也不可能整齐划一、一模一样——只有这样才能充分发挥党组织的作用。通常而言,国有企业党委坚持"把方向、管大局、促落实",要做到以下几个方面:

①坚持"把方向",确保方向正确。《十九大党章修正案学习问答》这样解释"把方向":要自觉在思想上、政治上、行动上同党中央保持一致,坚决贯彻党的理论和路线方针政策,确保国有企业坚持改革发展的正确方向。

一要把握政治方向,要坚持和落实中国特色社会主义根本制度、基本制度、重要制度,教育引导企业全体党员始终在政治立场、政治方向、政治原则、政治道路上同以习近平同志为核心的党中央保持高度一致。

二要把握思想方向,学习宣传党的理论,做好重大思想动态的政治引导,形成强大的思想统一力量、宣传号召力量,把握整个国有企业的思想方向。

三要把握生产经营和改革发展方向,将企业改革向纵深推进,要确保企业生产经营紧跟国家经济政策发展大势,确保国有资产保值增值。

四要把握用人方向,加强对企业选人用人的领导和把关,抓好企业领导班子建设和干部队伍、人才队伍建设,树立人才观念,建立选拔标准,真正为企业挑选出政治过硬、能力突出、素质高尚的人才队伍。

国有企业党委履行好"把方向"职责,一要把牢党对国有企业领导的要求,准确把握政治方向,充分发挥国有企业党委的政治核心作用;二要加强对国有企业改革发展趋势的研究,深刻把握国有企业改革发展方向,增强"把方向"的专业能力;三要坚持将企业党的建设与生产经营工作融为一体,把提高企业效益、增强企业竞争力、实现国有资产保值增值作为企业党委工作的出发点和落脚点。

②突出"管大局",谋划全局工作。"管大局"就是要求国有企业党

委站在国家发展大局中思考和处理企业问题,具有对重大事项的把控、重点问题的解决能力,确保企业高效运转、安全稳定。企业党委要根据有关规定,明确直接研究决定的重大事项和前置研究讨论的重大事项。

要把"管大局"功能定位落到实处,关键是要科学合理界定"大局"这个概念。笔者认为,国有企业党委管的"大局",体现在前置研究上,要聚焦以下几个方面:

一是研究企业重大事项时,要站在立足新发展阶段、贯彻新发展理念、构建新发展格局的高度,研判实施的事项是否符合国家发展战略和产业政策、是否符合高质量发展的要求。国之大者是国有企业最大的大局,国有企业党委必须胸怀国之大者;只有管好、管住这个大局,才能更好发挥国民经济"顶梁柱""压舱石"的作用。

二是科学研判企业实施的事项是否能增强企业的竞争力、创新力、控制力、影响力和抗风险能力——这些都是企业核心竞争力的体现。

三是深入研究实施的事项是否符合企业的长远利益。相较于企业的眼前利益、短期利益,关系到企业5年甚至10年的发展道路、关系到企业生存发展的基础能力建设等的长远利益就是企业发展的大局,当企业的长远利益和短期利益产生矛盾冲突时,国有企业党委要更加关注企业的长远利益。

四是在前置研究时,国有企业党委要注重考虑企业的全局利益;相对于局部利益而言,全局利益就是企业的大局。比如,企业集团通常由很多二级、三级子企业构成,每家下属企业都有自己的利益和诉求,它们都会站在自身的角度考虑问题;但是从企业集团的角度看,实现集团整体价值最大化就是企业集团的大局。在集团子企业利益与集团总体利益不一致时,党组织要坚定维护企业集团的整体利益,使局部利益让位于整体和全局,有时甚至还要牺牲局部利益来保障实现全局利益。

五是在处理问题时,要坚持把解决企业主要矛盾作为大局,管大局就是要管好主要矛盾。在不同时期,企业面临的主要矛盾是不同的,如有的企业面临的主要矛盾是开拓市场、做大规模,企业党组织在研究前置事项时,要看实施的事项是不是能够形成新的增长点、壮大企业规模。主要矛盾是活力不够时,企业党组织就要关注实施的事项是不是能够激发活力;存量资源效率不高时,企业党组织要把工作重点放在盘活存量资源上;等等。

需要注意的是,国有企业党委管的是大局,并不是所有琐事,要既不越位、也不缺位。具体来说,应当明确党委直接研究决定的重大事项和前置研究讨论的重大事项。就党委会前置研究而言,列入研究讨论的议题应该仅限于"三重一大"范围,不能管得过宽过细,不能代替董事会、经理层发挥作用。前置研究事项如果没有原则性问题,应及时提交董事会和经理层决策、实施、落实。

在具体程序上,党委参与决策重大事项时,一要做好决策准备,在决策前认真开展调查研究、广泛听取相关意见;二要做好集体决策,在决策过程中,党委成员要进行充分的集体讨论,不可盲从,要向董事会或经理层提出党委的集体意见;三要做好事后监督协调和决策落实,在作出决策后,党委要充分发挥战斗堡垒作用和党员的先锋模范作用,协调和调动各方面力量把各项决策正确地贯彻落实到实际工作中。

③做好"促落实",督促保障决策部署落地。所谓"促落实",从字面上理解,就是督促、促进、推动的意思,即贯彻执行好党的路线方针政策,协助主角来完成既定的目标,这也就明确了党委不是企业生产经营的直接实施者。党委是生产经营的中心,它应起到促进作用,帮助企业经理层将经营管理任务落实完成好。

首先,企业党委要为经理层履职保驾护航。经理层是落实企业经营任务的核心主体和直接责任承担者。在落实企业工作任务过程中,国有企业党委不是实施者而是促进者,是督促、推动、落实的主体,它要主动帮助经理层完善和落实条件,从而使经理层更好地完成工作。比如,经理层在推动工作时,需要上级支持和政策协助,这时,企业党委要帮助经理层完善和落实这些发展的必要条件,推动经理层更好地履职尽责。

其次,国有企业党委要充分发挥自身的独特组织优势,配合上级党委、下级党支部(总支)、兄弟企业党组织,帮助企业动员和利用更有利于发展的财务资源、业务资源和人力资源,督促、帮助经理层抓好经营管理各项工作的落地落实,促进各项重要决策事项实施到位。

最后,国有企业党委还要通过组织干部考核等形式,衡量评估经营管理岗位上的干部的履职情况,通过人员考核促进任务落实,推动企业在内部营造良好的创业氛围,激发动能、释放潜能,推动企业各项目标的实现。

国有企业党委想抓好"促落实"工作,一要抓子公司负责人等关键少数,以选优配强子公司领导班子,强化企业人才支撑;二要抓重点工作、重点项目,以促进企业圆满完成各项目标任务;三要抓检查监督,以推动制度落实,确保企业重大决策部署落地见效。

(二)国有企业董事会发挥决策作用,依法履行"定战略、作决策、防风险"职责

董事会是企业的经营决策主体,依照法定程序和公司章程决策企业重大经营管理事项。国有企业董事会也是链接企业内部相关治理主体的重要桥梁,是企业治理制度完善的关键。因此,发挥好董事会职能,对于企业健康发展至关重要。

①围绕"定战略",引领企业发展壮大。所谓"定战略",就是加强企业战略规划的研究、制定、实施和完善,对企业的长期战略规划和战略性投资进行研究,推动企业的战略规划落地实施。同时,为强化战略落实,董事会应以顶层战略为依据,制定各专项领域的分战略,将顶层

战略的发展方略、战略目标、战略举措进行分解和细化,形成可量化的考核指标,促进长期战略落地。

"定战略"摆在董事会三项职责的第一位,是董事会的首要职责。董事会要完成好定战略的工作,一要建立战略研究和实施机构,比如设立董事会战略委员会、战略管理部等机构,专职负责企业战略的研究制定和推动落实;二要把战略规划的制定和实施放在同等重要的位置,既注重战略规划的制定,也注重战略规划的实施,而不能仅仅把战略规划印在书上、挂在墙上,忽视了战略规划的组织实施;三要统筹好企业长期发展战略和近期发展战略的关系,以实现企业的长期可持续发展,确保企业近期经营平稳。

②聚焦"作决策",确保企业决策科学有效。根据《中华人民共和国公司法》以及国有企业管理有关文件精神,董事会作为企业的决策中心,对企业经营计划、重大投融资事项、年度财务预决算、重要改革方案、内部机构设置等重大经营管理事项进行决策,并督促经理层高效执行企业决策事项。我们要把董事会的重大决策,与企业党委的决策把关、前置研究职责区别开来。党委进行前置研究,重在把关该事项是否与中央精神保持高度一致、是否坚决贯彻了党的理论和路线方针政策、是否坚持了正确的发展方向等,同时应提出相关意见和建议;董事会则更加关注决策和论证分析,董事会成员应依据各自专业背景,重点分析决策事项的可行性、经济性、必要性和社会性,对相关议题提出合理化意见,并最终做出科学、专业的决策。

董事会在进行决策时,要注意履行好以下程序:一是在董事会决策前,要做好会议筹备工作,重大决策要进行专项的研究论证,董事会成员要按照规定提前审议会议议题,临时动议一般不列入决策事项,确保决策的科学性和专业性;二是一些较为重要的决策事项,有必要在会前与其他治理主体进行充分的沟通,实现决策与执行的有效贯通;三是董事会成员在决策表态时,要充分发表意见,避免班子成员决策时的盲从行为。

③切实"防风险",守住企业发展底线。防范化解经营风险是董事会的重要职责之一,董事会要推动企业完善风险管理、内部控制、合规管理、违规经营责任追究等风险防控体系,有效识别研判经营风险,推动防范化解重大隐患。董事会可根据企业实际,下设审计与风险管理委员会,研究确定风险管理、合规、审计等风险防范化解重点工作,严守不发生重大风险的底线。

董事会在履行"防风险"职责时,首先,要在决策环节提升防风险能力,聚焦市场风险,提出合理化建议,当业务拓展与经营风险之间出现矛盾时,必须毫不动摇把风险防范放在首要位置;其次,要构建完备的风险防范制度体系,筑牢风险管理的防线和底线;再次,要在日常经营过程中,定期听取审计、合规、内控、财务等部门关于风险防范情况的报告,及时准确梳理排查各类经营风险,并采取相应防范化解措施;最后,要根据企业经营实际划定风险防范重点,聚焦关键业务、改革重点、资本运营、投资并购等方面,建立数字化、智能化风险监测预警机制,提高对经营环境变化、发展趋势的预判能力,增强风险防范措施的有效性和针对性。

(三)国有企业经理层发挥经营管理作用,充分履行"谋经营、抓落实、强管理"职责

经理层是公司的执行机构,主要执行董事会决策、开展日常管理和进行业务指挥。企业要按照国企改革3年行动方案关于"保障经理层依法行权履职,严格落实总经理对董事会负责、向董事会报告的工作机制"的要求,要推动并保障经理层依法履行相关职权。

①注重"谋经营",抓好企业日常工作。经理层谋经营,就是具体谋划、筹划企业的经营管理工作。谋划的过程,就是形成策略、形成方案、形成思路、形成建议的过程。在企业各治理主体中,经理层是最熟

悉企业经营状况的；它要在企业党委、董事会领导下，谋划经营工作策略、方案，提出经营工作思路、建议，按程序报党委、董事会审批决策。结合《中华人民共和国公司法》和企业经营实际，经理层谋划的主要工作应包含拟订内部机构管理方案，拟订投资计划、基本制度、改革方案、战略规划、投融资方案，拟订年度预算和薪酬分配方案等。

经理层谋划经营工作，要注意统筹好长远和当前、宏观和微观的关系。一方面，经理层既要谋划企业长远工作，又要谋划企业当前工作，协同推进企业达成长远目标和短期目标，实现企业健康可持续发展；另一方面，经理层既要谋划企业宏观工作、大局工作，又要谋划微观工作、具体工作，整体协调推动企业的高质量发展。

②严格"抓落实"，确保决策落到实处。抓落实，就是抓牢、抓实企业经营的目标任务，持之以恒、想方设法、创新思路，将党委、董事会的决策部署落到实处——这类事项一般都在经理层权责范围内，是执行生产经营决策权，经理层可以在有关程序规定下，独立确定、制定、决定此类事项。根据《中华人民共和国公司法》和企业经营实际，经理层要抓的事项，主要包括主持企业的生产经营管理工作，组织实施董事会决议，组织实施年度经营计划和投资方案，确保经营业务合同的有效执行，根据企业各部门情况调配经营资源，根据员工贡献程度对一般员工进行考核奖惩，等等。

"抓落实"职权的实施，就是将企业决策思路和战略意图变成现实的具体行动。经理层是"抓落实"的责任主体，要通过授权或权责划分来获取指挥调动、分配资源的权力，它在经营行动组织实施过程中具有一定权威性，对一般事项能够现场下命令、现场做部署，因为这样它才可能抓得住、抓得牢、抓得实。企业要健全经理层抓落实的具体工作机制，保障经理层有效行权履职；企业还要落实总经理报告制度，总经理应定期向董事会报告经营管理工作执行情况，形成工作闭环。

③聚焦"强管理",提升企业治理效能。强管理,就是增强、巩固、提升企业的管理能力,以管理促发展、向管理要效益。作为经营工作的直接参与者,经理层处在管理一线,更加了解企业经营状况和管理实际,也能够更加有效地履行"强管理"职责。一方面,经理层在执行党委、董事会决策时,要相应调整优化管理举措,通过管理创新推动保障企业决策落地见效;另一方面,经理层要根据现代企业制度建设要求,持续强化营销管理、成本管理、流程管理、组织管理等企业内部管理体系,不断提高企业管理的精细化水平。

经理层要履行好"强管理"职责,就必须通过党委会、董事会授权一定的管理权限;企业应制定授权清单,明确哪些管理事项由经理层负责,要求经理层在授权范围内强化企业内部管理。

综上,党委、董事会、经理层作为企业治理的主体,既各负其责、各有侧重,又相互衔接、相互协同,共同推动企业实现高质量发展。党委、董事会、经理层都有抓好企业经营管理工作的职责,它们根据各自职能定位,在企业经营管理的不同环节发挥不同作用。比如,在决策实施重点项目时,企业党委负责把好经营工作的发展方向,重点审查项目是否符合国家发展政策;董事会审查项目是否符合企业发展战略,对项目上马与否进行决策,并着力防范项目经营风险;经理层则统筹项目实施,对项目可行性提出意见建议并报党委、董事会研究决定,还负责具体组织项目的实施。

三、完善国有企业党委、董事会、经理层运行机制,构建中国特色现代企业运行体系

(一)企业党委班子成员科学分工、齐心协力,共同履行党建工作和生产经营"一岗双责"

企业党委在企业中发挥领导作用,实行集体领导和个人分工负责

相结合的制度,依照有关规定讨论和决定企业重大事项。党委分工是否科学,决定了党委决策是否科学;科学的党委分工,能够更好地发挥党委把方向、管大局、促落实的作用。国有企业法人治理结构有关文件对企业党委分工做了一些原则性规定,比如:董事长、总经理原则上分设,党组织书记、董事长一般由一人担任;坚持和完善双向进入、交叉任职的领导体制,符合条件的党组织领导班子成员可以通过法定程序进入董事会和经理层,董事会和经理层成员中符合条件的党员可以依照有关规定和程序进入党组织领导班子;等等。这意味着,相当一部分企业党委班子成员须同时履行党建工作和生产经营双重职责,承担着推动党建工作和生产经营深度融合的使命。结合国有企业管理实践,企业党委班子成员应履行以下分工职责:

①党委书记、董事长履行第一责任人职责。国有企业党委书记、董事长一般由一人担任,这个人既是党建工作第一责任人,也是生产经营工作第一责任人;他既要代表企业党委把稳方向、管好大局、督促落实,又要履行董事会定战略、作决策、防风险的职责。党委书记、董事长作为企业"一把手",负责企业的全面工作;但由于个人精力有限,根据职责分工,应侧重于议大事、谋长远、管大局。

②党委副书记、总经理代表党委负责企业生产经营管理工作。根据《中国共产党国有企业基层组织工作条例(试行)》关于"党员总经理担任副书记"的要求,国有企业总经理是党员的,一般应兼任党委副书记。因此,在党委内部分工时,兼任总经理的党委副书记,应在党委领导和授权下谋划生产经营工作,代表党委统筹具体经营工作,并向党委提出科学专业的意见建议,助力党委发挥把方向、管大局、促落实作用。

③专职副书记参与重要经营活动。根据《中国共产党国有企业基层组织工作条例(试行)》关于"中央企业党委(党组)配备专职副书记,专职副书记一般进入董事会且不在经理层任职,专责抓好党建工

作。规模较大、职工和党员人数较多的中央企业所属企业(单位)和地方国有企业党委,可以配备专职副书记"的规定,和有关文件"大型省属文化企业要设立1名专职抓党建工作的副书记"的要求,地方国有独资公司,特别是大型省属文化企业,应配备专职副书记,专责抓党建工作;参照中央企业,专职副书记进入董事会,参与企业经营决策,但不在经理层任职。为推动党建工作与生产经营的深度融合,使专职副书记能更好地履行企业党的建设的直接责任,专职副书记除应参加董事会外,亦可列席总经理办公会等会议,详细了解生产经营工作的决策和执行情况,充分发挥促落实作用。

④纪委书记依法履行监督职责。企业纪委书记履行监督执纪问责职责,协助党委推进全面从严治党、加强党风建设和组织协调反腐败工作,规范企业经营行为,助力防范化解经营风险,推动企业健康发展。根据《中国共产党国有企业基层组织工作条例(试行)》"国有企业党委(党组)班子中的内设纪检组织负责人,一般不兼任其他职务,确需兼任的,报上级党组织批准"的规定,纪委书记不在董事会、经理层任职,不具体参与企业决策和经营。但为强化纪委的监督作用,纪委书记除作为党委委员出席党委会外,还可列席董事会、总经理办公会以及研究决定生产经营重大事项的其他会议,并发表监督意见;监督的重点是经营工作是否存在违纪行为,是否存在经营风险等。

⑤党委班子成员履行"一岗双责"职责。国有企业党委班子其他成员,应根据企业实际进行科学的分工,充分履行"一岗双责"职责,推动党建和生产经营工作相融合,切实加强党对国有企业的全面领导,有效履行把方向、管大局、促落实职责。

(二)明确党委和董事会决策事项清单,提高决策和运转效率

有关国有企业法人治理结构的文件要求:坚持和完善双向进入、交叉任职的领导体制,企业党组织成员与董事会成员可以重合。国有独

资公司运行中,考虑到企业党委成员和董事会成员重叠的实际,为进一步提高决策和运转效率,推动党的领导和公司法人治理相结合,使党委和董事会不相互替代、也不各自为政,应制定党委或董事会决定的"三重一大"事项清单,明确决策的范围、程序和时间要求,将"把方向"和"作决策"有机结合。

党委成员和董事会成员高度重叠的国有独资公司,应对党委决定以外的"三重一大"事项,合并召开党委会和董事会会议,以党委董事会联席会议等方式进行决策。参照党委会和董事会会议表决方式,联席会议实行集体审议、独立表决、个人负责的决策制度,一人一票表决。

党委成员和董事会成员重叠度不高、存在外部董事的企业,为了提高决策效率,需要党委和董事会来分别研究决策的同一项议题,可在充分的沟通酝酿基础上,将党委会前置研究和董事会会议决策安排在同一天,按次序分别履行决策程序,并按规定作出会议决定,形成会议记录和纪要。

(三)按照"三重一大"决策要求,明确党委研究讨论是董事会、经理层决策重大问题的前置程序

根据"三重一大"决策制度实施办法要求,"三重一大"事项中除贯彻党的路线方针政策、干部选拔任用、党的建设等由党委决定的事项外,其他由董事会、经理层决策的事项应履行党委前置研究程序。前置研究是党委履行把方向、管大局、促落实职责的重要方式。

(四)党委会、董事会研究的经营管理议题,由副书记、副董事长、总经理受党委会、董事会委托,组织相关部门讨论后提出

可在党委会前置研究讨论的重大经营管理事项,一般由董事会、经理层提出建议,经党委书记同意后提交党委会研究讨论的前提下,结合党委会和董事会会议合并召开的实际,须党委会、董事会会议研究的经营管理事项议题,应由副书记、副董事长、总经理受党委会、董事会委

托,组织相关部门讨论后提出,并报党委书记、董事长审定后提交会议研究。会议作出决策后,经理层组织实施会议决议,并向党委和董事会报告决议落实情况。

(五)实现决策层与执行层权责的分开

可在推进公司决策层与执行层分开,减少董事会和经理层成员之间交叉任职的前提下,明确除总经理外,董事会和经理层不交叉任职,确保决策层和执行层的分开,即二者各司其职、互不替代、互不干涉。董事会制定发展战略、作出经营决策、防范经营风险,对经理层依法进行管理,但不干预经理层日常经营;经理层负责企业日常生产经营管理,执行董事会决议,接受董事会管理和内部监督。

(六)明确董事会对经理层的授权事项

国有企业三年改革行动方案明确提出:到2022年,国有企业全面建立董事会向经理层授权的管理制度,依法明确董事会对经理层的授权原则、管理机制、事项范围、权限条件等主要内容,充分发挥经理层经营管理作用。《中华人民共和国公司法》虽对董事会、总经理法定权责范围进行了清晰界定,但未对其法定权责外的权利义务作规定,企业可根据经营实际自主确定相关权利义务。根据国有企业三年改革行动方案精神,企业应结合国有企业实际,制订完善董事会、总经理办公会等会议议事规则,对投资权限、项目决策流程、人事任免等管理边界进行确权;董事会应根据工作需要,将一部分职权特别是将重大额度以下的经营决策授权给总经理,以明晰董事会、总经理享有的权利和应承担的责任;总经理经由董事会授权,以总经理办公会或专题会等形式进行决策,同时承担相应责任,董事会法定的职权,不应授权给经理层。

(七)落实总经理负责制

集团公司应实行董事会领导下的总经理负责制。即总经理对董事会负责,主持集团公司的经营管理工作。

①总经理负总责。总经理代表企业从事日常生产经营活动,管理企业的各项经营业务,并对企业的经营业务效率和结果负总责。

②经营班子向总经理报告工作。总经理领导下的经营班子所有成员,在其职责分工范围内向总经理负责,向总经理报告工作。

③通过总经理办公会议事。总经理办公会是总经理决策经营管理事项的一种议事方式。总经理通过总经理办公会等方式,行使管理企业的权力。

(八)落实经理层选人用人权

《中华人民共和国公司法》规定:总经理提请聘任或者解聘公司部门经理,决定聘任或者解聘应由董事会决定聘任或者解聘以外的管理人员。落实经理层选人用人权,保障总经理对副总经理等高级管理人员的提名权和对其他经营管理人员的自主选用权。

(九)"两会一层"运行模式的建议

根据有关规定,国有独资公司董事长、总经理原则上分设,党委书记、董事长一般由一人担任,党员总经理一般兼任党委副书记,且在工作实践中一般担任副董事长。由于企业管理实际各不相同,董事长和总经理作为国有企业法人治理的两个关键人物,其权责划分决定了企业法人治理的成效。在现有国有企业法人治理体系中,如何明晰董事长和总经理的权责?具体经营管理工作由谁来统筹?如何处理决策、统筹和执行的关系?笔者根据国有企业管理实践提出两种运营模式的建议。

①第一种模式:董事长主导并统筹企业运行,总经理负责执行落实。

党委书记、董事长为同一人,主导企业的运行,统筹企业经营管理工作;通过主持召开董事会对公司重大事项进行决策,又对重大事项的立项、研究、论证、决策等进行全过程统筹。总经理是企业的执行层,根据职责定位把工作重心放到如何抓好落实上,确保实现公司各项决策部署,完成公司确定的任务目标。在这种模式下,总经理应把重点放在如何谋划经营决策的落实上、如何强化各项管理举措的落地上,即侧重谋划具体经营工作、强化具体事项的管理。

该模式优点:董事长既主导企业决策,又统筹具体工作,决策管理扁平化,企业运营效率较高;总经理可以把精力集中在如何抓好决策落实上。

该模式缺点:董事长既研究企业决策事项,又统筹具体经营管理工作的话,由于精力有限,难免顾此失彼;企业的决策与执行相容性较差,可能导致决策脱离经营实际,不够科学、不够专业,执行者对决策理解不深刻、执行不到位;一定程度上会降低经理层的工作积极性和主动性。

②第二种模式:董事长侧重议大事、谋长远、管大局,总经理在党委、董事会的领导下统筹经营管理工作并组织实施。

这种模式下,董事长通过主持召开董事会,定战略、作决策、防风险,把工作重心放在企业发展战略、重大事项决策和防范企业经营风险等方面;总经理则通过谋经营、抓落实、强管理,既抓好企业经营决策的落实,也统筹企业各类经营管理事项,对企业重大决策进行立项、研究、论证,组织落实企业具体经营管理工作。这种情况下,总经理谋经营谋划的是企业的长远工作,强管理强化的是企业整体的精细化管理。总经理既在党委担任副书记,又在董事会担任副董事长,具体分工上则专门负责企业的经营管理工作;在取得充分授权的情况下,可代表党委、董事会对决策事项做基础性、前期性工作,起草制订议题议案报党委会、董事会决策,并带领经理层组织落实相关工作。

该模式优点:董事长能专注于管大事、管大局,使董事会能更好地履行定战略、作决策、防风险的职责;由于经理层在企业经营管理方面更专业,总经理统筹具体经营工作、谋划经营工作思路的话,决策会更加科学,相关人员的执行力也会更强。

该模式缺点:总经理既要负责经营工作的统筹,又要负责经营决策的执行落实,承担的工作压力较大;沟通工作量比较大,在决策程序中,总经理需要加强与党委、董事会的沟通,特别是要加强与董事长的沟通,不畅的沟通会降低企业决策的科学性。

这两种运营模式,各有优劣、各有利弊,不能盲目说哪种模式好或不好。管理是一门艺术、一门科学,也是一种态度、一种经验。企业到底要采用何种模式,要具体情况具体分析,要充分考虑主要管理者的学识背景、专业能力、兴趣爱好、主观意愿等因素,再结合企业的管理实际来选择合适的运营模式。不同模式下,董事长定战略、作决策、防风险的方式方法、具体实施举措会有所区别,总经理谋经营、抓落实、强管理的具体内涵和侧重点也会变得不一样。有时为了实现科学运转,企业甚至要对两种模式进行融合,以充分发挥两种模式的优点,尽可能规避可能出现的问题。

本讲结合国有企业运营管理实际,在现有国有企业法人治理结构政策范围内,对国有企业特别是国有独资公司如何理顺"两会一层"关系,如何明确企业党委、董事会、经理层权责,进行了深入探讨,既指出了当前"两会一层"运行中存在的问题,又提出了规范"两会一层"运行的思路办法,给出了"两会一层"的权责和运转建议,着力解决"两会一层"的权责边界、决策流程等问题。要尤其注意国有企业法人治理体系中董事长和总经理这两个关键职务运转的两种运行模式,因为这既是笔者对国有企业运营实际的总结,也是笔者对优化国有企业运行机制的积极探索。

参考资料

[1] 马新岸.面向存量用户的JD电信公司营销策略研究[D].桂林:桂林理工大学,2021.

[2] 无.可口可乐保持高效运营[J].酒.饮料技术装备,2022(3):31—33.

[3] 财政部企业司.企业全面预算管理的理论与案例[M].北京:经济科学出版社,2004.

[4] 唐兴慧.企业全面预算管理实践问题分析——以万科房地产为例[EB/OL].(2021-08-11)[2022-05-26].https://www.taodocs.com/p-519775588.html.

[5] 卢康.中兴通讯巨亏原因分析[J].财经界,2014(11):115—116.

[6] 郑鸣.法律事务部门如何做好合规管理工作[J].现代企业,2021(08):116—117.

[7] 孙莉娜.企业关联交易风险管理及其防范[J].现代商业,2021(18):112—114.

[8] 佚名.陈久霖和中国航油神话的破灭[J].中国储运,2008(12):69—71.

[9] 舒化鲁.企业经营风险管控体系构建方法：立足于解决企业经营风险管控过程中存在的问题[M].上海：立信会计出版社,2015.

[10] 赵文明,何嘉华.安然:"财务游戏"玩垮了自己[J].党员干部之友,2004(1):46—47.

[11] 苏龙飞.真功夫：没有赢家的控制战[J].中国品牌,2011(6):60—63.

[12] 陈芬.企业需要哪种股权结构？[J].中国经济评论,2021(6):75—78.

[13] 鲁爱民,蒋文鑫.金字塔式股权结构特征与公司价值研究[J].北方经济,2011(15):81—82.

[14] 李利威.一本书看透股权结构[M].北京：机械工业出版社,2019.

[15] 佚名.稻盛和夫：干毛巾也能拧出水,让全员主动参与成本控制.[EB/OL].(2021-7-28)[2022-09-22].https://business.sohu.com/a/480098666_121124721.

[16] 曲涛,汤代禄,吕华远,等.传媒大数据创新应用探索——以大众报业集团推进媒体深度融合发展应用为例[J].全媒体探索,2022(7):18-19.

[17] 闫瑞静.浅析企业短期经营决策中的生产决策[J].中国农业会计,2022(2):16—17.

[18] 中关村创新研修学院、北航创业管理培训学院.创业风险[M],北京：科学出版社,2004.

[19] 巴曙松,杨倞,周冠南.2021年中国资产管理行业发展报告[M].北京：北京联合出版社,2022.

[20] 交流工业馆.重磅 中国联通混改绝对第一名[EB/OL].

(2021-7-22)[2022-09-16].https://business.sohu.com/a/478982556_121124375.

[21]刘大宣.企业资金管理存在的问题与对策[J].现代企业,2010(10):25—26.

[22]张大华.企业资金风险分析与管理控制措施[J].中国市场,2010(52):108—109.

[23]徐春艳.以资金管理为核心 搞好企业财务管理[J].辽宁建材,2000(2):50—51.

[24]刘遂月.基于业财融合模式的企业应收账款风险控制研究[J].企业改革与管理,2022(12):103—105.

[25]游静.善用考核"指挥棒" 跑出发展加速度——经营业绩考核助推省属国企做强做优做大[N].江西日报,2019-03-05(5).

[26]王艳.集团公司对子公司绩效考核指标的思考与建议[J].中国市场,2022(18):88—90.

[27]覃曼.新形势下全面预算与企业业绩评价的管理研究[J].财务管理研究,2022(8):121—125.

[28]邵宁.深入推进企业内部资源整合[J].企业管理,2012(1):4—8.

[29]娄永飞.推动省属国有企业战略性改革重组的思考和建议——以河南省为例[J].国有资产管理,2022(9):31—35.

[30]肖亚庆.在提升国有经济发展质量上狠下功夫——加快培育具有全球竞争力的世界一流企业[J].人民论坛,2018(18):6—9.

[31]徐道宣,饶扬德.资源整合提升企业竞争力的对策研究[J].企业活力,2007(8):10—11.

[32]王裕雄.完善企业激励机制的措施[J].全球科技经济瞭望,

2005(1):2.

[33] 叶启绩,齐久恒.科学发展观的"三维创新"[J].思想理论教育,2013(3):4.

[34] 施堃.跨国企业经营管理案例分析[M].上海:立信会计出版社,2014:127—133,151—156,196—203.

[35] 杨伟国,郝琦.数字经济新动能与新就业[M].大连:东北财经大学出版社,2021:2—53.

[36] 汪中求,吴宏彪,刘兴旺.精细化管理[M].北京:新华出版社,2014.

[37] 宋鸿兵.货币战争[M].上海:立信会计出版社,2007.

[38] 马泽生,张军,徐兵.一代"名摩"的衰落[J].企业管理,2016(10):50—53.

[39] 康怡祥.一分钱优势:沃尔玛连锁制胜之道[M].合肥:安徽人民出版社,2012.

[40] 王志乐.2012走向世界的中国跨国公司[M].北京:中国经济出版社,2012.

[41] 朱翼,李磊.国家审计助力国有企业聚焦主责主业的思考[J].国有资产管理,2020(8):54—56.

[42] 李明玉.企业实施多元化战略失败原因的实证分析[J].商场现代化,2007(31):159—160.

[43] 共产党员网.做实业就不要想着挣快钱[EB/OL].(2012-10-28)[2022-09-16].https://www.12371.cn/2012/10/28/ARTI1351364924839776.shtml?from=singlemessage.

[44] 蓝天飞.资金链危机案例解析[EB/OL].(2022-08-09)[2022-10-16].https://www.renrendoc.com/paper/216886951.html.

[45] 闫丽红.企业资金的风险管理及应对措施[J].商,2013(7):

35—36.

[46]杨绍林.财务会计与管理会计的联系与区别[J].洛阳师范学院学报,2003,22(1):3.

[47]刘萍.基于价值创造的企业精益财务管理[J].武汉冶金管理干部学院学报,2013,23(2):3.

后 记
——我说我做

《企业经营管理30讲》近日正式出版了，了却了我的一桩心愿。这本书是我担任一家省属重点骨干企业总经理5年来，与同事们一起从事企业经营管理实践的总结和思考，它凝结了大家的智慧和心血。虽然谈不上远见卓识、前沿理论，但这些内容却是经过实践检验行之有效，为集团公司带来了实实在在的大量真金白银，为企业高质量发展注入源头活水的原则和措施。现在拿出来分享，一方面是对自己从事的企业经营管理工作做回顾和总结，另一方面也是为深化自己对这30个问题的认识；出版这本书也是为了给自己即将正式结束的职业生涯献上一份薄礼。

我在自己职业生涯的最后5年，由新闻宣传领域跨界到企业经营领域。为了尽快胜任工作，我乐此不疲地学习财会、金融、房地产、酒店管理、广告管理等专业知识，50多的人了还经常背上书包和入职不久的年轻人一块儿去听课。5年间，我慎终如始，兢兢业业，在做了大量调查研究的基础上，和同事们先后实施了20多项改革和创新举措，总结、坚持、实施了许多实践证明正确的理念、原则和措施，基本实现了自己的初衷。尤其感到欣慰的是，这5年自己对政策和市场的判断没有出现过失误，更没有作出过错误的决策。特别是在不利的市场环境下，能正确处理企业自身的"六稳""六保"，组织实施"发展数字经济、重点项目提速、资源整合、版权保护、成本控制、风险防范、清欠应收账款、企业管理争先达标"8个专项行动,强力推动了企业精细化管理和高质量发展,大力发展了数字经济和数字化管理,使我所在的公司收入和利润逆势上扬,攒下了一笔较为丰厚的家资。

企业经营管理的过程不仅仅是单纯的投资理财、追求利益的过程,它还是一种人生态度、价值理念的折射。5年来,自己最大的体会就是:搞好企业管理,除了需要有良好的政策环境、较好的物质基础、难得的市场机遇、高素质的员工队伍,还需要有较高政治素养和高尚个人情操的管理者——正如本书第25讲说的那样:"克己奉公是搞好企业的关键。"

古往今来,成功的企业家与成功的政治家一样,都需要有大格局、大境界和大智慧。日本的经营之神稻盛和夫先生把他一生的心得体会总结为《活法》一书,他在书中参透了立于不败之地的经营法则,传递了无与伦比的思想之光,影响了无数人。我的这本书,当然不敢与《活法》相媲美,但自认为里面也有一些可取之处;因为,它包含深思熟虑的决策,审时度势的判断,行之有效的方案和秘而不宣的心得。总之,由衷地希望自己能将积累了几十年的工作经验、人生感悟、处世哲学转化为各位企业家火眼金睛的判断力、脚踏实地的执行力和真金白银的收割力。

需要说明的是,由于力所不及,我并未实施自己所有的想法,这也是我的莫大遗憾。

这本书不仅仅是我一个人的思考和总结,也凝结着我的同事们的智慧和汗水。尤其在刚开始的一两年,他们给我这个业务尚不熟悉的总经理提出了许多宝贵的意见和建议。在此,我向这5年来和我一起奋斗过、拼搏过,支持我、帮助我的所有同志,致以深深的敬意和诚挚的感谢!最后,要特别感谢河南人民出版社的领导和编辑同志的承蒙垂爱;他们看好这本书的市场前景,为这本书的出版提供了大力支持。